高等院校公共基础课系列教材

应用文写作

（第4版）

关 莹 李 淼 李伟权 编著

清华大学出版社
北京

内 容 简 介

本书融合了应用文写作近五年的学术研究和教学改革的新成果,秉承"思想性、权威性、实用性、创新性相统一"的原则构建了教材编写的价值目标,对理论知识、教学案例、章节训练等内容进行了修订。

在内容上,遵循"专思劳创"相融合的理念,在情景设计、知识讲解、例文选取等环节,着力融入思政教育、劳动教育、创新教育的内容,搭建了知识育人、文化育人、实践育人的有效平台,发挥了高校人文类公共基础课教材在滋养品格、涵育思想、铸魂育人方面的重要作用。

在形式上,依据学生学习和工作的不同阶段,设置了六大情境模块。在每个情境模块内,以两名大学生为主线,根据不同文种的特征及适用范围,设计了连贯且贴合学生学习和就业实际的故事情境,两名主人公陪伴读者共同学习、共同成长。这种设计有利于明确学生学习的目的,激发学生学习兴趣,提升学生学习动力。

本书文种的选择以贴近学生的校园生活和工作需要为原则,各文种写作要点简明,例文规范,方便学习。本次再版增加了新媒体文案写作章节,具有较强时代性和前沿性。同时各章节新增训练习题。

本书为辽宁省"十二五"规划教材,可作为普通本科院校、高职高专院校专业基础课或公共基础课的教材,也可作为社会各类人员自学的参考书。

图书在版编目(CIP)数据

应用文写作 / 关莹 , 李淼 , 李伟权编著 . -- 4 版 .

北京 : 清华大学出版社 , 2024. 8. -- (高等院校公共

基础课系列教材). -- ISBN 978-7-302-66924-1

Ⅰ . H152.3

中国国家版本馆 CIP 数据核字第 2024NV6832 号

责任编辑:施 猛 张 敏
封面设计:张玉敏
版式设计:苀博文化
责任校对:马遥遥
责任印制:刘 菲

出版发行:清华大学出版社

    网 址:https://www.tup.com.cn,https://www.wqxuetang.com
    地 址:北京清华大学学研大厦 A 座   邮 编:100084
    社 总 机:010-83470000   邮 购:010-62786544
    投稿与读者服务:010-62776969,c-service@tup.tsinghua.edu.cn
    质 量 反 馈:010-62772015,zhiliang@tup.tsinghua.edu.cn

印 装 者:三河市少明印务有限公司

经 销:全国新华书店

开 本:185mm×260mm   印 张:18.75   字 数:411 千字
版 次:2011 年 6 月第 1 版   2024 年 8 月第 4 版   印 次:2024 年 8 月第 1 次印刷
定 价:59.00 元

产品编号:103138-01

前　言

本书于2011年6月由科学出版社出版并被确定为科学出版社"十二五"规划教材。2014年5月，本书被遴选为辽宁省第二批"十二五"普通高等教育本科省级规划教材；2014年8月，本书由清华大学出版社再版，并被清华大学出版社确定为通识教育选修课程人文基础经典阅读"十二五"规划教材，2018年3月第3次修订再版。

本次再版(第4版)在秉承"针对学生心理特点、立足学生求职和工作需要、把握时代发展脉搏、融合专创劳思教育元素、提升学生写作能力"的理念和"思想性、权威性、实用性、创新性相统一"的原则基础上，进一步加强情境部分设计，调整了情境模块次序，增加了新媒体文案写作章节，同时修订了部分文种的理论阐述部分，并更新了大部分例文，新增了章节训练习题。

"专思劳创"相融合是本书再版特色之一。党的二十大指出要"弘扬劳动精神、奋斗精神、奉献精神、创造精神、勤俭节约精神，培育时代新风新貌。"因此，本书在知识讲解、情景设计、例文选取等环节介绍写作知识的同时，着重融合思政教育、劳动教育、创新教育内容，大力宣传我国党政方针政策和经济发展的良好态势，引导学生形成正确的人生观、价值观、劳动观，鼓励学生树立远大的职业理想和职业目标，帮助学生养成创新创业意识，力争实现"润物细无声"的全面育人目标。

情境设计是本书再版的特色之二。本书依据学生不同的学习、生活阶段，设置了六大情境模块。在每个情境模块内，根据不同文种的特征及适用范围，设计了连贯性的故事情境导入形式。这种设计有利于激发学生学习兴趣，明确学生学习的目的，提升学生的学习动力，也能帮助学生深入理解文种适用的范围。情境部分的表达方式文学色彩较浓，与正文应用文写作部分形成了鲜明的对比。另外，全书情境有两个主要人物来引导，随着课程学习的深入，学生能够跟随这两个人物学习到不同的应用文写作知识。

本书具体介绍了机关公文、日常应用文、经济应用文、新媒体文案等贴近学生校园学习和工作的常用文体，每种文体既包含精当明晰的理论知识讲解，又配有较为新颖、富有时代感的典型案例。

本书编者密切关注高校应用文写作理论探索与教学实际的发展趋势，紧密跟踪应用文写作学术前沿与实践领域的最新资讯，力求使本书更具现实意义与创新价值。

　　关莹、李淼、李伟权负责本书的体例设计,全书由关莹统稿。具体编写分工如下:关莹负责编写第二章和第六章第一节;李淼负责编写第四章、第五章和第六章第三节;李伟权负责第一章第三、四节,第三章第一、二、七、八、九节和第六章二、四节;李澍昱负责编写第一章第一、二节;刘莹负责编写第三章第三、六节;陈祉妹负责编写第三章第四、五节。

　　特别感谢黑龙江工程学院昆仑旅游学院杨桐波教授,其对本书修订提供了宝贵的修改建议。同时,编者在编写、修订本书过程中,参阅了大量的相关教材和专著,并汲取了相关成果,摘引相关例文,在此一并向有关作者表示衷心的感谢!

　　由于编写时间仓促,书中难免有不当之处,恳请同仁赐教。反馈邮箱:shim@tup.tsinghua.edu.cn。

编者

2024年4月20日

目　　录

第一章 开宗明义篇

S大学，位于S市西郊，外借西山的宏伟峻拔，内引活泉的秀丽隽美；古木参天伴随着鸟语花香，湖光亭影更显步移景异。校园内鳞次栉比的现代化教学设施，让这座百年校园在宏伟中焕发着勃勃生机。这里不仅是读书治学的理想园地，更是一代代莘莘学子竞相逐志的舞台。

丹桂飘香，白墙青瓦，又是一年入学季，S大操场上人头攒动。大一新生应晓文办理完报到手续，在学姐的陪伴下来到文科综合楼。"晓文，这就是你未来四年战斗的地方啦，我们学院在文科综合楼的五楼，走吧，先去教室。"应晓文站在楼前静静端详，大学录取通知书封皮上的建筑就在眼前。她难以压抑激动的心情，大喊一声："大学，我来啦！"两人相视，哈哈大笑。爽朗的笑声中，晓文和同学们一起来到501教室。一本本带着墨香的教材已经摆在课桌上，晓文迫不及待地想看看大学到底要学些什么。放在最上面的是《应用文写作》，晓文想：这是语文书吗？和高中教材有什么不一样？晓文带着疑问，翻开了扉页，打开了一扇通向新世界的大门……

第一节 起于记事，显于经国
——应用文概说

一、应用文的源流

应用文是机关团体、企事业单位以及人民群众在日常工作、生产和生活中办理公共事务和个人事务时，为交流情况、沟通信息、处理事务、解决问题所使用的具有惯用格式的一种文体。应用文写作与文学写作是写作学科的两个分支，应用文写作是研究应用文写作现象及写作规律的学科，与日常生活和工作有着密切联系，在社会生活中发挥着越来越重要的作用，小到单位个人，大到国家机关都离不开应用文写作。应用文写作能力已经成为高素质人才职场能力的重要组成部分，是社会各类入职考试的重要指标。

我国应用文写作历史悠久，源远流长，起源可追溯到上古结绳记事。伴随着人类思维的发展和社会分工的日益细致，口耳相传已经不能满足先民们交流信息的需要，所以人们发明文字进行交流。从文字的发明动机看，文学写作应该是在应用文写作的基础上发展而来。殷墟时期的甲骨刻辞，就记录了有关当时天文、气象、征伐等方面的内容，真实地记录了殷商奴隶社会的生活面貌。

《尚书》是一部以应用文为主的历史文献汇编，是我国现存最早、保存最完整的文章总集，被列为儒家经典之一，可以视为我国古代应用文形成的标志。它主要记录了春秋战国前历代帝王和部族首领的言论，例如上古的典章制度、君臣议政的治国之策、帝王赐给臣子的诏书等。

秦统一六国后，公务应用文逐渐成熟，统治者极为重视应用文写作在国家治理过程中的作用，提倡"书同文"，并建立了各种公文制度。到了汉代，公务应用文有了长足的发展，产生了书、论、策、议等体式，并且明确其用途，固定其格式，为公务应用文走向程式化奠定了基础。汉代，应用文被列入选拔人才的考试内容，更是推动了应用文的快速发展。三国时期的曹丕在《典论·论文》中高度评价应用文的价值："盖文章，经国之大业，不朽之盛事。"

1912年，南京临时政府颁布了第一个公文程式条例，废除了几千年封建王朝沿用的公文体式，并且要求使用白话文写作。1942年，延安整风运动期间，中国共产党颁布了《陕甘宁边区新公文程式》，同时毛泽东同志的《反对党八股》对现代公文写作起了积极的推动作用。1981年，为规范公文写作和使用，国务院发布《国家行政机关公文处理暂行办法》。1987年，国务院发布《国家行政机关公文处理办法》。2012年7月1日，《党政机关公文处理工作条例》施行，《国家行政机关公文处理办法》停止执行。

与此同时，各类应用文写作也迅猛发展，应用文广泛地运用到社会生活的各个领域，并呈现现代化、专业化、国际化的特点。经过人们长久的探索和实践，新文种不断出现，应用文写作理论研究也日渐深入。

随着应用文使用范围的不断扩大，社会各界普遍意识到应用文写作的重要性，应用文写作能力成为衡量一个人综合能力的一个重要指标。许多大学将应用文写作课程列为必修课，国家公务员考试更是把应用文写作作为重要的测试项目。

二、应用文的特点

(一) 明确的目的性

明确的目的性是应用文最为突出的特点。应用文写作是从工作和生活的实际需要出发，以解决工作和生活中出现的问题为目的，对特定的写作对象提出行之有效的解决办法和具有可操作性的策略，全篇紧紧围绕写作目的而开展。

(二) 内容的实用性

内容的实用性是应用文的基本特点，是不同于文学写作的主要特征。应用文写作总是直接地与工作、学习、生活中的某些具体问题、具体事项相联系，旨在解决现实存在的某些问题，满足客观实际需要，因而讲究内容的实用性。内容的实用性是应用文写作的出发点，也是应用文的价值所在。空洞的条文、言之无物的文章，不仅毫无作用，反而会成为工作的负担。

(三) 行文的时效性

应用文写作的时效性很强。一般来说，应用文涉及的问题都是亟待解决的，这就要求应用文的写作和下发要迅速、及时。例如会议通知必须在会议开始前的一段时间就下发完毕，如果会议召开再下发通知，就毫无意义了。

(四) 体式的规范性

应用文体式的规范性主要体现为应用文大多有固定的文体格式和发文流程，特别是党政机关公文，其要素构成、排版方法、行文规则，均以国家标准及法规的形式予以明确。此外，合同、信函等文种也都有其特定的体例，不能标新立异、任意调整。

(五) 语言的简明性

应用文的篇章一般比较短小，要求用简练的文字准确地说明情况、表达观点。应用文的语言不追求华丽，叙述不用铺陈修饰，议论不必旁征博引，而是力求简约、平直、朴实、明晰。

三、应用文的种类

(一) 党政机关公文

党政机关公文是指国务院颁布的《党政机关公文处理工作条例》中所列出的15种公文。党政机关公文是党政机关在行使管理职能过程中形成的具有法定效力和规范体式的文书，是依法行政和进行公务活动的重要工具。使用频率较高的文种主要有决定、通告、通知、通报、报告、请示、函、会议纪要等。

(二) 事务性应用文

事务性应用文也称为日常应用文，是指人们在日常工作、学习生活中处理日常事务时所使用的文体，主要包括计划、总结、调查报告、演讲稿、求职文书、申请书、会议记录等。

(三) 经济类应用文

经济类应用文是以经济活动为主要内容，反映经济状况、处理经济事务、解决经济问题的专业应用文，主要包括市场调查报告、招标书、合同、广告文案、经济活动分析报告等。

(四) 礼仪类应用文

礼仪类应用文是指人们日常社会交往中所使用的具有礼仪性的文书，主要包括感谢信、贺词、祝词、悼词等。

(五) 科研类应用文

科研类应用文是指在科学研究领域中所使用的应用文，主要包括学术论文、毕业论文、毕业设计、实验报告等。

(六) 行业类应用文

行业类应用文是指各行各业的专业领域内所使用的专门文体，比如新闻行业常用的消息、通讯、特写、专访、新闻评论等，法律行业常用的民事起诉状、民事判决书、刑事起诉书、刑事判决书、辩护词、答辩状等。

四、应用文的作用

(一) 宣传教育、指导工作

国家的政策方针、法律法规要通过应用文的形式向广大干部群众发布，因此，应用文具有很强的指挥管理和宣传教育作用。比如利用通知等文种公布国家法令，要求相关单位、个人遵照执行；利用通报将工作中的经验教训传达给有关人员，促使他们发扬优点，改正不足，并给人以启示或警示。

(二) 沟通协调、传递信息

现代社会专业化水平不断提高、社会分工不断细化，群体和群体、群体和个人、个人和个人之间紧密地联系在一起，需要互通信息、协调沟通、相互配合，推动各项工作顺利开展。例如商品说明书、广告文章等文体详细地为人们提供了商品的详细信息，帮助人们更好地了解产品的性能和使用方法；总结、市场调查、经济预测报告等文种在搜集大量信息的基础上，将其中的规律性内容直接地展现给读者，以推动工作顺利开展。

(三) 资料借鉴、依据凭证

应用文在传递信息的同时还承担着记录信息的作用，为经济活动和日常生活提供凭据。例如合同和协议记录交易双方约定的权利和义务；会议记录、总结等是宝贵的原始资料，便于日后工作查证。

📄 例文

教育部办公厅关于举办第八届全国学生
"学宪法 讲宪法"活动的通知

各省、自治区、直辖市教育厅(教委)，新疆生产建设兵团教育局，部属各高等学校、部省合建各高等学校：

为全面学习贯彻党的二十大精神，深入学习贯彻习近平法治思想，推动青少年宪法宣传教育常态化长效化，根据中央依法治国办相关任务部署和教育系统"八五"普法规划等工作要求，我部决定举办第八届全国学生"学宪法 讲宪法"系列活动。现将有关事宜通知如下。

一、活动时间

2023年5月至12月。

二、活动内容

1. 总体要求

坚持以习近平新时代中国特色社会主义思想为指导，将学习宣传贯彻党的二十大精神作为首要政治任务，深入贯彻落实习近平总书记发表的关于纪念现行宪法公布施行四十周年重要署名文章精神，坚持知识普及、观念引导、习惯养成一体推进，持续深入开展青少年宪法宣传教育，逐步健全常态化长效化机制，不断增强针对性和实效性，引导青少年从小树立宪法法治意识，自觉养成尊法学法守法用法的良好习惯。

2. 学习重点

(1) 结合学习宣传贯彻党的二十大精神深入开展宪法宣传教育。围绕新时代十年的伟大变革及其里程碑意义、马克思主义中国化时代化的最新成果、新时代新征程中国共产党的使命任务、中国式现代化的中国特色和本质要求等内容，深入宣传宪法的性质、地位和重要作用，引导青少年深刻理解"中国共产党为什么能，中国特色社会主义为什么好，归根到底是马克思主义行，是中国化时代化的马克思主义行"的重大论断，厚植爱党爱国爱社会主义情怀，坚定不移听党话、跟党走。

(2) 推动习近平法治思想学习宣传走深走实。全面推进习近平法治思想进教材、进课程、进头脑，重点宣传习近平法治思想的重大意义、核心要义、精神实质、丰富内涵、实践要求，特别是关于宪法的重要论述，推动青少年进一步强化宪法意识，坚定宪法自信，自觉成为社会主义法治的忠实崇尚者、自觉遵守者、坚定捍卫者。

(3) 加强宪法相关法律法规学习宣传。根据青少年成长特点和教育规律，以培育和践行社会主义核心价值观为主线，以民法典教育为重点，围绕国家安全、未成年人保护、劳动教育、公共卫生、科技普及、生态文明、家庭美德等内容，结合国情教育、党史教育和行为养成教育，重点宣传与青少年日常学习生活密切相关的法律法规，让青少年进一步增强国家安全、中华民族共同体、规则、平等、诚信、程序等意识，了解掌握自我保护、防范不法侵害、预防欺诈拐卖等知识和技能，从小树立法治思维和法治观念，逐步养成自觉守法、遇事找法、解决问题靠法的思维习惯和行为方式。

3. 主要活动

(1) 建立宪法宣传教育常态化长效化机制。各地各校根据实际情况，坚持日常教育与集中教育相结合、线上教育和线下教育相结合、校内教育与校外教育相结合，不断完善宪法宣传教育机制。充分发挥课堂教学主渠道作用，科学设计教育内容，通过多种方式探索开展互动式、体验式教学。推进宪法教育与信息技术深度融合，与日常教学、课外活动、课后服务、暑期作业、志愿服务、社会实践等有机融合，组织开展相关法治文化活动，进一步增强宪法学习宣传的影响力和感染力。有条件的地方要将法治实践教育作为中小学综合实践活动的重要内容，纳入中小学课后服务范围，推动学生每年接受不少于2课时的法治实践教育。

(2) 实施"宪法卫士"行动计划。2023年5月，教育部全国青少年普法网(以下简称普法网)将设立第八届全国学生"学宪法 讲宪法"活动"宪法卫士"专栏，分学段(以2023年9月开学后学生所在年级为准)为大中小学生免费提供图文课、录播课、直播课、互动视频课等宪法学习资源。完成学习任务并达到要求的学生将被授予"宪法卫士"标识。各省(区、市)和新疆生产建设兵团学生的活动参与率应不低于35%。各高校要加强组织动员，不断提升大学生参与宪法学习活动的主动性和积极性。

(3) 举办"学宪法 讲宪法"地方比赛和全国总决赛。在前期广泛开展宪法学习宣传的基础上，各地各校围绕学习重点内容，结合学生日常生活遇到的实际问题，自行组织开展学讲宪法演讲比赛和素养竞赛等活动。普法网将提供活动宣传海报及比赛背景板电子文件，供学校免费下载使用。

10月底，教育部普法办将组织开展学讲宪法活动全国总决赛。总决赛包括演讲比赛和素养竞赛两个项目。10月9日前，各省(区、市)和新疆生产建设兵团遴选出代表队，参加总决赛。每个参赛项目代表队包括小学组、初中组、高中组(含中职)和高校组(本科或专科在校学生，不含研究生)优秀学生各一人(选手可同时参加两个项目)。各地前期学习活动情况将作为总决赛的重要参考，具体要求见普法网公布的实施细则。部属高校按所在地参与省(区、市)优秀学生遴选工作。

(4) 学讲宪法"网络风采展示"。6月，普法网将设立学讲宪法"网络风采展示"专栏，为各省级教育部门学讲宪法活动优秀学生遴选提供便利(详见普法网)。学生在完成"宪法卫士"行动计划学习任务并达到相应要求后，可以自主通过专栏参与展示。根据命题演讲项目中人工智能与专家评判的综合结果，普法网将分别遴选各学段优秀学生直接参加总决赛演讲比赛项目。

(5) 国家宪法日"宪法晨读"活动。结合第十个国家宪法日暨教育系统宪法学习周活动，教育部将于12月上旬组织开展教育系统"宪法晨读"活动。届时，教育部负责同志将在主会场领读宪法部分条款，并通过网络视频同步直播的方式组织全国师生共同参与诵读。

(6) 法治动漫微视频征集活动。根据全国普法办相关工作要求，将面向教育系统干部师生征集法治动漫微视频，深入宣传我国宪法和相关法律法规的地位、作用、主要内容等，挖掘和传承中华优秀传统法律文化。微视频征集情况将作为地方学习活动的情况参考。具体要求将通过普法网适时通知。

(7) 法治实践教育精品案例征集活动。根据教育系统"八五"普法规划相关要求，面向教育系统干部师生及相关部门、单位和个人征集法治实践教育精品案例素材，进一步推进青少年法治实践教育。具体要求将通过普法网适时发布。

三、工作要求

各地教育部门、各级各类学校要把宪法学习宣传作为一项重要政治任务，高度重视、提前部署，细化责任分工，落实条件保障，引导教育系统干部师生积极参与，推动学习活动广覆盖、见实效。要加强统筹协调，合理安排学习时间，通过集体组织或自主学习等方式引导学生开展学习，力戒形式主义、官僚主义，避免增加干部师生和家长负担。要强化指导督促，将宪法学习宣传成效纳入本地本校考核考评工作范围，在普法等相关经费中安排专项资金，确保活动顺利开展。要认真总结宪法学习宣传的优秀成果，通过多种形式展示本地本校的活动特色、典型案例和经验做法，及时报送活动信息，营造宪法学习宣传教育的良好氛围，让尊法学法守法用法在教育系统蔚然成风。

请各省级教育部门、部属各高等学校和部省合建各高等学校于12月20日前向教育部普法办(政策法规司)报送本地本校的活动总结(工作亮点、典型案例或先进经验、困难和问题等)及2024年工作建议(纸质文本和电子版)。

联系方式：

(1) 教育部全国青少年普法网

活动统筹：010-8881×××

用户支持与新闻报送：010-8881×××、8881××××

(2) 教育部全国教育普法领导小组办公室(政策法规司)

联系电话：010-6609×××

电子邮箱：zfsxtc@moe.edu.cn

邮寄地址：北京市西城区大木仓胡同35号教育部普法办(政策法规司)收(邮编100816)

教育部办公厅(印章)

2023年5月8日

(资料来源：中华人民共和国教育部网站)

第二节　工于命意，言之有序
——应用文写作的构思

S大中文系学生应晓文很快就适应了大学生活，爱好文学的她把闲暇时间都留给了文学世界，自由而快乐。一天，她在微信朋友圈看到了教授应用文写作课程的李老师写的一首小诗：

登山偶记

满天烟雨色，一山云雾升。

看尽八方景，淡迎四面风。

应晓文连忙向李老师请教："老师，我觉得您这首诗营造的意境特别好，不急不缓，从容淡定。"李老师很快就回了微信，谈了格律诗歌构思的重要性和创作的一些经验。

应晓文问道："古诗很短，情感喷涌而出，构思就不那么重要了吧？"李老师说："为什么要写诗呢？《左传》中说'诗以言志'，主题是最先要确定的第一要素，是全诗要表达的核心内容。为使主题突出，一定要讲究章法、结构。曹植七步成诗，似乎不经意间就完成了创作，但古人的一些上乘诗作无不是精心构思的结果。元代范德玑《诗格》里面说的'作诗有四法：起要平直，承要春容，转要变化，合要渊永'，讲的就是诗歌创作要把握好'起承转合'四个层次。构思几乎决定了一首诗的品位。"

"应用文写作和古诗创作一样要求'起承转合'吗？"应晓文又问道。

"写作的原理都是相通的，古诗词的一些创作规律同样适用于应用文写作，应用文重在逻辑清晰、表达明确，更需要提前构思、反复考量。"李老师耐心细致地解答着应晓文的问题……

一、主题的确定

主题又称为主旨，是作者在文章中通过材料所表达的中心思想或基本观点，是作品内在的思想核心。

应用文的主题就是作者通过文章的内容所要表达的写作意图、观点、目的。它是一篇文章的灵魂，是文章其他写作要素的统帅，确定文种、选取材料、形成结构都要紧紧围绕主题来进行。

(一) 主题的写作要求

1. 客观

应用文作者的写作意图是因客观的现实需要而形成的，主要是为了解决工作或生活中遇到的某个问题。因此，应用文的主题要从客观的材料中提取，反映客观事物的本质与规律，力求尊重事实，尽量剔除作者主观感情因素的影响，避免剑走偏锋、以偏概全。

2. 集中

集中是指一篇应用文要突出重点，表达一个主题。全篇内容要紧紧围绕主题展开，不能在一篇文章中表达多个意思，避免行文混乱。对于篇幅较长、内容涉及较多的应用文，可以围绕一个主题的几个侧面展开叙述。

3. 鲜明

鲜明是指文章的观点要明确，赞成什么、反对什么、说明什么，都应清清楚楚地表达出来，不能模棱两可、似是而非。应用文写作的根本目的是解决问题，主旨清晰鲜明，才能吸引读者注意，节省读者时间，提高工作效率。

4. 深刻

深刻是指反映人、事、物的各种现象和规律时要透过现象分析本质，挖掘具有实质性的问题，提出有借鉴意义的观点和行之有效的措施，防止表面化、一般化，切忌人云亦云，应"见人所未见，发人所未发"，写出"人人心中有，人人笔下无"的内容来。

(二) 体现主题的方式

1. 在标题中点明主题

标题，顾名思义，就是标示主题。应用文的标题往往直接揭示主旨，起到概括文章内容的作用，使阅读更具有针对性，也便于存档和索引。同时，为了吸引读者，演讲稿、广告文案词等文种的标题还要尽量新颖、活泼。

2. 在文章的开篇或结尾点明主题

应用文经常用一段文字概括主题，放在文章的开篇或结尾，这样能使主题明确、突出，给读者留下深刻印象。

二、材料的选择

材料是为体现文章主题而列举的各种理论和事实依据，是撰写文章的基础。如果说主题是文章的灵魂，那么材料就是文章的血肉。主题要靠材料阐明事实及观点，材料不能超出主题的范围。选择材料应从以下三个环节出发。

(一) 搜集

1. 直接获取

直接获取是指作者在现实生活中，通过自身的观察、体验、感受直接获取材料的方法。想要获得此类材料必须结合实际、深入生活，一方面要注重工作和生活的积累，另一方面要学会调查研究。例如通过实地调查、问卷调查、访问、座谈等方式，有目的、有计划地采集材料。

2. 间接获取

间接获取是指作者通过某种传播媒介而获取材料的方法。通过翻阅档案、查阅文件、搜集资料、读书看报、网络检索等方式可以间接获得历史和现实的素材。作者可以从这些素材中获取有效信息，从而对问题进行深入探讨和研究。

(二) 分析与整理

现代社会信息浩如烟海，并不是所有搜集到的材料都要在文章中使用，搜集到的信息也不一定完全正确，这就要求搜集者要对材料进行细致耐心的分析与整理，建立材料储备库，做好写作的前期准备工作。

(三) 选择

1. 围绕主题

材料是为主题服务的，写作时一定要选择能够有力说明主题的材料，如果材料不合适，就要舍弃。在获得了大量材料之后，若不加取舍都使用，反而会冲击主题的中心地位，或使主题模糊不清。

2. 真实准确

应用文写作与文学写作不同，真实、准确是它的基本要求。在应用文写作中，可以对材料进行形式上的整理、语言上的修改，但绝不能对材料进行艺术加工，不允许加入主观想象和猜测的内容，只能使用经得起推敲、符合客观事实的材料，特别是涉及时间、地点、人物、事件、数据、引文时，尽量使用直接材料或具有权威性和可信度的间接材料。

3. 详略得当

行文过程中使用的材料虽多，但在文章中的地位和作用不尽相同，并不需要各个展开、面面俱到。能直接而深刻表现主题的，要详细阐述；只对主题起辅助作用的，就可以写得简单一些。

4. 典型新颖

典型的材料是指能够深刻揭示事物本质、具有广泛代表性和强大说服力的材料。材料不在多而贵在精，应挖掘最能反映问题关键、充分表现写作意图的材料。

新颖的材料是指符合时代特点、反映事物发展趋势、人们普遍关心关注的材料。老生常谈、陈旧过时的材料很难激发读者阅读兴趣，而新事物、新情况、新思想、新经验能轻易引起人们的阅读兴趣和情感共鸣。

三、结构的安排

(一) 标题

应用文的标题要贴切、醒目、简练，应直接揭示主旨或表明文章内容。常见的应用文标题有以下三类。

1. 公文式标题

公文式标题由发文机关、事由、文种三部分构成。事由的前面一般加入介词"关于"，例如《国务院关于建立统一的城乡居民基本养老保险制度的意见》《教育部办公厅关于组织开展中小学校园足球工作专项调研的通知》。除此以外，有些文章的标题不用"关于……的"交待事由，但必须有文种名称，例如《2023年度工作总结》。

2. 文章式标题

文章式标题可以直接点明文章的内容和范围，例如《用友神话是如何创造的》《崇高的理想》。

3. 简洁式标题

简洁式标题，即直接将文种作为标题，例如《求职信》《申请书》《租赁合同》。

(二) 开头

应用文的开头不同于文学作品那样委婉、含蓄，它要求开门见山、直奔主题。常见的应用文开头方式有以下几种。

1. 交代写作目的、起因和依据

此类开头方式经常使用在公文和法规文书中，一般使用"为了……""由于……""鉴于……""依据……""根据……""遵照……"等。依据的内容多为法律法规、文件精神、领导指示，还可以将目的、起因、依据三个方面结合使用。

2. 介绍背景和情况

介绍背景和情况，即概括介绍时间、地点、范围、事件等基本要素，这种开头方式多用于会议纪要、调查报告、简报等文种。

3. 表明态度

一般转发性的通知、对请示来函的批复常用这种开头方式，即文章开篇对转发、颁布的文件(或来函)表明态度或进行评价，然后说明有关事项。

4. 揭示主题

开篇就表明观点、揭示主题，引起读者注意。

5. 问候致意

一般贺信、感谢信、演讲稿多用此方式，目的是给人以亲切感，拉近双方情感距离。

(三) 主体

1. 常见结构方式

主体是应用文的核心部分，应安排好主体的表述次序，条理清晰地展开描述，使读者更好地把握文章脉络，理解文章主旨。常见的应用文结构方式有以下几种。

(1) 时序式。时序式是指以时间的推移、事物发生发展的过程为序的结构方式。情况通报、述职报告多采用这种结构。

(2) 总分式。总分式是指围绕某一中心点，先做总述、后做分述，分述内容并列分布的结构方式。总分式又分为"总—分""总—分—总""分—总"三种结构框架。总分式结构适用于总结、简报、调查报告等文种。

(3) 递进式。递进式是指内容之间层层推进、逐层深入、由浅入深、由表及里地阐述剖析的结构方式。经济活动分析报告、意见、演讲稿常采用这种方式。

(4) 并列式。并列式是指文章各层意思无主从关系、并排罗列、共同表达主旨的结构方式。可以按照空间分布安排层次，例如简报、调查报告、情况通报常常把不同地区、不同部门的动态情况并列报告；可以按照材料的性质归类安排层次，例如总结、经济活动分析报告可以按照材料的性质分出几个层次；还可以按中心论点的各个侧面提炼分论点，例如学术论文要求从不同的角度共同论证论点。

(5) 逻辑式。逻辑式是指"提出问题—分析问题—解决问题"的结构方式。逻辑式结构适用于调查报告、市场调研类应用文。

2. 突出文章主体的方法

为了更加清晰地展现阐述顺序、便于读者阅读，可以采用以下几种方法搭建结构、安排表述层次。

(1) 用小标题突出层次。对于篇幅较长、内容复杂的应用文，可以使用小标题将文章划分出几个相对独立又紧密相关的部分。小标题可以是分论点，也可以是论述内容。小标题的设置应在同一层面且互不交叉。小标题的语言应简明精练，句式整齐，词性统一。

(2) 用数字标注顺序。对于有包含关系或需要分条目说明的内容，可以标注数字，以厘清上下层次关系；可以使用"第一""第二""第三"；还可以使用"首先""其次""再次""最后"。

(3) 注意过渡和呼应。相邻的层次和段落之间需要衔接和转换，以便使文章成为紧密联系的有机整体，使读者思路顺势转变。过渡句段是文章承上启下的桥梁，常见的过渡方式有关联词过渡、句子过渡、段落过渡。

为使文章主题突出、结构完整，还需要注意不相邻层次和段落之间的关照、呼应。常见的呼应方式有首尾呼应、题文呼应、前后呼应。

(四) 结尾

1. 以专用词语结束全文

部分文种有相对固定的结尾用语。例如"特此通知""当否，请批示""现予以公告""请尽快函复为盼"。

2. 以点题形式结束全文

在结尾点明主题或深化观点，可以加深读者对文章的理解。这一方式多用于工作总结、演讲稿、学术论文。

3. 以号召、希望结束全文

以号召、希望结束全文，即在结尾展望未来、鼓舞士气、寄托希望，或号召读者行动起来。这种方式多用于行政机关公文中的下行文和会议讲话。

4. 以强调文本要求结束全文

以强调文中要求结束全文，即在结尾再次强调具体要求，提醒读者注意，指出此举的现实意义和历史意义。

5. 自然结尾

文章主体部分已经言尽意明，便可自然结尾。部分公务文书和经济类文书可以采用这一方式。

例文

国家银龄教师行动计划

为深入贯彻落实习近平新时代中国特色社会主义思想和党的二十大精神，积极应对人口老龄化，深入挖掘老龄社会潜能，调动优秀退休教师继续投身教育事业的积极性，推动建设全民终身学习的学习型社会、学习型大国，加快建设教育强国，制定本计划。

一、实施背景

教育、科技、人才是全面建设社会主义现代化国家的基础性、战略性支撑。教师是教育发展的第一资源，是科技自立自强的重要支撑，是人才队伍建设的重要保障。积极应对人口老龄化，在保障劳动适龄人口充分就业基础上，挖掘广大退休教师政治优势、专业优势、经验优势，发挥其辐射带动作用，有利于促进教育公平，营造终身学习的文化氛围，加快建设高质量教育体系。目前实施的"中小学银龄讲学计划""高校银龄教师支援西部计划"等在探索发挥退休教师人力资源优势，提升中西部教育发展水平方面取得了一定成绩，积累了宝贵经验，有基础、有条件在新形势下实现优化升级，发挥综合效益。

二、总体要求

以习近平新时代中国特色社会主义思想为指导，贯彻落实党的二十大精神，深入落实《中共中央国务院关于全面深化新时代教师队伍建设改革的意见》《中共中央国务院关于加强新时代老龄工作的意见》等文件要求，将建设全民终身学习的学习型社会、学习型大国与积极应对人口老龄化相结合，教育均衡发展与区域协调发展相结合，挖掘退休教师资源优势与助力教育高质量发展相结合，充分发挥退休教师的有益补充、示范引领作用，服务教育强国建设。

1.瞄准急需，系统推进

将退休教师作为重要的人力资源，聚焦国家产业急需和重点发展领域，引导海内外退休教师合理流动，强化智力支持。搭建国家层面老有所为的广阔平台，全方位推动退休教师参与各级各类教育工作。

2.开放融合，分类实施

鼓励乐于从教、有一技之长的退休人员开展支教支研，引导全社会共同参与支持。根据高等教育、职业教育、基础教育、终身教育和公办学校、民办学校等类型特点，分类实施国家银龄教师行动计划。充分发挥数字化优势，助力校地融合发展。

3.立足需求，注重实效

根据受援地区、学校实际需求，以提升质量为主线，完善银龄教师遴选和评价机制。支持跨地区开展线下支教的银龄教师在工作一定年限后以线上方式持续支教，通过"长短结合、灵活多样"的支持方式，发挥银龄教师"传帮带"作用。

4. 传承文化，共育新人

发挥银龄教师在教育引导和关爱保护青少年方面的优势作用，开展银龄教师与青少年学生共同读书等系列共育活动，促进各族师生交往交流交融，讲好中华民族故事，打造银龄教师特色品牌，为广大青少年树立精神标杆，涵养青少年家国情怀，铸牢中华民族共同体意识。

5. 强化保障，营造氛围

坚持公平招募、自愿参与、双向选择。鼓励各地依托已有机构建立银龄教师培训基地和银龄教师中心，加强岗前指导和研修支持，健全服务保障，关心关爱银龄教师身心健康。完善银龄教师荣誉体系，积极鼓励民办学校、社会力量和资金等各方参与，为银龄教师安心从教营造良好环境。

三、目标任务

经过三年左右时间，银龄教师服务各级各类教育的工作体系基本健全，服务能力不断提升，政府主导、社会参与的银龄教师发展格局基本形成，数字化赋能银龄教师工作水平不断增强，开放灵活的线上线下支教方式不断完善，全国银龄教师队伍总量达12万人左右，在推动建设教育强国，积极应对人口老龄化，建设全民终身学习的学习型社会、学习型大国中发挥明显作用。

1. 银龄教师支持普通高等教育行动

聚焦服务国家战略需求，重点支持有发展潜力、有优势特色学科的普通高等学校和民族地区新建或急需提升发展水平的普通高等学校。通过推动高校间优势学科协同发展、吸引海内外优秀人才、促进优质师资合理流动等，发挥高校人才高地的优势，提升人才自主培养质量。申请教师应具有副高级及以上职称。银龄教师应通过课程教学、教学指导、课题研究、团队建设指导等方式，推动受援学校提升学科建设、教育教学和科研工作水平等。

2. 银龄教师支持职业教育行动

聚焦深化产教融合，利用职业教育东西协作等机制和学校间现有对口帮扶、战略合作等关系，重点支持具有地方产业重大需求、需进一步提升办学条件的职业院校。鼓励高水平行业特色型高校退休教师参与。申请教师应具有副高级及以上职称。支持企业符合条件的"内退内养"或退休一线工作人员，根据从业经验、职业技能证书等级等，经审核培训后参与，开展职业教育专业教学、实训教学。银龄教师面向职业院校的支援工作应注重遵循职业教育规律和技术技能人才成长规律，通过开展课程教学、教学与实训指导、专业和团队建设指导等，推动受援学校提升专业建设、教育教学水平等。

3. 银龄教师支持基础教育行动

聚焦基础教育提质扩优，以现有中小学银龄讲学计划为基础，重点支持中西部脱贫地区，欠发达的民族县、革命老区县、边境县以及新疆生产建设兵团团场等义务教育阶段学校。申请教师以中小学退休校长、教研员、特级教师、高级教师等为主。申请的校长可以担任受援学校副校长，指导参与学校的管理工作；申请教师可以开展课堂教学、听课评课、开设公开课、组织研讨课、举办专题讲座等，推动提升受援学校教育教学和管理水平。原单位返聘退休教师工作不列入计划。推动各省份特别是东部省份结合中小学银龄讲学计划，自主实施省内银龄讲学计划，鼓励各地结合实际将普通高中纳入实施范围。

4. 银龄教师支持终身教育行动

聚焦建强师资队伍，支持各级老年教育、社区教育机构，开放教育机构提升发展水平，可重点支持发展不足、需求紧缺、新建的老年教育、社区教育机构以及脱贫地区、欠发达的民族县、革命老区县、边境县和新疆生产建设兵团团场等开放教育机构。招募各级各类学校和多层级开放教育办学网络中的退休校长、管理者、教研员、骨干教师等通过线上线下相结合的方式开展支教支研。充分吸纳各类退休的行业专家、能工巧匠，老年大学、社区学校等具有专技特长的退休学员，经审核培训后参与。

5. 银龄教师支持民办教育行动

支持各级各类民办学校，特别是急需高素质教师的民办普通本科高校和高等职业院校，通过柔性聘用等形式聘用银龄教师。鼓励民办高校加大对银龄教师的资金投入。在民办学校中探索推行"导师制"，由高素质银龄教师担任青年教师导师，发挥师承效应，打造"银龄智库"。充分发挥行业协会等社会组织力量，精准对接供需，引导民办学校科学合理聘用银龄教师，建设具有民办教育特色的高质量师资队伍。

四、组织保障

1. 强化统筹协调

各级教育、科技、工业和信息化、民政、人力资源和社会保障、卫生健康、科学院、科协等部门发挥各自优势，积极动员支持本领域符合条件的优秀退休人员参与国家银龄教师行动计划。

2. 加强经费保障

坚持多渠道筹措资金，充分调动地方、学校、社会力量投入积极性。银龄教师支持高等教育行动、职业教育行动、基础教育行动经费由地方投入为主，中央财政给予引导支持。银龄教师支持终身教育行动经费由地方统筹各类资金给予支持。银龄教师支持民办教育行动经费由相应民办学校自行筹措。

3. 完善政策支持

银龄教师支持高等教育、职业教育、民办教育行动实施中，银龄教师可参照高等学校基本情况报表、中国教育监测与评价等统计规定，作为校外教师折算计入专任教师总数，纳入高校设置、中国教育监测与评价、学位授权审核、办学条件监测、评审评估评比竞赛等指标内容。其中，对于办学历史较短的新建民办院校，对承担课程教学和实践教学的银龄教师在折算系数上予以倾斜支持。

4. 注重数字赋能

建设银龄教师数据库、支教服务平台，与全国教师管理信息系统、国家老年大学(全国老年教育公共服务平台)师资库数据互联互通、共享共用。依托国家智慧教育公共服务平台以及其他成熟的资源共享和学习服务平台，为银龄教师线上线下开展支教支研提供基础支撑。

5.健全服务保障

受援省份为银龄教师提供必要的商业保险，落实异地就医结算，保障周转宿舍。受援学校应合理保障银龄教师福利待遇，按有关规定为银龄教师提供每学期一次的往返交通费、良好的住宿和通勤条件。有条件的省份、学校可为银龄教师家属、子女探望提供便利。支援学校等派出单位应关心关爱银龄教师及其家属，协助受援学校做好后勤保障等工作。

6.加强宣传引导

对在银龄教师工作方面做出突出贡献的集体和个人，按国家相关规定予以表彰。深入发现、宣传银龄教师的先进典型、感人事迹，全面总结、推广银龄教师的工作经验和研究成果，大力弘扬银龄教师奉献精神以及在引导青少年健康成长中的重要作用，营造全社会关心关爱银龄教师的浓厚氛围。

教育部　科技部 工业和信息化部

民政部 财政部 人力资源和社会保障部

国家卫生健康委　国家医保局

中国科学院　中国科学技术协会(印章)

2023年7月14日

(资料来源：中华人民共和国教育部网站)

第三节　文约事丰，明快畅达
——应用文写作的表达

教师节历来是每所学校九月的盛典主题，各种庆祝活动巧思频现。S大校团委、学生会却在互联网高度便捷化的今天，号召每个学生撰写一封书信，表达对恩师的感激和祝福。很多同学都在思忖着，发个微信不行吗？这个时代了，先进的交流方式不能替代书信吗？应晓文对此也深感不解，语音、视频形式的问候不是更生动鲜活吗？

中午，S大食堂里，应晓文把自己的看法和李老师还有新晋学生会主席谢达作做了交流。"是我的创意。"谢达作这句话让晓文觉得他应该是穿越来的。晓文问道："现在表达情感的方式有那么多种，为什么还要写书信呢？"

李老师笑了笑说："我也赞成这个活动，赞成用写信的方式表达师生情谊。写信不同于微信、QQ，现代的即时通信虽然能迅速地传递信息，但信件有着强烈的仪式感，它表明了写信者的认真与庄重。同样的内容，纸质的比电子的阅读起来更具质感。在今天微信横扫天下的时代，纸质书信更为难得。这就好比送人礼物，是直接把礼物递过去更好，还是放在漂亮的包装里郑重地送上好呢？"

晓文略有不甘："这有一定的道理，可我还是觉得很麻烦，写信，寄信，还需要等待。"李老师爽朗一笑："书信承载着很多中国传统文化，记得白居易给朋友写过'绿蚁新醅酒，红泥小火炉。晚来天欲雪，能饮一杯无'，将约故交饮酒这件事写得极有韵味和情趣。你想你要是收到这样的一封信，是不是会快马加鞭赶过来喝这杯酒呢？如果现在给你的朋友发微信说："下雪了，喝点啊？"这两种情境你对比一下，是不是高下立见？"

"哈哈，有趣！文约而事丰。"晓文笑道。"'文约而事丰'出自唐代史学家刘知几《史通•叙事》，就是用简练的语言表达丰富的内容。刘勰在《文心雕龙•议对》中也指出：'文以辨洁为能，不以繁缛为巧。'写文章如此，写信亦是如此。"李老师继续讲着。这几句总结让晓文和达作感受到了表达的魅力。

一、应用文的表达方式

表达方式就是撰写文章时所采用的表述形式与方法。一般文章的表达方式有叙述、描写、议论、说明、抒情。应用文常用的表达方式有叙述、议论和说明，描写和抒情多在广告、演讲稿、书信类文章中使用。

(一) 叙述

1. 叙述的含义

叙述是对人物的经历和事物发展变化过程进行记叙和交代的一种表达方式。叙述的六要素包括时间、地点、人物和事件的起因、经过、结果。在应用文中，叙述主要用来介绍人物的经历和事迹、介绍事件的基本情况、交代事件发生发展的过程、叙述问题的来龙去脉。

2. 叙述的类别

(1) 顺叙，即按照事件发生、发展、结束的顺序进行叙述，是最基本的叙述方式。应用文中大部分的叙述都是顺叙，此种方式可以把事物发展的过程描述得脉络清晰、层次分明，符合人们的阅读习惯。

(2) 倒叙，即根据写作需要，先交代事情的结果或某个精彩的片段，再按照事件发展的顺序进行叙述。倒叙能够制造悬念，激起读者的阅读兴趣，使文章跌宕起伏。通讯、调查报告常用这种叙述方式。运用这种方式时，顺叙与倒叙转换要明显，过渡要自然，不能出现意思混淆、结构脱节的现象。

(3) 插叙和分叙。插叙是按照主线叙述的同时，插进去一段，或是对过去的追忆，或是对上下文的补充。分叙是指分别叙述两件或两件以上同时发生的事情。这两种叙述方式多用于文学性作品，应用文写作中用得较少，只在消息、通讯、调查报告中才有所应用。

3. 叙述的写作要求

(1) 人称明确。叙述的人称就是指作者叙述时的角度和立足点。应用文叙述人称有第一人称和第三人称两种。

第一人称是指从自身出发，直接叙述"我"或"我们"亲身经历和亲眼所见的事物，是作者在讲述自己的所见所闻、所想所做。第一人称叙述方式偏重主观，其优点是自然、亲切、可信，缺点是受时间、空间制约，对"我"视线以外的人物、景物、事件无法顾及。

第三人称是指站在第三者的立场和角度，客观叙述他人的经历和事迹。第三人称叙述方式能突破时空限制、自由灵活地反映客观事物。

(2) 简明扼要。应用文写作的叙述多属于概括性叙述，不要求把人物叙述得活灵活现也不要求把事情叙述得生动感人，而是力求使用简洁的语言，扼要地叙述事实本身，使读者了解其梗概。

(3) 详略得当。应用文写作的叙述不求面面俱到，无须大肆铺陈，只应抓住重点，分清主次，对表现主旨、起重要作用的内容详写，对其他内容略写，做到详略得当、重点突出。

(二) 议论

1. 议论的含义

议论是运用概念、判断、推理等方法，通过事实材料，分析事物间的内在联系、揭示事物本质和规律、阐明作者观点的一种表达方式。议论由论点、论据、论证三个要素构成。论点是作者对某个问题的看法或主张，是议论的主旨，提出"证明什么"的问题；论据是作者用来支持或反驳某种观点的事实或理论依据，是议论的基础，回答"用什么证明"的问题；论证是作者用论据证明论点的过程和方法，解决"如何证明"的问题。

在应用文写作中，议论运用得相当普遍，可以夹叙夹议，也可以先叙后议，以更加鲜明地表明观点、阐释道理、深化主旨。

2. 议论的方法

(1) 事实论证，是指用典型事例证明观点的论证方法，也称举例论证。使用事实论证时，要注意选用的事实必须具有真实性和典型性，注意论据和论点关系的一致性。

例如，第十四届全国人民代表大会第一次会议政府工作报告在谈到经济发展再上新台阶这一观点时，用过去五年中国发展现实以及其相关数据进行论述：

国内生产总值增加到121万亿元，五年年均增长5.2%，十年增加近70万亿元、年均增长6.2%，在高基数基础上实现了中高速增长、迈向高质量发展。财政收入增加到20.4万亿元。粮食产量连年稳定在1.3万亿斤以上。工业增加值突破40万亿元。城镇新增就业年均1270多万人。外汇储备稳定在3万亿美元以上。

(2) 对比论证，是指将论据中截然相反的两种情况进行比较，从而得出正确结论的论证方法。使用对比论证时，应注意选用的事实具有明显的可比性，可进行"横比"或"纵比"。

例如，上海证券交易所披露的《江苏省海外企业集团有限公司2023年度跟踪评级报告》一文，为了证明跟踪期内海企集团多个贸易品种在江苏省内保持了一定的市场地位，将其主要贸易品种收入占比与同行业公司汇鸿集团的情况进行比较，如表1-1所示。

表1-1　海企集团与汇鸿集团主要贸易品种对比

公司名称	主要贸易品种收入占比	总资产/亿元	资产负债率	营业总收入/亿元	净利润/亿元	存货周转率	应收账款周转率
汇鸿集团	大宗业务：39.10% 绿色循环：28.73% 纺织服装：12.95% 食品生鲜：8.85%	250.03	76.48%	477.59	8.37	12.38%	15.09%
海企集团	化工产品：26.79% 金属矿砂：23.82% 橡胶：14.49% 牛羊肉：10.40% 木材：7.61%	94.04	61.28%	218.47	1.15	12.83%	36.07%

(3) 因果论证，是指通过对事理进行剖析，揭示论据和论点之间的因果关系，从而证明论点正确性的论证方法。使用因果论证时，应注意论点和论据之间确实存在合理的因果关系。

例如，中国互联网络信息中心发布的《中国互联网络发展状况统计报告》关于网民上网情况的调查为了说明受教育程度与网民规模直接相关的观点，采用了这样的论述：

了解非网民的情况对互联网的发展非常重要。调查结果显示，只有非网民的受教育程度、收入水平等提高，社会整体的上网规模才能进一步提高。

非网民的性别、年龄等人口结构相对固定，只有提高其受教育程度和收入水平才可提高其上网的可能性。从受教育程度上看，高中学历中还有8335万人没有上网，初中学历中非网民则还有4.37亿人。非网民与网民学历结构对比如表1-2所示。

表1-2　非网民与网民学历结构对比

受教育程度	非网民	网民	总体人口	非网民数/万人	网民数/万人	总体人口/万人
初中以下	52.9%	6.7%	45.5%	58412	1397	59809
初中	39.6%	21.1%	36.6%	43688	4422	48110
高中	7.5%	36.0%	12.1%	8335	7570	15905
大专及以上	0.0%	36.2%	5.8%	22	7602	7624
合计	100.0%	100.0%	100.0%	110457	20991	131448

(4) 引用论证，是指引用权威性的论述、法规条例、公理定理等作为论据证明论点的论证方法。引用的材料应紧紧围绕论点，能对论点形成有力支撑。

例如，《关于刘斌抢劫罪故意杀人罪辩护词》中的论证如下所示：

审判长、陪审员：

重庆市红刚律师事务所接受刘开进(被告刘斌之父)委托，指派我担任刘斌二审辩护人。接受委托之后，我查阅了全案卷宗并会见了被告人。现针对一审判决提出如下辩护意见。

本案中，刘斌是从犯，应当从轻、减轻或免除处罚。

《中华人民共和国刑法》第二十七条，在共同犯罪中起次要或者辅助作用的是从犯，对于从犯，应当从轻、减轻处罚或免除处罚。

在共同犯罪活动中所处的地位来看，刘斌20出头，涉世未深，而同案犯徐建忠、刘开礼均30多岁，且刘开礼为刘斌的叔父以及刘开礼、徐建忠二人共谋抢劫犯案之后，才邀约刘斌这些情况来看，刘斌是从属地位。

在实施犯罪过程中，刘斌也只是充当一个望风放哨的角色，其本身也并不认识死者，也不可能联系、诱骗王昌松(即本案受害者)来赶水镇收废铁。联系王昌松并诱骗至双溪厂以便实施抢劫行为的是刘开礼、徐建忠，而不是刘斌。徐建忠对公安机关的供述中也对此情况有所记载。

上文作者的论点是刘斌作为从犯应当从轻、减轻或免除处罚。为了证明此论点，该辩护词将《中华人民共和国刑法》第二十七条的规定作为论证依据。

(三) 说明

1. 说明的含义

说明是简明扼要地把事物的性质、特征、功能、分属类别等基本情况解说明白，将人物的特点、经历介绍清楚的一种表达方式。这种表达方式在应用文写作中运用广泛，产品说明书、解说词、总结、报告、司法文书等文体，经常运用说明的表达方式交代背景和情况。

2. 说明的方法

(1) 定义说明，即用最简短的语言，把事物的本质特征揭示出来，使读者对某一概念有确切的了解。例如百度百科对"微博"下了这样的定义：

微博，即微博客(MicroBlog)的简称，是一个基于用户关系的信息分享、传播以及获取平台，用户可以通过WEB、WAP以及各种客户端组件个人社区，以140字左右的文字更新信息，并实现即时分享。

上文篇幅较短，用词准确，不仅指出了微博的性质、使用方式，还指出了其作用，易于读者理解。

(2) 举例说明，即举出典型例子说明事物或事理的方法。这种说明方法可以将抽象的事理解说得具体、形象，便于读者接受。例如：

一般人总以为，年龄稍大，记忆能力就一定要差，其实不然，请看实验结果：国际语言学会曾对9~18岁的青年与35岁以上的成年人学习世界语作过一个比较，发现前者就不如后者的记忆力好。这是因为成年人的知识、经验比较丰富，容易在已有的知识基础上，建立广泛的联系。这种联系，心理学上称为"联想"。人的记忆就是以联想为基础的，知识经验越丰富，越容易建立联想，记忆力就会相应提高。马克思50多岁时开始学俄文，6个月后，他就能津津有味地阅读著名诗人与作家普希金、果戈里和谢德林等人的原文著作了。这是他语言知识丰富，能够通晓很多现代和古代的语言的缘故。

为了说明年龄大的人记忆力不一定差这一现象，上文列举了马克思学习俄文的实例，使这一说明更具有说服力。

(3) 比较说明，即将两种或两种以上的事物进行对比，从而说明事物的特点和规律的方法。这种说明方法使读者对事物的本质有更加清晰的认识。例如：

药品说明书

商品名：依苏

通用名：马来酸依那普利片

注意事项：与非黑色人种相比，黑色人种服用血管紧张素转换酶抑制剂造成血管神经性水肿的发生率要高。有与血管紧张素转换酶抑制剂治疗无关的血管神经性水肿病史的人，在使用血管紧张素转换酶抑制剂时，发生血管神经性水肿的危险性可能增高。

上文将黑色人种和非黑色人种、有特殊病史和无特殊病史的人做对比，使不适宜使用本药物的人群被清楚地区分出来。

(4) 分类说明，即把说明对象按照同一标准，划分出不同类别，然后逐一说明的方法。例如：

我国根据小麦的播种季节、皮色、籽粒胚乳结构，把小麦细分为9类：①白色硬质冬小麦：种皮为白色或黄白色的麦粒不低于90%，角质率不低于70%的冬小麦。②白色硬质春小麦：种皮为白色或黄白色的麦粒不低于90%，角质率不低于70%的春小麦。③白色软质冬小麦：种皮为白色或黄白色的麦粒不低于90%，粉质率不低于70%的冬小麦。④白色软质春小麦：种皮为白色或黄白色的麦粒不低于90%，粉质率不低于70%的春小麦。⑤红色硬质冬小麦：种皮为深红色或红褐色的麦粒不低于90%，角质率不低于70%的冬小麦。⑥红色硬质春小麦：种皮为深红色或红褐色的麦粒不低于90%，角质率不低于70%的春小麦。⑦红色软质冬小麦：种皮为深红色或红褐色的麦粒不低于90%，粉质率不低于70%的冬小麦。⑧红色软质春小麦：种皮为深红色或红褐色的麦粒不低于90%，粉质率不低于70%的春小麦。⑨混合小麦：不符合①~⑧各条规定的小麦。

(5) 引用说明，即引用资料介绍事物或说明对象的方法。例如下文在说明榔梅的产地时就引用了李时珍的记载：

明代著名医学家李时珍在《本草纲目》中记载："榔梅，只出均州太和山。"古时武当山叫太和山，地理位置均州。也就是说，榔梅只出产在武当山，其他地方没有。

(6) 比喻说明，即借助比喻说明抽象的事理或复杂事物的方法。这种说明方法能把事物或道理说明得浅显易懂、确切具体、简洁生动。例如：

石拱桥的桥洞呈弧形，就像虹。古代神话里说，雨后彩虹是"人间天上的桥"，通过彩虹就能上天。我国的诗人爱把拱桥比作虹，说拱桥是"卧虹""飞虹"，把水上拱桥形容为"长虹卧波"。

(7) 数字说明，即列举具体、准确的数字对事物进行说明。例如《故宫博物院》一文，写故宫博物院"宫城呈长方形，占地72万平方米，有大小宫殿70多座、房屋9000多间"，使用了数字来说明故宫博物院的面积、宫殿的座数、房屋的间数。又如，《中国石拱桥》一文，写赵州桥"全长50.82米，两端宽9.6米，中部略窄，宽9米"，以数字说明了赵州桥的长和宽。

运用数字说明时，应力求准确，能够准确测算的，必须用确数，由于年代久远或条件所限不能准确测算时，可以用概数。数字说明的优点是可以把事物说明得更清晰、更直观，具有说服力，并且易于理解。

(8) 图表说明，即用图形和表格说明事物基本特征的方法。这种方法便于比较，使读者一目了然。例如人民智库于2023年6月以14～35岁年龄群体为受访对象展开调查，并发布了《我国青年群体竞争心态调查报告(2023)》，为说明我国青年群体的压力来源，使用了图表，如图1-1所示。

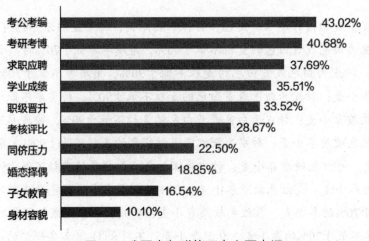

图1-1　我国青年群体压力主要来源

图表的形式多样，除上文所示的表格，还可以采用柱状图、饼状图、曲线图等图表形式。

二、应用文的语言

(一) 应用文的语言要求

1. 准确

准确是指用恰当的词语表现文章的思想内容，用词切合语义，语句合乎语法，各句间连贯、流畅、逻辑性强。准确是应用文用语的基本要求。

首先，用词要恰当、贴切，要使用规范的书面语，一般不使用口语或不规范的缩略语。其次，要注意区分词义和感情色彩的细微差别。例如"事件"和"事故"、"违反"和"违犯"，又如"严格遵照执行""认真贯彻执行""请参照执行""仅供执行时参考"。最后，应使用含义明确、具有确定性的语言，摒弃模棱两可、似是而非和容易产生歧义的语言，尽量不使用"可能""据说""差不多"这样的模糊用语。

2. 简练

简练是指应用文语言的简洁和精练。应用文重在实用，要用最少的语言清楚表达文意，不追求辞藻的华丽和堆砌，不说套话、空话；多用短句，少用长句，减少句子多余的修饰成分；可以使用惯用词语、文言词语和专业术语，以达到简洁明了、庄重严肃的效果。

3. 平实

平实是指应用文语言自然朴实。应用文实用性的特点决定了它的文风要平易直白，通俗易懂。应用文重在说明问题、讲清道理，语言力求直来直去，切忌使用夸张修饰、含蓄晦涩、艰深难懂的语言。

4. 得体

得体是指应用文的语言要适当、有分寸，适合文体特征和要求。应用文文种不同、写作对象不同、文体要求不同，语言使用必然不同。例如行政机关公文的语言要求庄严、客观，不能使用口语，而演讲稿、感谢信需要使用感情浓烈、具有描绘性的词语。

(二) 常用句式和用语

开头用语：为了、由于、遵照、根据、依据、随着、当前、近来、兹有、据查、欣闻、奉、近奉、接、前接、现接、现将、经××(单位)批准等。

称谓用语：第一人称，如我、本；第二人称，如你、贵；第三人称，如该。

引述用语：近接、现接、收悉等。

转承用语：为此、据此、鉴于、总之、综上所述、总而言之等。

经办用语：经、业经、兹经、现将、查照等。

征询用语：当否、可否、妥否、是否可行、如无不妥、意见如何等。

表态用语：同意、不同意、可行、不可、拟同意、原则同意、原则批准、准予备案等。

祈请用语：请、敬请、恳请、烦请、提请、望、希望、盼、期等。

告诫用语：责成、特命、不得、应等。

呈递用语：呈上、转呈、奉上、递交等。

结尾用语：特此通知；现予公布；此布；当否，请批示；以上报告，请审核；特此函达；此致敬礼；为要；为盼；为荷等。

其他常用语：颁布、查处、大力、一度、基于、拟于、如期、切勿、事宜、就绪、已悉、函告、见复、商酌、特予等。

(三) 特定用语释义及用法

当否：是否恰当。如"当否，请批示"。

鉴戒：教训。如"引为鉴戒"。

台鉴：请您审阅。如"某先生台鉴"。

台安：您安好。如"敬祝台安"。

径与：直接与。如"请径与某先生联系"。

以期：以此希望。如"以期在京举办"。

切切：千万注意。如"安全为要，切切"。

顷奉：刚才接到。如"顷奉上级指示"。

莅临：到来。如"恭请莅临指导"。

为要：是重要的。如"速办为要"。

为盼：是所盼望的。如"请速回函为盼"。

为荷：为此感谢。如"望批准为荷""请接洽为荷"。

务期：一定要。如"年底务期完工"。

收悉：收到并知道了。如"来函收悉"。

函复：通过信件答复。如"请速函复"。

悉力：尽一切能力。如"望予悉力支持"。

兹将：现在把。如"兹将票据一并送上"。

第四节　删繁就简，琢璞成玉
——应用文写作的修改

经济学会在S大的学生社团组织中小有名气，不仅积极参与社会经济活动，屡出成果，还邀请了S大十几位相关专业的国际知名教授作为学会顾问，更是每一年社团纳新中报名人数最多的社团。

第一轮纳新海选要求参与者提供一篇能够代表自己研究水平的小论文。应晓文熬了好几个通宵，终于写出了一篇自己还算满意的论文。她主动联系了李老师，想让李老师帮她把把关。李老师指出了修改方向，语重心长地说："改改吧，明天这个时间拿给我看。"

第二天，应晓文把"动了手术"的论文拿给李老师，李老师认真看后说："再改，明天这个时间拿给我看。"就这样，应晓文连续改了四次论文。

第五天，李老师看后严肃地说："可以了，交上去吧！""可是老师……"应晓文欲言又止，李老师笑了："你现在的论文已经体现你的知识水平与研究态度啦！""可您这几次没有给我提建议啊，只是让我不断修改啊？"

"善作不如善改啊，好文章都是改出来的。每一次修改后你的论文都有所完善，证明你是用了心的。你把这稿和第一稿对比一下，就能发现自己的进步啦！"

"好，我明白了，感谢老师！"应晓文由衷地感谢道。

一、应用文修改的标准

俗话说："三分写，七分改。"一篇优秀的文章常常几易其稿。应用文也不例外。应用文的修改着重从主题、材料、结构、语言这四个方面入手。

(一) 主题正确鲜明

应用文的目的明确、政策性强，如果主题模糊不清，即使结构再规范、语言再通顺，也是一篇毫无价值的文章。所以完成初稿后，要核查能否准确地体现文章主题：第一，看文章内容是否符合国家的方针政策；第二，看文章的观点是否正确；第三，看文章内容是否符合公务活动实际；第四，看文章内容是否有片面化、绝对化倾向；第五，看每段的内容是否围绕主题展开。

(二) 结构合理规范

1. 看文章结构是否符合文种要求

应用文各个文种都有相对固定的结构模式，完成初稿后，要核查文章结构是否符合该文体的结构规范。

2. 看文章层次是否符合逻辑

要从整体结构上查看文章谋篇布局是否合理，详略安排是否得当。如果是并列式结构，各层次不能重复；如果是递进式结构，应由浅入深、由表及里，层层递进、步步深入。

3. 看衔接是否紧密、过渡是否自然

各层次、各段落的衔接应紧密，过渡自然流畅，首尾相互呼应整篇文章浑然一体。

(三) 材料真实典型

应用文主要靠事实、数据来支撑观点，这些事实和数据如同大楼的基石，如果基石出现裂痕或缺失，大楼将面临倒塌的危险。因此，材料必须真实可靠，不可添枝加叶、随意篡改。核查文章时，应逐一核对每一个事实和数据，看数据是否真实准确，看材料

是否具有代表性，看材料组合得是否合理，看材料能否有效说明论点。

(四) 语言准确得体

1. 修改错别字

无论是手写，还是用电脑输入都有可能出现错别字。修改文章时，首要任务就是清除错别字，特别是要重点核查电子文档是否有因拼音输入而产生的错误。

2. 辨析词义

对词义模糊、概念含混的词一定要修改，避免产生歧义。另外，要注意区分一些词义相近、词形相似的词语。例如"截止"和"截至"、"权利"和"权力"、"制定"和"制订"、"定金"和"订金"。

3. 是否符合文体要求

部分文体对语言有较为严格的要求，写作时要注意写作文体的行文要求和感情色彩。例如行政机关公文中的请示属于上行文，就不能使用"现决定如下"；又如，请柬、聘书、感谢信不能使用命令的口气。

4. 修改标点符号

标点符号表示语气的停顿，标点虽小，但作用很大。标点符号使用不正确会影响整篇文章的表达效果，因此，写作者在完成初稿后应检查标点符号是否存在错用、漏用、多用的情况。

二、应用文修改的主体

(一) 自审自改

作者最熟悉自己写的文章，可以对文章进行有针对性的修改。自审自改一般适用于两种情况：一种是篇幅短、发文急的文章，例如通知、通讯、简报、请柬等；另一种是篇幅较长和写作时限较长的文章，例如学术论文等。

(二) 专家评审

一个人的思路总是有限的，而且受思维方式的局限，不可能面面俱到地考虑问题，所以，请他人帮忙改稿，特别是请权威的专业人士修订，可以扬长避短，快速提高文章质量。

(三) 集体讨论

有的文章是代表群体观点，作者只是执笔者，初稿完成后需要提交并讨论，最终形成定稿。例如单位的工作总结、法规办法等。

三、应用文修改的方法

(一) 增

增是指对叙述或论证不够深刻的地方进行补充，使材料更加充实、观点更为鲜明。应用文的写作，特别是总结、调查、报告之类的写作，应力求所使用的材料充分而具有典型意义，以达到说明主题的目的。

(二) 删

删是指将文中多余、重复的部分删减掉。应用文的语言应简洁有力，能用一句话说清楚的，绝不赘述；能用一个材料切中主题的，绝不堆砌。凡是与主题无关的部分，即使语言再流畅、材料再新颖，也应毫不留情地删去。

(三) 调

调是指调整结构和顺序。应用文具有较强的逻辑性，必须条理清楚、结构严谨。如果文章内部层次安排不合理，就会给读者带来理解上的障碍，对文章结构进行优化是十分必要的。

(四) 换

换是指将文中不正确、不合适的部分替换掉，主要包括换材料、换表达方式、换语句、换标点等。

⊕ 知识链接

文章的修改

叶圣陶

写完了一篇东西，看几遍，修改修改，然后算数，这是好习惯。认真的人，文章写得好的人，大都有这种好习惯。那么，修改究竟是怎么一回事呢？

从表面看，自然是检查所写的文字，看看有无不妥的地方，如果有，就把它改妥当。但是文字是语言的记录，语言妥当，文字就妥当，因此需要检查的，其实是语言。

怎样的语言才妥当呢？这要看有没有充分地确切地表达出所要表达的意思(也可叫思想)，表达得充分确切了，就是妥当，否则就是不妥当，需要改。这样寻根究底地一想，就可见需要检查的，认为不妥当需要修改的，其实是意思。可是有些人不领会。常听人说："这篇东西基本上不错，文字上还得好好修改。"好像文字和意思是两回事，竟可以修改文字而不变更意思似的。实际上哪有这样的事？凡是修改，都是意思需要修改，一经修改就变更了原来的意思。

譬如原稿上几层意思是这样排列的，检查后，发觉这样排列不妥当，须得调动一下，作那样的排列，这不是变更了原来的意思了吗？譬如原稿上有这层意思，没有那层意思，检查过后，发觉这层意思用不着，该删去，那层意思非有不可，必须补上，这不是增减了原来的意思了吗？譬如原稿上的这个词，这样的句式，这样的衔接，检查过后，发觉这个词不贴切，应该用那个词，这样的句式和这样的接榫不顺当，应该改成那样的句式和那样的接榫，这不是变更了原来的词句了吗？词句需要变更，只为意思需要变更。你觉得"发动"这个词不好，要改"推动"，你觉得某处要加个"的"字，某处要去个"了"字，那是根据意思决定的。

说到这儿，似乎可以认为：修改必然会变更原来的意思，不过变更有大小不同：大的关涉全局，小的仅限于枝节，也就是一词一句。修改是就原稿再仔细考虑，顾及到全局和枝节，尽可能做到充分地确切地表达出所要表达的意思。这样的理解很重要。有了这样的理解，对修改就不肯草率从事。

修改稿子不要光是"看"，还要"念"，就是把稿子放到口头说说看，也可以默念。一路念下去，疏忽的地方自然会发现。下一句跟上一句不接气啊，后一段跟前一段连得不紧密啊，词跟词的配合照应不对头啊，句子的成分多点儿或少点儿啊，诸如此类的毛病都可以发现。同时也很容易发现该怎样说才接气，才紧密，才对头，才不多不少，而这些发现就是修改的办法。念下去顺当，就因为语言流畅妥帖，意思也就流畅妥帖。

(资料来源：叶圣陶.叶圣陶随笔：生活教育[M].北京：北京大学出版社，2007.)

章节训练

1. 请阐述文学创作和应用文写作的不同。
2. "应用文使用的材料越多越好，文章越饱满。"请问这种说法是否正确，为什么？
3. 举例说明应用文语言的写作要求。
4. "修改文章就是把文章中存在的语病找出来。"请问这种说法是否正确，为什么？

第二章 | 励精图政篇

第一节 慎终于始，公牍初识
——党政机关公文格式

毕业季的谢达作顺利通过国家公务员考试，成功上岸，进入政府机关工作。早在公务员备考阶段，谢达作初步了解了国家机关工作人员需要具备的能力。但这些了解只停留在感性认知与理论掌握的层面，对自己能否胜任工作并有一番作为，他心里十分忐忑。

入职培训后，谢达作被分配到了办公室工作。新环境尚未完全适应，办公室章主任把两份资料拿给谢达作，让他一定熟练掌握，说这是公务员工作的必备基础。一份是国家标准《党政机关公文格式》，另一份是由中共中央办公厅和国务院办公厅联合印发的《党政机关公文处理条例》。

谢达作回到办公室，拿起章主任给的两份资料，认真阅读。通过几天的努力钻研，结合本部门的工作实际，谢达作对于行政机关公文就有了全新的了解，对后续的工作信心百倍。

一、党政机关公文的含义

党政机关公文是党政机关实施领导、履行职能、处理公务的具有特定效力和规范体式的文书，是传达贯彻党和国家的方针政策，公布法规和规章，指导、布置和商治工作，请示和答复问题，报告、通报和交流情况等的重要工具。

《党政机关公文处理条例》中规定的15种公文，分别是决议、决定、命令(令)、公报、公告、通告、意见、通知、通报、报告、请示、批复、议案、函和纪要。

二、党政机关公文的特点

(一) 内容的政治性

党政机关公文是国家权力机关意志的表达，是党和国家在治国理政过程中，用以处理公务、公布措施、交流重要信息的主要载体和工具，因此，党政机关公文具有鲜明的政治性。

(二) 作者的法定性

党政机关公文由特定的法定机关制定和公布。公文的制发者必须是国家党政机关、企事业单位、社会团体及依法成立并能以自己的名义行使权利和承担义务的组织。因此，党政机关公文具有作者法定性的特点。

(三) 执行的权威性

党政机关公文是管理国家的工具，代表国家的权力和意志。因此，公文具有法定的权威性。公文一经下发，其相关单位及成员必须执行。这是保证党和国家的路线、方针、政策得以顺利贯彻执行的重要前提。

(四) 格式的规范性

党政机关公文格式有严格的规范要求，我国对党政机关公文格式做出了非常具体的规定，要求在进行党政机关公文写作时遵照执行，党政机关公文写作必须根据实际需要选择合适的公文种类，结构安排必须完整、严谨、统一，布局谋篇要条理清楚、主次分明、衔接自然，语言必须规范准确、简明实用。

(五) 语言的庄重性

党政机关公文的语言表述必须庄重。庄重性是指用语端庄持重，格调严肃，用以维护公文的权威性与有效性，表明作者的严正立场与严肃态度。

三、党政机关公文的格式

2012年6月29日，国家质量监督检验检疫总局、国家标准化管理委员会批准颁布了《党政机关公文格式》(GB/9704—2012，以下简称《格式》)，《格式》根据中共中央办公厅、国务院办公厅印发的《党政机关公文处理工作条例》的有关规定对《国家行政机关公文格式》(GB/T9704—1999)进行修订，对公文通用的纸张要求、排版和印制装订要求、公文格式各要素编排规则等方面都做了细致而严格的规定。

公文的格式分为版头、主体、版记三部分。

(一) 版头

位于公文首页红色分割线以上的部分称为版头。版头的主要构成要素包括以下7个。

1. 份号

份号是公文印制份数的顺序号。涉密公文应当标注份号。如需标注份号，一般用6位3号阿拉伯数字，顶格编排在版心左上角第一行。

2. 密级和保密期限

密级用来标识公文保密程度，分"绝密""机密""秘密"三种。如需标注密级和保密期限，一般用3号黑体字，顶格编排在版心左上角第二行；保密期限中的数字用阿拉伯数字标注，密级和保密期限之间用"★"隔开。

3. 紧急程度

紧急程度是对公文送达和办理时限的要求。标明紧急程度，是为了引起特别注意，以保证公文的时效，确保紧急事项能及时处理。根据紧急程度，紧急公文应当分别标注"特急""加急"，电报应当分别标注"特提""特急""加急""平急"。

如需标注紧急程度，一般用3号黑体字，顶格编排在版心左上角；如需同时标注份号、密级和保密期限、紧急程度，按照份号、密级和保密期限、紧急程度的顺序自上而下分行排列。

4. 发文机关标志

发文机关标志由发文机关全称或者规范化简称加"文件"二字组成，也可以使用发文机关全称或者规范化简称。

发文机关标志居中排布，推荐使用小标宋体字，其字体颜色为红色，以醒目、美观、庄重为原则。

联合行文时，发文机关标志可以并用联合发文机关名称，也可以单独用主办机关名称，如图2-1所示。

5. 发文字号

发文字号又称发文编号、文号，它是发文机关

辽宁省发展和改革委员会
辽 宁 省 财 政 厅 文件
辽 宁 省 教 育 厅

辽发改收费〔2024〕78号

图2-1 联合行文版头示例

在某一年度内所发各种不同文件总排顺序的编号。发文字号有以下作用：一是便于公文的分发；二是便于掌握公文的类别和数量；三是便于查询和引用；四是便于保管和提取。

发文字号由发文机关代字、年份和发文顺序号组成，编排在发文机关标志下空二行位置，居中排布。版头中，年份、发文顺序号用阿拉伯数字标注；年份应标全称，用六角括号"〔〕"括入；发文顺序号不加"第"字，不编虚位(即1不编为01)，在阿拉伯数字后加"号"字。

上行文的发文字号居左空一字编排，与最后一个签发人姓名处在同一行。

联合行文时，使用主办机关的发文字号。

6. 签发人

签发人就是签发文件的人，签发人一般为单位主要领导或者主要领导授权人。

上行文应当标注签发人姓名。这时发文字号标识在发文机关之下，居左空一字；"签发人"姓名与发文字号平行，居右空一字，编排在发文机关标志下空二行位置。"签发人"三字用3号仿宋体字，冒号用全角，签发人姓名用3号楷体字。如有多个签发人，签发人姓名按照发文机关的排列顺序从左到右、自上而下依次均匀编排，一般每行排两个姓名，回行时与上一行第一个签发人姓名对齐。

7. 版头中的分隔线

发文字号之下4mm处居中印有的一条与版心等宽的红色分隔线，即为版头中的

分隔线。

(二) 主体

公文首页红色分隔线(不含)以下、公文末页首条分隔线(不含)以上的部分称为主体。

1. 标题

标题是指具体公文的标题，完整的公文标题由发文机关名称、事由和文种组成。

标题一般用2号小标宋体字，编排于红色分隔线下空二行位置，分一行或多行居中排布；标题较长需要回行时，要做到词意完整，排列对称，长短适宜，间距恰当，标题排列应当使用梯形或菱形。例如：

辽宁省住房和城乡建设厅
关于印发《2020年政务公开工作要点》的通知

多个发文机关名称之间用空格分开，不加顿号。

2. 主送机关

主送机关，即公文的主要受理机关。主送机关应当使用机关全称、规范化简称或者同类型机关统称。

主送机关编排于标题下空一行位置，居左顶格，回行时仍顶格，最后一个机关名称后标全角冒号。如主送机关名称过多导致公文首页不能显示正文时，应当将主送机关名称移至版记。

3. 正文

正文是公文的主体，用来表述公文的内容。

公文首页必须显示正文。正文一般用3号仿宋体字，编排于主送机关名称下一行，每个自然段左空二字，回行顶格。文中结构层次序数依次可以用"一、""(一)""1.""(1)"标注；一般第一层用黑体字、第二层用楷体字、第三层和第四层用仿宋体字标注。

4. 附件说明

附件说明是指公文附件的顺序号和名称。

公文正文中一些内容，如图表、名单、规定等，如果穿插在公文正文中，往往隔断前后意思的联系而造成阅读上的不便，这时需要将其从公文正文中抽出而作为公文的附件单独表述，而且要放在公文生效标识印章之后。但公文的附件是正文内容的组成部分，与公文正文具有同等效力。

如有附件，在正文下空一行左空二字编排"附件"二字，后标全角冒号和附件名称。如有多个附件，使用阿拉伯数字标注附件顺序号；附件名称不加书名号，行尾不加标点符号；附件名称较长需回行时，应当与上一行附件名称的首字对齐，如图2-2所示。

5. 发文机关署名、成文日期和印章

发文机关署名应署发文机关全称或者规范化简称。成文日期署会议通过或者发文机关负责人签发的日期；联合行文时，署最后签发机关负责人签发的日期。印章是公文生效标识，证明公文效力的表现形式，公文中有发文机关署名的，应当加盖发文机关印章，并与署名机关相符。有特定发文机关标志的普发性公文和电报，可以不加盖印章。

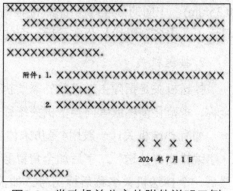

图2-2　党政机关公文的附件说明示例

成文日期一般右空四字编排，用阿拉伯数字将年、月、日标全，年份应标全称，月、日不编虚位(即1不编为01)。

印章用红色，不得出现空白印章。单一机关行文时，一般在成文日期之上、以成文日期为准居中编排发文机关署名，印章端正、居中下压发文机关署名和成文日期，使发文机关署名和成文日期居印章中心偏下位置，印章顶端应当上距正文(或附件说明)一行之内。联合行文时，一般将各发文机关署名按照发文机关顺序整齐排列在相应位置，并将印章一一对应、端正、居中下压发文机关署名，最后一个印章端正、居中下压发文机关署名和成文日期，印章之间排列整齐、互不相交或相切，每排印章两端不得超出版心，首排印章顶端应当上距正文(或附件说明)一行之内。

6. 附注

附注是公文印发传达范围等需要说明的事项。如有附注，居左空二字加圆括号编排在成文日期下一行。

7. 附件

附件是公文正文的说明、补充或者参考资料。应当另面编排，并在版记之前，与公文正文一起装订。"附件"二字及附件顺序号用3号黑体字顶格编排在版心左上角第一行。附件标题居中编排在版心第三行。附件顺序号和附件标题应当与附件说明的表述一致。附件格式要求同正文。

如附件与正文不能一起装订，应当在附件左上角第一行顶格编排公文的发文字号并在其后标注"附件"二字及附件顺序号。

(三) 版记

公文末页首条分隔线以下、末条分隔线以上的部分称为版记。版记中的各个要素之间，用黑色的分隔线隔开。

1. 版记中的分隔线

版记中的分隔线与版心等宽，首条分隔线和末条分隔线用粗线(推荐高度为

0.35mm)，中间的分隔线用细线(推荐高度为0.25mm)。首条分隔线位于版记中第一个要素之上，末条分隔线与公文最后一面的版心下边缘重合。

2. 抄送机关

抄送机关是指除主送机关外需要执行或者知晓公文内容的其他机关，应当使用机关全称、规范化简称或者同类型机关统称。

如有抄送机关，一般用4号仿宋体字，在印发机关和印发日期之上一行、左右各空一字编排。"抄送"二字后加全角冒号和抄送机关名称，回行时与冒号后的首字对齐，最后一个抄送机关名称后标句号。如需把主送机关移至版记，除将"抄送"二字改为"主送"外，编排方法同抄送机关。既有主送机关又有抄送机关时，应当将主送机关置于抄送机关之上一行，之间不加分隔线。

3. 印发机关和印发日期

印发机关和印发日期是指公文的送印机关和送印日期。印发机关和印发日期一般用4号仿宋体字，编排在末条分隔线之上，印发机关左空一字，印发日期右空一字，用阿拉伯数字将年、月、日标全，年份应标全称，月、日不编虚位(即1不编为01)，后加"印发"二字。

4. 页码

页码是公文页数顺序号，一般为4号半角宋体阿拉伯数字，编排在公文版心下边缘之下，数字左右各放一条一字线；一字线上距版心下边缘7mm。单页码居右空一字，双页码居左空一字。公文的版记页前有空白页的，空白页和版记页均不编排页码。公文的附件与正文一起装订时，页码应当连续编排。

四、党政机关公文的行文规则

行文规则是制发、办理公文中必须遵循的基本准则。公文行文应当确有必要，讲求实效，注重针对性和可操作性，行文关系根据隶属关系和职权范围确定。一般不得越级行文，特殊情况需要越级行文的，应当同时抄送被越过的机关。

(一) 上行文的行文规则

上行文是指下级机关向上级机关的行文。通常情况下，请示、报告等属于上行文，其具体行文规则有以下几个。

1. 原则上主送一个上级机关，根据需要同时抄送相关上级机关和同级机关，不抄送下级机关。

2. 党委、政府的部门向上级主管部门请示或报告重大事项，应经本级党委、政府同意或者授权；属于部门职权范围内的事项应当直接报送上级主管部门。

3. 下级机关的请示事项，如需以本机关名义向上级机关请示，应当提出倾向性意见后上报，不得原文转报上级机关。

4. 请示应当一文一事。不得在报告等非请示性公文中夹带请示事项。

5. 除上级机关负责人直接交办事项外，不得以本机关名义向上级机关负责人报送公文，不得以本机关负责人名义向上级机关报送公文。

6. 受双重领导的机关向一个上级机关行文，必要时抄送另一个上级机关。

(二) 下行文的行文规则

下行文是指上级机关向下级机关的行文。通常情况下，通知、通报、批复等属于下行文，其具体行文规则有以下几个。

1. 主送受理机关，根据需要抄送相关机关。重要行文应当同时抄送发文机关的直接上级机关。

2. 党委、政府的办公厅(室)根据本级党委、政府授权，可以向下级党委、政府行文，其他部门和单位不得向下级党委、政府发布指令性公文或者在公文中向下级党委、政府提出指令性要求。需要经政府审批的具体事项，经政府同意后可以由政府职能部门行文，文中须注明已经政府同意。

3. 党委、政府的部门在各自职权范围内可以向下级党委、政府的相关部门行文。

4. 涉及多个部门职权范围内的事务，部门之间未协商一致的，不得向下行文；擅自行文的，上级机关应当责令其纠正或者撤销。

5. 上级机关向受双重领导的下级机关行文，必要时抄送该下级机关的另一个上级机关。

(三) 平行文的行文规则

平行文是指平级或没有隶属关系和业务指导关系单位之间的行文。函是平行文，其行文规则有以下两个。

1. 平级之间的行文大多选择"函"。

2. 不相隶属机关之间行文用"函"。不相隶属机关是指既不是同一系列内的平行机关，也没有业务上的指导与被指导关系，也没有上下级之间的关系。这些机关之间行文，只能用"函"。即使向主管部门请求批准某一事项，在双方不是隶属关系时，也不能使用请示和批复，只能使用"函"。

(四) 联合行文的规则

联合行文规则是行文规则的引申，如下所述。

1. 同级政府、同级政府各部门、上级政府部门与下一级政府可以联合行文。

2. 政府与同级党委、军队机关可以联合行文。

3. 政府部门与相应的党组织和军队机关可以联合行文。

4. 政府部门与同级人民团体和具有行政职能的事业单位可以联合行文。

五、党政机关公文文种的选择

撰写公文的第一个要素就是正确选定文种，否则，不仅会给公文的撰写带来困难，还会损害公文的效用。选择公文文种应严守有关规范,特别是要严格遵循党和国家关于公文文种的使用规则。

选择公文文种的依据主要有以下三个。

(一) 发文机关与主要受文者间的工作关系

根据发文机关与主要受文者间的工作关系选择文种,要求明确双方本来的工作关系,依据工作关系判断行文方向,从而选择恰当的文种。例如给上级机关行文可以是请示,也可以是报告,但不能是通知。

(二) 发文机关的法定或规定权限

根据作者的权限选择文种,要求明确作者的职责、权力范围,选择与之相符合的文种。这是因为有一部分公文文种对使用者的权限有明确规定,只有具备相应地位和权力的机关才能选用。

(三) 行文目的、行文要求和公文主题

根据行文目的、行文要求和公文主题选择文种,就是在相同性质的文种中,选取有助于实现行文目的和要求,有助于使主题得到正确、鲜明表现的具体文种。在公文文种体系中,有一部分是性质相近或相同但具体用途各异的文种,它们分别适用于表现不同的公文主题,适用于表明不同的行文目的,适用于公文阅读、办理、答复、执行等方面的不同要求。

六、党政机关公文拟写者的修养

党政机关公文是国家管理政务、机关处理工作的重要工具,它的政策性、思想性和业务性都很强。拟写公文的工作人员必须具有以下几个方面的修养。

(一) 具有较高的政治理论水平

党政机关公文是体现党政机关意志的一种文体。公文拟写者要有正确的政治观点和立场,要具备一定的政治理论知识,必须认真学习和掌握习近平新时代中国特色社会主义思想的基本内容和精髓要义,并运用这些基本理论去分析问题、解决问题。

(二) 熟悉和掌握政策法令

各级各类党政机关在实际工作中制发的公文,需要与本部门、本地区或本系统的实际情况密切结合。这就需要公文拟写者必须熟悉和掌握这些政策法令,真正领会其重要性、必要性和精神实质。只有熟悉和掌握政策法令,才能结合本地区、本系统或本部门的实际情况,分析研究贯彻执行的具体办法。

(三) 具有广博的知识

我国的经济体制改革不断深化,政治体制改革在逐步深入,新知识、新事物层出不

穷，知识更迭速度加快。在社会主义市场经济条件下，从事公文拟写工作的人员，不仅要有较好的政治理论修养和较高的政策理论水平，懂得各项业务知识，还要博学多闻，通晓各方面的科学文化知识。

党政机关公文的各要素样式如图2-3～图2-6所示。

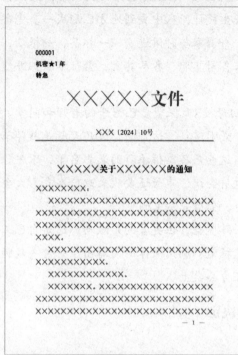

图2-3　党政机关公文(下行文)首页版式

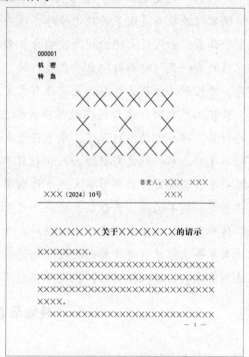

图2-4　党政机关公文(上行文)首页版式

图2-5　党政机关公文末页版式1

图2-6　党政机关公文末页版式2

第二节　操持严整，上行下效
——决定

一转眼，谢达作工作一个多月了。数十天的机关工作让谢达作收获颇丰，感慨良多。国家行政机关是国家的政治命脉，服务于民生民计，从中央到地方已形成一套完备的管理体系，如同巨大的齿轮严密啮合，带动一个国家与时俱进。"一杯茶，一根烟，一张报纸看一天"的刻板印象早已被打破，大家各司其职、各尽其责，繁忙不暇但井然有序，紧张的工作让达作感到充实且有意义。

紧张工作之余，达作想在教师节来临之际回母校S大探望自己惦念的老师和同学。正思忖着，办公室的门打开了，章主任进来了，嘱咐道："达作啊，过几天就是教师节了，市里要表彰一批优秀教师个人和教育单位，这些是各单位推荐的表彰名单，下午你起草一个表彰决定，教师节当天我市计划举办政府会议，市长还要代表政府在表彰大会上讲话呢，明早给我。我和副主任去下面开个会，你留守看家啊！"

达作拿起章主任放在桌子上的材料，心头一阵慌乱，但更多的是激动，这是自己工作以来第一次起草这样重要的文件！谢达作欣然提笔，利用午休时间写出了一份《教师节表彰决定》，再三校对后，把文件放到了主任办公桌上。

教师节表彰决定

各位老师、各位同学：

一年来，我市在上级政府及主管部门领导下，在市领导集体的引领和全市教职工的共同努力下，在教育教学质量的提高、教师队伍的建设、办学理念的更新、教育硬件的建设、校园文化的建设、教育品牌的树立、全市会考等诸方面取得了骄人的成绩，受到了上级和全社会的充分肯定。

教育的发展离不开教师，正因为他们的无私奉献和刻苦努力，才使我市的教育工作有现在的成就与辉煌，在第39个教师节来临之际，授予下列人员先进集体、先进个人荣誉称号，同时向他们表示衷心的祝贺。

先进集体：××××××、××××××、××××××、××××××、××××××××。

先进个人：×××、×××。

市政府号召向获奖的教师学习，同时也希望你们在今后的工作学习中戒骄戒躁、扎实作为，不断创新，不断进取，把S市的教育教学工作推向一个新的高度，让文明的行为、尊师重教的良好风尚荡漾在我市的每个角落。

××市人民政府(印章)

20××年××月××日

快下班的时候，章主任把达作单独叫到办公室，语重心长地说："达作啊，这篇教师节的《决定》写得不错，很流畅，但还需要改一改，公文写作要按照规定步骤写，是有一定的体例的。你一会好好研究一下'决定'这个文种的特点，把你的'大作'修改一下，年轻人，我很看好你哦！"

谢达作找来《应用文写作》一书，细致读完了"决定"章节，决心重写《决定》。

××市人民政府关于20××年教师节表彰的决定

市各学校、有关单位：

一年来，在上级政府及主管部门领导下、全市教职工的共同努力下，S市在教育教学的质量、教师队伍的建设、办学理念的更新、教育硬件的改善、校园文化的营造、教育品牌的树立、期末会考的改革等诸方面取得了骄人的成绩，受到了上级和全社会的充分肯定。

教育的发展离不开教师，正因为他们的无私奉献和刻苦努力，才使我市的教育有现在的成就与辉煌。在第39个教师节来临之际，经会议研究决定，对教育战绩上取得优异成绩的教育工作者进行表彰。

授予××中学等5个单位先进集体荣誉称号；授予×××等50位同志"优秀教师"荣誉称号；授予×××等20位同志"教育先进个人"荣誉称号。

市政府号召向获奖的单位和个人学习，同时也希望接受表彰的单位和个人在今后的工作学习中戒骄戒躁、扎实工作，不断创新，不断进取，把我市的教育教学工作推向一个新的高度，让文明的行为、尊师重教的风尚彰显在我市的每个角落。

附件：20××年教师节表彰名单

××市人民政府(印章)

20××年××月××日

一、决定的含义

决定是各级党政机关普遍使用的一种下行公文，适用于对重要事项做出决策和部署、奖惩有关单位和人员、变更或者撤销下级机关不适当的决定事项。所谓"重要事项"，是指带有全局性或具有重大意义和影响的事项。

二、决定的特点

决定具有以下特点：一是制约性，因为决定比较集中地体现发文机关对重要事项或重大行动的指挥和处置意图，要求下级机关无条件执行，决定的制约性和强制性虽然没有命令那么强硬，但比其他公文的制约性和强制性要强硬。在某些方面决定往往是法规的延伸和补充，具有较强的强制性和行政约束力。二是指挥性和指导性，因为决定是对重要事项或重大行动做出安排，这对下级机关的工作具有指挥性和指导性。

三、决定的分类

决定的适用范围相当广泛，按其内容和作用划分，大体可分为以下三类。

第一类，对某项工作或重大行动做出安排的决定，包括方针政策性决定、部署指挥性决定、决策知照性决定。例如《国务院关于严肃税收法纪加强税收工作的决定》《中共中央关于严厉打击刑事犯罪活动的决定》。

第二类，对某一重大问题做出处理的决定。例如《中共中央关于深化体制改革推动社会主义文化大发展大繁荣若干重大问题的决定》。

第三类，对设置机构、任免人员、召开会议或表彰、处分等重要事项做出的决定。如《国家知识产权局关于第二十四届中国专利奖授奖的决定》。

四、决定的写法

决定一般由标题、正文、落款三部分组成。

(一) 标题

决定的标题包括发文机关、事由、文种，这三部分一般不能随意省略，特别是事由要能准确概括决定的主要内容。决定的时间标注要注意两个问题：一是成文时间要以会议通过的日期或领导人最后签发日期为准；二是会议通过的时间一般要标注在标题下方，可用小括号括起来。

(二) 正文

决定的类型不同，正文侧重点就有不同，写法自然不同。

决定的正文一般有两种写法，即“认定式“和“论述式”。前者对决定的事项只表示认同、批准，不做更多的说理，如《中华人民共和国第六届全国人民代表大会常务委员会第九次会议关于教师节的决定》。后者要对决定依据和决定事项做必要的阐述，以帮助人们正确理解决定的精神。

如对某项工作或重大行动做出安排的决定，需要具有很强的规定性和指挥效能，既要提出工作任务或重大行动，又要阐述完成工作任务或重大行动的政策规定、方法措施等，内容丰富，行文较复杂，正文通常由决定缘由和决定事项两部分构成。

决定缘由是指对某项工作或重大行动做出安排的依据。行文要求简明扼要，依据要恰当充分，令人信服。决定事项是全文的主体内容，主要包括开展工作的有关政策原则、执行的事项及有关规定要求等。涉及材料较多的，一般采用分条式或分题式表述，行文要眉目清楚，用语要确切明了，易于有关人员把握和执行。

(三) 落款

落款由发文机关、印章和发文日期组成。

五、决定的写作要求

(一) 不能滥用决定行文

决定的内容要与"决定"文种相符，不能滥发决定。有些单位以为用决定才能引起有关部门及人员的注意，把该用"通知"行文的内容，用"决定"行文，这种滥用决定的情况应尽量避免。

(二) 决定缘由要充分合理

决定的缘由是决定事项的依据、理由，要注意交代清楚，做到既简明扼要，又有理有据，令人信服。

(三) 决定事项要明确具体

决定事项是决定的主要内容，有关机关据此贯彻执行。因此，决定事项要求具体、明确，具有一定的可行性，以利于下级机关贯彻执行。对于内容比较复杂的决定，要分条列项表述，把主要的、重要的放在前面，次要的放在后面，做到结构合理，层次分明。

六、决定与其他文种的区别

(一) 决定与决议的区别

决定和决议都能反映重大的事件或重要的问题，都具有较强的法规性，但两者又有如下区别。

1. 形成的方式不同

决议必须给某一级领导机关或组织在法定的正式会议上对某一议题进行集体讨论，表决通过，才能形成文件，并以会议名义发布。决定则不同，它既可以经某个会议讨论通过，以机关的名义下发，也可以由某一级领导机关直接制定并发布。

2. 行文用语不同

决议的行文中常用"会议认为""会议指出""会议号召"等惯用语领起下文。决定的缘由和事项两部分之间常用"为此，特作如下决定"之类的惯用语过渡。

(二) 决定与通知、意见的区别

一般事关全局、政策性强、任务艰巨、执行时间长的重大工作才适宜使用"决定"这一文种，其使用范围较"通知"狭窄。"意见"虽也是指导性的文件，但它针对的是某一时期全面的、原则性问题，且偏重于步骤、方法和原则的指导。

例文1

人力资源和社会保障部 科技部
关于表彰全国科技管理系统先进集体和先进工作者的决定

人社部发〔2022〕88号

各省、自治区、直辖市及新疆生产建设兵团人力资源社会保障厅(局)、科技厅(委、局)：

党的十九大以来，全国科技管理系统广大干部职工坚持以习近平新时代中国特色社会主义思想为指导，认真贯彻落实党中央、国务院关于科技工作的各项决策部署，深入实施创新驱动发展战略，扎实推动科技改革发展各项工作，涌现出一大批政治坚定、敢于担当、作风优良、业绩突出的先进集体和先进工作者。

为表彰先进、树立典型，充分激发广大科技管理干部干事创业的积极性、主动性、创造性，人力资源和社会保障部、科技部决定，授予中关村高科技产业促进中心等125个单位"全国科技管理系统先进集体"称号；授予唐超等98名同志"全国科技管理系统先进工作者"称号。获得"全国科技管理系统先进工作者"称号的同志享受省部级表彰奖励获得者待遇。希望受表彰的先进集体和先进工作者珍惜荣誉、戒骄戒躁、再立新功。

全国科技管理系统各单位和广大干部职工要以受表彰的先进集体和先进工作者为榜样，深入学习贯彻党的二十大精神，以习近平新时代中国特色社会主义思想为指导，深刻领悟"两个确立"的决定性意义，增强"四个意识"、坚定"四个自信"、做到"两个维护"，坚持科技是第一生产力、人才是第一资源、创新是第一动力，深入实施科教兴国战略、人才强国战略、创新驱动发展战略，不忘初心、牢记使命，踔厉奋发、勇毅前行，加快推进高水平科技自立自强，努力建设世界科技强国，为实现第二个百年奋斗目标、全面建设社会主义现代化国家做出新的更大贡献。

附件：1. 全国科技管理系统先进集体名单
2. 全国科技管理系统先进工作者名单

人力资源和社会保障部 科技部
2022年12月29日(印章)

(资料来源：中华人民共和国科学技术部网站)

例文2

国务院关于取消和调整一批罚款事项的决定

国发〔2023〕20号

各省、自治区、直辖市人民政府，国务院各部委、各直属机构：

为进一步优化营商环境，国务院开展了清理行政法规和部门规章中罚款事项工作。经清理，决定取消住房城乡建设等领域16个罚款事项，调整工业和信息化等领域17个罚款事项。取消罚款事项的，自本决定印发之日起暂时停止适用相关行政法规和部门规章中的有关罚款规定。调整罚款事项的，按照修改后的相关行政法规和部门规章中的有关罚款规定执行。

国务院有关部门要自本决定印发之日起60日内向国务院报送相关行政法规修改方案，并完成相关部门规章修改和废止工作，部门规章需要根据修改后的行政法规调整的，要自相关行政法规公布之日起60日内完成修改和废止工作。因特殊原因无法在上述期限内完成部门规章修改和废止工作的，可以适当延长，但延长期限最多不得超过30日。罚款事项取消后，有关部门要依法认真研究，严格落实监管责任，着力加强事中事后监管，完善监管方法，规范监管程序，提高监管的科学性、简约性和精准性，进一步提升监管效能，为推动高质量发展提供有力支撑。

附件：国务院决定取消和调整的罚款事项目录

国务院(印章)

2023年10月27日

(资料来源：中华人民共和国中央人民政府官网)

例文3

关于撤销上海富勤会计师事务所执业许可的决定

上海富勤会计师事务所：

我局因发现你所未达到普通合伙会计师事务所执业许可条件，向你所下发《整改通知书》(沪财会〔2023〕38号)，责令你所自收到通知之日起60个工作日内进行整改。至今已超过规定整改期限，你所仍未达到执业许可条件。根据《会计师事务所执业许可和监督管理办法》(财政部令97号)第五十九条第三款的规定，我局决定撤销你所的执业许可，并依法办理注销手续。

如对我局的上述决定有异议，你所可以自收到本决定书之日起60日内向上海市人民政府申请行政复议，或者自收到本决定书之日起6个月内依法向人民法院提起行政诉讼。

上海市财政局(印章)

2024年2月1日

(资料来源：上海市人民政府网站)

第三节　不激不厉，一体周知
——通告

时光飞逝，谢达作到政府机关工作已经半年了，平素里勤奋、好学、谨慎、谦逊的他逐渐得到了领导和同事的认可。经在校期间的"千锤百炼"及这段时间的"雕琢"，谢达作撰写各类行政机关应用文更加得心应手，确如办公室章主任的评价——"谢达作已经是'大作'啦"！

又是一年五月天，漫山遍野怒放的梨花把整个S城的山岭装点成白色的花海，市里主办的一年一度美食旅游节暨夯实创城活动启动仪式也拉开大幕。机关办公楼里所有人都在奔走忙碌着，大家既兴奋又紧张，兴奋的是这次盛会将喜迎五湖四海的国内外宾客，既能展示S市的美食美景和淳朴民风，又能提振S市经济；紧张的是这次盛会将迎来数目空前的人员和车辆，一切都马虎不得。

初次参与大型活动筹备工作的谢达作也忙得不亦乐乎。整理来宾的资料时，年长的同事经明匆匆走了进来，说道："达作，这次旅游节，市里预计会有六十多万人次的游客和七八十万台机动车，到时交通肯定会承受很大压力。你抓紧写个通知，告知市里各部门和企事业单位，为了保障活动期间的交通顺畅，要进行交通管制，具体的要点都在这纸上了。这事儿着急，先弄好这个文件，尽快发下去。喏，按照这个写，有什么问题再找我啊……"

谢达作赶紧把还没整理好的资料分门别类地放好，拿起经明写的要点仔细琢磨起来。达作总感觉写成"通知"好像有点儿不恰当，可如果不写成"通知"，那又应该写成什么文种呢？他记得在大学里老师似乎讲过"通告"。"通告"这个文种和"通知"又有哪些不同呢？哎，这臭记性，怎么就忘了呢！想到这里，谢达作翻出政府机关公文写作的"宝典"——《应用文写作》，找到"通告"章节研读起来。

一、通告的含义

通告是在一定范围内公布应当遵守或者周知事项的公文。

通告的适用范围涉及两个方面：一是公布应当遵守的事项，其内容带有明确的规定性，有关单位和个人都必须严格执行；二是公布周知的事项，其内容只有告知性。通告多告知的是与某一部门、某一方面的工作或某一专项业务有关的内容。

通告是使用频繁、用途广泛的告知性公文文种。通告既可以用来公布重大事项，也可以用来公布一般事项，其内容有的与国家大事有关，有的与人民群众的日常生活有关。通告主要通过登报或张贴、网页公开发布等形式让公众周知，故不写受文者，即一般不写主送机关。

二、通告的特点

(一) 广泛性

通告的适用范围非常广泛，可以公布国家针对某个行业、某个领域的大政方针、法规、制度，也可以告知社会生活中的具体事务。

(二) 周知性

通告的发布形式较灵活，可以通过张贴形式发布，也可以通过媒体传播。它知照对象范围广泛，具有"一体周知"的特点。

(三) 法规性

通告常用来颁布地方性的法规，这些法规一经颁布，特定范围内的部门、单位和民众都必须遵守执行。

(四) 行业性

通告具有鲜明的行业特点，受文对象往往是某个行业、某个领域或某个区域范围内特定的人群。

三、通告的分类

通告按其效用可分两大类：周知性通告和法规性通告。

(一) 周知性通告

此类通告把需要周知的事项或情况在一定范围内告知有关单位和个人，以达到沟通信息、配合相关部门做好工作的目的。

(二) 法规性通告

此类通告对有关事项或问题做出明确具体的规定，并在一定行业或区域范围内公布，要求相关人员遵守和执行。法规性通告有较强的强制性。

四、通告的写法

通告一般由标题、正文和落款三部分构成。

(一) 标题

通告的标题有以下四种形式。

第一种形式，由发文机关、事由和文种组成。例如《最高人民法院 最高人民检察院 公安部 司法部关于依法严厉打击黑恶势力违法犯罪的通告》《沈阳市人民政府关于全面整治违法建筑的通告》。

第二种形式，由事由和文种组成。例如三亚市民政局发布的《关于清明节安全文明祭扫的通告》、上海市征兵办发布的《上海市2023年兵役执法检查通告》。

第三种形式，由发文机关和文种组成。例如《中华人民共和国公安部通告》《安阳城市管理局通告》。

第四种形式，只有文种，例如《通告》。

(二) 正文

正文一般由通告前言、主体和结语三部分构成。

1. 前言

通告前言通常介绍通告发布的背景、根据、目的和意义，常用"现通告如下"作为过渡语。

2. 主体

正文的主体部分即通告的事项、通告的具体内容，要求写明有关方面周知或遵守的事项，如果内容单一，可采用贯通式的写法，直接说明；如果内容复杂，可以分条列项写作，要求条理分明，层次清晰。

3. 结语

通告结语写法简单，可以提出希望，可以发出号召，可以指出执行期限，如"本通告自发布之日起实施"，也可以自然收尾。可以采用"特此通告"这类模式化结语收束，有的通告不用结语。

(三) 落款

落款由发文机关、印章和成文日期组成，其中成文日期可以写在标题下方。

五、通告的写作要求

通告的内容要符合有关政策法令，不得与之违背或相抵触。

通告的内容要具体明确，要把通报的依据、目的、事项交代清楚，便于受文者知晓或遵守。

通告的语言要简明易懂，语言要周密严谨，防止出现漏洞，为便于群众理解，应避免使用晦涩的专业词语。

例文1

工业和信息化部关于公布2023年消费品工业"三品"
战略示范城市名单的通告

工信部消费函〔2024〕5号

为贯彻落实《国务院办公厅关于开展消费品工业"三品"专项行动营造良好市场环境的若干意见》(国办发〔2016〕40号),根据《工业和信息化部办公厅关于组织开展2023年消费品工业"三品"战略示范城市申报和评估工作的通知》(工信厅消费函〔2023〕273号),经地方申报、省级工业和信息化主管部门初审推荐、专家评审和网上公示等环节,我部遴选出60个2023年消费品工业"三品"战略示范城市(名单见附件),现予以公布。

特此通告。

附件:2023年消费品工业"三品"战略示范城市名单

工业和信息化部(印章)

2024年1月8日

(资料来源:中华人民共和国工业和信息化部官网)

例文2

国家邮政局 公安部 国家安全部
关于加强第19届亚洲运动会和第4届亚洲残疾人运动会期间
寄递物品安全管理的通告

第19届亚洲运动会和第4届亚洲残疾人运动会(以下统称"亚运会")将分别于9月23日至10月8日、10月22日至10月28日在浙江省杭州市、宁波市、温州市、湖州市、绍兴市、金华市举办。为保障亚运会顺利举办,现就加强亚运会期间寄递物品安全管理有关事项通告如下。

一、邮政快递企业应当加强亚运会期间寄递物品安全检查

邮政快递企业(寄递企业)应当依法落实安全管理主体责任,严格遵守禁止寄递物品管理规定,严格执行实名收寄、收寄验视、过机安检等安全管理制度。严格执行实名收寄制度,除信件和已签订安全协议用户交寄的邮件快件外,邮政快递企业一律对寄件人身份进行查验登记,确认人证相符后方可收寄;对于寄件人拒绝出示有效身份证件,在邮件详情单、快递运单等服务单据上填写的身份信息与出示的有效身份证件不一致,人

证不一致，或者拒绝登记其有效身份证件信息的，一律不予收寄。对于已签订安全协议的用户，应当加强身份信息抽检复核。严格执行收寄验视制度，对于禁止寄递的物品、不能确认安全性的物品、寄件人拒绝验视的物品，以及与登记信息不一致的物品，一律不予收寄。严格执行过机安检制度，自9月16日0时至10月28日24时对寄往杭州市的邮件快件，自9月16日0时至10月8日24时对寄往宁波市象山县，温州市瓯海区、鹿城区、龙湾区，湖州市德清县，绍兴市越城区、柯桥区，金华市金东区、婺城区等赛事举办地的邮件快件强化安全检查。各地邮政快递企业对寄往上述地区邮件快件逐一过机安检并施加过机安检标识，对可疑邮件快件按规定报告邮政管理、公安、国家安全、应急管理等部门。过机安检标识应当载明实施安检单位和省份。浙江省相关邮政快递企业对寄达赛事举办地邮件快件逐一实行投递前"二次安检"并施加"二次安检"标识，配合相关部门对进入安保核心区域邮件快件实行投递前再次安检。无过机安检标识或者"二次安检"标识邮件快件一律退返，不得投递。各地邮政快递企业要根据邮件快件在途时间，对发往赛事举办地邮件快件提前启动强化安检。实行寄递物品临时管控，在前述时间和地域范围内严禁收寄和投递无人机、穿越机等"低慢小"航空器和空飘气球等物品。

二、社会公众应当遵守亚运会期间寄递物品安全管理规定

公民、法人和其他组织应当遵守寄递物品安全管理规定，交寄邮件快件时，应当出示本人有效身份证件，如实填写邮件详情单、快递运单等服务单据，并配合邮政快递企业做好收寄验视工作，不得交寄禁止寄递物品。寄件人违反国家规定，使用伪造、变造的身份证件或者冒用他人身份证件交寄邮件快件，尚不构成犯罪的，由公安机关依法予以处罚；构成犯罪的，依法追究刑事责任；造成人身伤害或者财产损失的，依法承担赔偿责任。邮政快递企业发现寄件人利用寄递渠道实施违法犯罪行为的，应当立即报告当地邮政管理、公安、国家安全等部门，并协助调查处理。

三、有关部门应当加强亚运会期间寄递渠道安全监管

各级邮政管理、公安和国家安全等部门要密切协作，依法严厉查处违反寄递渠道安全管理规定和本通告要求的行为，严防不法分子利用寄递渠道实施危害国家安全、公共安全的违法犯罪活动。邮政快递企业未严格落实邮件快件安全检查制度、未严格遵守禁止寄递物品管理规定、未严格进行寄件人身份和寄递物品查验登记的，由邮政管理部门依照《中华人民共和国邮政法》《中华人民共和国反恐怖主义法》《快递暂行条例》等法律法规严厉查处。寄件人违反寄递物品安全管理规定的，由有关部门依法追究法律责任。邮政快递企业要积极配合邮政管理、公安、国家安全等部门安全监管工作，提供监督检查便利条件。

特此通告。

国家邮政局 公安部 国家安全部(印章)

2023年9月2日

(资料来源：中华人民共和国公安部官网)

例文3

农业农村部关于调整黄河禁渔期制度的通告

为养护黄河水生生物资源、保护生物多样性、促进黄河渔业可持续发展、推动黄河流域生态保护和高质量发展，根据《中华人民共和国渔业法》有关规定和《黄河流域生态保护和高质量发展规划纲要》《关于进一步加强生物多样性保护的意见》有关要求，我部决定自2022年起调整黄河禁渔期制度。现通告如下。

一、禁渔期和禁渔区

黄河干流青海段、四川段和甘肃段及白河、黑河、洮河、湟水、渭河(甘肃段)、大通河、隆务河及扎陵湖、鄂陵湖、约古宗列曲、玛多河湖泊群从2022年4月1日起至2025年12月31日实行全年禁渔。2026年以后的禁渔时间另行通知。

黄河干流宁夏段、内蒙古段、陕西段、山西段、河南段、山东段及大黑河、窟野河、无定河、汾河、渭河(陕西段)、南洛河、沁河、金堤河、大汶河及沙湖、乌梁素海、哈素海、东平湖的禁渔期为每年4月1日至7月31日。

二、禁止作业类型

禁渔期内禁止除休闲垂钓外的所有捕捞作业类型。

三、其他要求

(一) 各省(自治区)人民政府渔业主管部门可根据本地实际，在上述禁渔规定基础上，适当扩大禁渔区范围，延长禁渔期时间。

(二) 在上述禁渔区和禁渔期内，因教学科研、驯养繁殖等特殊需要，采捕黄河天然渔业资源的，须经省级人民政府渔业主管部门批准。

(三) 开展增殖渔业的湖泊和水库，要严格区分增殖渔业的起捕活动与传统的天然渔业资源捕捞生产，加强对禁渔期内增殖渔业资源起捕活动的规范管理，具体管理办法可由省级人民政府渔业主管部门另行规定。

四、实施时间

上述规定自本通告公布之日起施行，《农业部关于实行黄河禁渔期制度的通告》(农业部通告〔2018〕2号)相应废止。

农业农村部(印章)

2022年2月15日

(资料来源：中华人民共和国农业农村部官网)

第四节　敬谨触事，应时而发
——通知

谢达作的很多同事利用午休时间去局里的体育馆健身，打羽毛球、打乒乓球、踢毽子、做瑜伽、练器械。达作也新购置了一整套的健身装备，准备和大家一起锻炼，强身健体的同时还能增进友谊。午饭过后，达作刚刚换好衣服准备去体育馆，办公室章主任从门口路过，看到达作后停了下来，"达作啊，正好看到你了，还想下午找你呢，为了迎接我省全运会的召开，按照国家的统一部署，市政府决定布置一项工作，号召广大群众开展全民健身活动，你起草一份文件吧！这次活动非常重要，领导也很重视，这个任务交给你啦！达作，好好写！"又是件大事，达作心里想着，嘴上可不敢含糊，赶紧说道："领导，我肯定全力以赴，这就写。"章主任一把拉过达作："哈哈，心急吃不了热豆腐，走，先健身去，我还要和年轻人学学扣杀呢！"两个人说笑间径直来到体育馆。

一番激烈拼杀后，午休结束了，大家重整旗鼓，很快进入了工作状态。谢达作琢磨着章主任说的话，"国家统一部署……迎接全运会……市政府决定……开展全民健身活动……"主任的意思是要写个决定吗？可是前几天刚刚写过一个决定，记得决定的适用范围是"对重要事项做出决策和部署"。这个活动用"决定"来印发有点儿不妥，"决定"太过严肃，也不能频发，应该是"通知"更恰切吧！启动电脑，键盘上传出清脆的打字声……

一、通知的含义

通知是党政机关使用频率最高、适用范围最广的一个文种，适用于发布、传达要求下级机关执行和有关单位周知或者执行的事项。

作为下行文的通知应用广泛，可适用于公文的批转、转发和印发。

二、通知的特点与分类

(一) 通知的特点

1. 适用范围广

通知的适用范围很广，各级政府机关、企事业单位、团体组织均可用通知行文；其行文内容也十分广泛，可以传达领导重要指示，也可以知照一般事项，可以部署重要工作，也可以安排一般工作。

2. 承载功能多

通知的功能很多，几乎包括公文的各项主要功能，比如具有政策法规作用、指挥领导作用、记载凭证作用、联系借鉴作用等。

3. 使用频率高

通知是党政公文中使用频率最高的一个文种，在工作实践中，通知约占各级党政机关收发文总数量的一半以上。

(二) 通知的种类

1. 颁布性通知

颁布性通知主要用于印发或公布本单位制发的法规政策、规章制度、领导讲话等。例如《体育总局等部门关于印发〈中国青少年足球改革发展实施意见〉的通知》《国务院办公厅关于印发〈突发事件应急预案管理办法〉的通知》。

2. 批转性、转发性通知

批转性、转发性通知主要用于批转下级机关的公文，转发上级机关、同级机关和不相隶属机关的公文。例如《国务院办公厅转发国家发展改革委关于恢复和扩大消费措施的通知》《静安区人民政府关于批转区发展改革委〈静安区提信心扩需求稳增长促发展行动方案〉的通知》。

3. 指示性通知

指示性通知主要用于就某项工作对下级机关做出指示和安排。例如《国务院办公厅关于推广支持创新相关改革举措的通知》《关于开展儿童参加基本医疗保险专项行动的通知》。

4. 告知性通知

告知性通知主要用于知照应知事项，如设立或撤销机构、任免人员、迁移办公地点、启用或更换印章、修改行政规章、修正或补充文件内容等。例如《中共中央办公厅 国务院办公厅关于调整生态环境部职责机构编制的通知》《国务院办公厅关于公布辽宁五花顶等6处新建国家级自然保护区名单的通知》。

三、通知的写法

(一) 颁布性通知的写法

颁布性通知一般由标题、主送机关、正文和落款四部分构成。

1. 标题

颁布性通知的标题由发文机关名称、被印发的公文标题与"通知"二字构成。例如《××省人民政府关于印发〈××办法〉的通知》。

2. 主送机关

主送机关指公文的主要受理机关，编排于标题下空一行位置，左侧顶格。

3. 正文

颁布性通知的正文内容包括印发说明、贯彻执行的要求两个内容。例如"《××办法》已经××(指批准的领导机关名称)批准，现印发给你们，请认真贯彻实施"。

4. 落款

颁布性通知的落款由发文机关名称、成文日期和印章构成。

(二) 批转性、转发性通知的写法

批转性、转发性通知一般由标题、主送机关、正文和落款四部分构成。

1. 标题

这类通知的标题由发文机关名称、被批转或转发的公文与"通知"二字构成。例如《杭州市人民政府办公厅转发市教育局等部门关于杭州市学生交通安全工程实施办法的通知》。

2. 主送机关

主送机关指公文的主要受理机关。

3. 正文

批转性、转发性通知的正文一般有两种写法。

(1) 正文只有一个自然段时。批转性通知正文包括批转机关审批意见、转发说明、贯彻执行的要求三个内容。例如"××市人民政府同意《××意见》，现转发给你们，请认真贯彻执行"。

转发性通知正文包括转发说明、贯彻执行的要求两个内容。例如"现将《××通知》转发给你们，请认真贯彻执行"或"××局《关于××的指导意见》已经××同意，现转发给你们，请认真贯彻执行"。

(2) 正文有两个或两个以上自然段时。除第一自然段与上述写法相同，还要根据实际情况写明具体的指导性意见，包括做好某工作的意义等。

4. 落款

这类通知的落款由发文机关名称、成文日期、印章构成。

(三) 指示性通知和告知性通知的写法

指示性通知和告知性通知一般由标题、主送机关、正文和落款四部分构成。

1. 标题

这类通知的标题由发文机关名称、事由和"通知"构成。例如《文化和旅游部关于推动非物质文化遗产与旅游深度融合发展的通知》。

2. 主送机关

主送机关指公文的主要受理机关。

3. 正文

这类通知的正文一般由开头、主体和结语三部分构成。

(1) 开头。开头部分以精练的文字写出发通知的原因、目的、根据、意义，以提高

收文单位对通知事项重要性和必要性的认识。然后用"作如下通知""特通知如下"或"现将有关事项通知如下""现就××问题作如下通知"等过渡语承上启下。

(2) 主体。主体部分开门见山写通知的事项。通知内容较多的，具体通知事项可根据内容的需要采用段落式、小标题式或分条列项式编排，要注意各条各款之间的逻辑顺序。例如，可以先写具体做法(如何去做)，然后写保障措施(怎样确保做法能有效实施)。

任免通知作为告知性通知的特殊形式，其正文主体包括任免缘由和任免事项两个写作要素。任免缘由一般采用"根据工作需要，经××研究决定"的惯用写法。任免事项应排列合理，如任免不止一人，应以级别高低为序排列。如果同时有任职和免职的，应先写任职的人，再写免职的人。

(3) 结语。这类通知一般采用自然结尾法，部分用"特此通知"收束。

4. 落款

这类通知落款由发文机关名称、成文日期和印章构成。

四、通知的写作要求

(一) 颁布性、批转性、转发性通知的写作要求

颁布、批转、转发性通知属于复合体公文，其正文在形式上由两部分构成：一部分是"通知"本身；另一部分是被印发或批转、转发的文书，它们共同构成公文的正文。处于前面的"通知"仅仅起着"按语"的作用，被印发或批转、转发的文书是公文不可或缺的主要内容，不是附件，因此不用标注附件说明。

颁布、批转、转发性通知的标题由"发文机关+印发(批转、转发)+被发布文件标题+通知"构成。有时由于被批转、转发公文标题中已有"关于"和"通知"字样，或者被批转、转发的公文标题比较长，这时，通知的标题一般可保留末次发布(批转、转发)文件机关和始发文件机关，省略多余的"关于"和"通知"字样；否则就会出现一个标题中有多个"关于"和"通知"的现象，显得标题很长，读起来也拗口。

如"××县人民政府关于转发××市人民政府关于转发《××省人民政府关于转发人事部关于×××的通知》的通知"。这个标题有四个层次，用了三个"关于转发"，两个"的通知"，可把这个标题简化为《××县人民政府转发人事部关于×××的通知》。至于被省、地区等转发过的内容，可在转发意见中交代清楚。

(二) 指示性、告知性通知的写作要求

指示性、告知性通知的写法、结构具有一致性。指示性通知带有较强的强制性、指挥性和决策性；告知性通知主要以知照为目的，用于告知某一事项或某些信息。

指示性通知和告知性通知要"开门见山"，忌转弯抹角。在说明事项时，指示性通知和告知性通知要突出重点，把主要的、重要的内容写在前面。根据需要，指示性通知

和告知性通知的主要内容可详写,讲清道理,讲明措施;次要的内容则尽量简略,扼要交代即可。

在语言表达方面,通知主要以说明为主,对下级单位提出要求,有时可以适当作一些分析、说理。但通知中的说理不像议论文的说理那样要有严密的逻辑性,只要抓住关键问题,用简洁的语言把道理阐述清楚即可。

👤 例文1

关于印发《沈阳市高校毕业生灵活就业社会保险补贴发放实施细则》的通知

各区、县(市)人力资源和社会保障局、财政局,各公共就业和人才服务机构:

为全面贯彻《沈阳市就业(创业)与社会保障工作领导小组办公室关于印发〈沈阳市进一步促进高校毕业生等青年群体就业创业若干政策措施〉的通知》(沈就社办发〔2022〕7号)要求,现将《沈阳市高校毕业生灵活就业社会保险补贴发放实施细则》印发你们,请认真贯彻落实。

沈阳市人力资源和社会保障局

沈阳市财政局

2023年1月5日(印章)

沈阳市高校毕业生灵活就业社会保险补贴发放实施细则

第一条　根据《沈阳市就业(创业)与社会保障工作领导小组办公室关于印发〈沈阳市进一步促进高校毕业生等青年群体就业创业若干政策措施〉的通知》(沈就社办发〔2022〕7号)精神,为进一步发挥高校毕业生在推进沈阳振兴发展中的作用,制定本细则。

第二条　补贴对象:对毕业年度(毕业生所在自然年,即1月1日至12月31日)和离校两年内(以毕业证登记时间为准)未就业的高校毕业生,实现灵活就业后,在沈阳缴纳的基本养老保险和基本医疗保险保险费经区、县(市)人力资源和社会保障部门认定和财政部门审核,给予一定数额的补贴。

第三条　补贴标准:按照实际缴费金额的60%给予补贴,其余部分由本人承担。补贴享受期限为24个月。如高校毕业生在享受灵活就业社会保险补贴期满后,仍灵活就业的,享受期限最多可延长6个月。

第四条　申请程序:符合条件的申请人可通过"沈阳业市"舒心就业服务平台或到户籍(居住证)所在地的区、县(市)人力资源和社会保障部门申请。申请时需提供以下要件:

(一) 高校毕业生灵活就业保险补贴申请认定表(附件1);

(二) 本人有效居民身份证原件,非我市户籍的申请人额外提供居住证原件;

(三) 本人领取补贴银行卡;

(四) 未毕业申请人提供《教育部学籍在线验证报告》,已毕业申请人提供国家承认的学历证书(或"教育部学历证书电子注册备案表"),境外高校毕业生提供教育部留学服务中心开具的《国外学历学位认证书》。

第五条　审核及拨付程序:区、县(市)人力资源社会保障部门将人员信息审核后,生成合格人员保险明细表(附件3),在区、县(市)政府网站公示7天,接受群众监督,无异议后,发放至领取补贴本人银行卡。补贴每季度发放一次。

第六条　资金来源:补贴资金由区、县(市)财政承担,市财政对其中50%予以补助。

第七条　监督检查:

(一) 市人力资源和社会保障局负责组织实施补贴申请、审核、拨付及资金使用监督等工作。

(二) 区、县(市)人力资源和社会保障部门负责材料审核、存档及报表上报工作。(养老/医疗)保险补贴汇总表(附件2)、(养老/医疗)保险补贴明细表(附件3)签章后按季度报送市人力资源和社会保障局。

(三) 各区、县(市)人力资源和社会保障部门要认真做好高校毕业生灵活就业养老和医疗保险补贴发放工作,严格执行操作程序,对弄虚作假骗取保险补贴的追究法律责任。

第八条　有关要求:

(一) 补贴实行先缴后补办法:本人按月全额缴纳基本养老保险费、基本医疗保险费,财政补贴部分后发放至领取补贴本人银行卡。

(二) 已申领灵活就业养老和医疗保险补贴后出现以下情况,终止其补贴并不得再次申请:

1. 用人单位录用并缴纳养老保险;

2. 本人申请提出退出保险补贴政策;

3. 企业法人(领取私营企业营业执照);

4. 死亡;

5. 其他应终止发放的情况。

(三) 申请人如学历提升,取得学籍后补贴停止发放,待符合条件时可再次申请。

(四) 养老保险补贴和医疗保险补贴可单独申请。

(五) 大额医疗保险费不予以补贴。

(六) 养老和医疗保险补贴不予补发,按提交申请当月起予以发放。

第九条　本细则发布后,符合条件的申请人可携带审批要件到户籍(居住证)所在地的区、县(市)人力资源和社会保障部门申请。待高校毕业生灵活就业社保补贴系统开发完成后,可采取线上申请方式。

第十条　本细则由市人力资源和社会保障局负责解释。

第十一条 本细则自发布之日起开始实施，同时《沈阳市高校毕业生灵活就业社会保险补贴发放暂行办法》(沈人社发〔2019〕63号)废止，对于按照以上文件申请的人员，补贴按原办法执行至政策享受期满为止。

附件：1. 沈阳市高校毕业生灵活就业保险补贴申请认定表
　　　 2. (养老/医疗)保险补贴汇总表
　　　 3. (养老/医疗)保险补贴明细表

沈阳市人力资源和社会保障局(印章)

2022年1月5日

(资料来源：沈阳市人力资源和社会保障局官网)

 例文2

静安区人民政府关于批转区发展改革委
《静安区提信心扩需求稳增长促发展行动方案》的通知

区政府各委、办、局，各街道办事处、彭浦镇政府：

　　区发展改革委《静安区提信心扩需求稳增长促发展行动方案》已经区政府第41次常务会议通过，现批转给你们，请遵照执行。

上海市静安区人民政府(印章)

2023年4月4日

静安区提信心扩需求稳增长促发展行动方案

　　为贯彻市第十二次党代会和十二届市委二次全会精神，全面落实二届区委六次全会精神，抓牢高质量发展首要任务，大力提振市场预期和信心，推动经济社会发展开好局起好步，实现质的有效提升和量的合理增长，努力实现全年经济发展主要预期目标，以新气象新作为推动高质量发展取得新成效，根据《上海市提信心扩需求稳增长促发展行动方案》(沪府规〔2023〕1号)精神和要求，制定本行动方案。

　　一、助企业稳就业行动

　　1. 全面落实各项税费优惠政策。自2023年1月1日至2023年12月31日，全面落实增值税小规模纳税人减免增值税等政策。按照国家有关政策要求，对符合条件的制造业、批发零售业等行业企业，继续按月全额退还增值税增量留抵税额。对购置日期在2023年1月1日至2023年12月31日期间内并已列入《免征车辆购置税的新能源汽车车型目录》的纯电动汽车、插电式混合动力(含增程式)汽车、燃料电池汽车，免征车辆购置税。自

2023年1月1日至2024年12月31日，继续按照50%幅度减免增值税小规模纳税人、小型微利企业和个体工商户的资源税、城市维护建设税、房产税、城镇土地使用税、印花税(不含证券交易印花税)、耕地占用税和教育费附加、地方教育附加等"六税两费"。全面落实国家、市新出台的减税降费政策。(责任单位：区税务局、区财政局、区商务委)

2. 实施中小微企业贷款贴息贴费。对区中小微企业通过市政策性融资担保中心担保获得的贷款给予20%～50%的利息补贴，并全额补贴担保费。(责任单位：区财政局、区金融办)

3. 支持行业企业稳岗扩岗。落实本市稳岗留工10条政策措施，支持相关行业和企业有序运行。加强企业用工监测，及时掌握员工返岗情况，对缺工企业实行清单式管理和提供针对性服务，组织开展2023年静安区春季促进就业专项行动等服务活动，做好各类线上线下招聘。实施一次性吸纳就业补贴，对招录登记失业三个月以上人员或我市2023届高校毕业生，签订一年以上劳动合同并按照规定缴纳社会保险费的用人单位，按照每人2000元给予一次性吸纳就业补贴。(责任单位：区人力资源和社会保障局、区建设管理委、区财政局)

4. 支持和规范发展新就业形态。加强灵活就业和新就业形态劳动者权益保障，持续推进新就业形态职业伤害保障试点，鼓励基层快递网点优先参加工伤保险，引导职工积极参加工会职工互助保障计划。改善新就业形态劳动者工作环境，建设"务工人员之家"，扩大"户外职工爱心接力站"等公益站点覆盖范围。(责任单位：区人力资源和社会保障局、区总工会)

二、促消费活文旅行动

5. 促进消费升级扩容。把恢复和扩大消费摆在优先位置，提振消费信心、释放消费活力，深化"商旅文"联动。积极参与第四届"五五购物节"、全球新品首发季、上海时装周等活动，提升品牌经济、首发经济能级，丰富夜间经济、体验经济场景，推动商圈功能升级。深化国际消费中心城市示范区建设，对举办高能级新品首发、首秀、首展活动，推出引领性的创新业态、模式，以及创意活动的商贸企业，适当予以支持。支持商贸企业提质增效，对贸易类企业年度销售情况达到相应标准的，给予一次性奖励。鼓励国有企业所属的商业设施和自有品牌带头开展让利促销活动，发挥引流导入作用。(责任单位：区商务委、区文化和旅游局、区国资委、区财政局)

6. 支持文旅市场恢复重振。联合市级单位发放静安文旅、体育、餐饮、零售等专项消费券，广泛动员电商平台和各类商户参加，支持生活性服务业加快恢复。传承弘扬红色文化，持续打响静安"辅德里"文化品牌。积极创建国家文化和旅游消费示范城市，办好"现代戏剧谷""浓情静安·爵士春天"音乐节等重大文旅品牌活动。完善公共文化服务供给，加大公益电影配送力度。推进"建筑可阅读"示范区建设，设计静安苏河湾全域文旅地图，做精特色水岸微旅行线路。对符合条件的旅行社，2023年3月31日前继续按照100%比例暂退旅游服务质量保证金，鼓励企业购买保险替代产品，促进出入境旅游有序恢复。(责任单位：区文化和旅游局、区体育局、区商务委、区财政局)

三、扩投资拓增量行动

7. 大力开展招商引资活动。积极参与市"潮涌浦江"系列投资推介活动、上海全球投资促进大会和上海城市推介大会，健全招商引资项目要素保障机制，持续推进项目签约、落地和开工。全力实施招商引资增质计划，围绕"一轴三带"发展战略和四大功能区布局，推进全域CBD建设和重点楼宇载体发展，聚焦六大重点产业，积极主动走出去、引进来，组织专业化招商团队开展产业链招商、平台招商、以商招商以及专题招商推介活动，大力吸引头部企业和高能级项目，持续提升全区经济发展质量。(责任单位：区投资办、九百集团、苏河湾集团、大宁集团、市北高新集团、区各相关单位)

8. 充分发挥重大项目牵引作用。提高建设项目审批审查效能，大力推进重大工程增速计划，加强重大项目协调推进、全程跟踪和帮办服务，完成全年重大项目开竣工"两个一百万平方米"目标任务。推动重大产业项目、重大基础设施项目、重大民生项目等加快开工建设，力争形成更多实物工作量，拉动固定资产投资稳定增长。(责任单位：区建设管理委、区发展改革委)

9. 大力实施"两旧"改造。加快旧区改造和旧住房成套改造，持续改善群众生活居住条件。强化资源力量保障，稳步实施10幅二级旧里以下零星地块改造。提速旧住房成套改造，滚动推进全市体量最大的非成套职工住宅及小梁薄板房屋改造任务，启动蕃瓜弄等一批改造项目。(责任单位：区建设管理委、区房管局)

四、稳外资提能级行动

10. 更大力度吸引和利用外资。落实国家新版鼓励外商投资产业目录，推进保税展示交易落地，不断提升贸易便利化水平，发挥静安开放型经济优势吸引更多外资。加强全流程跟踪服务和全方位要素保障，利用外资促进合作伙伴计划等渠道资源，做好一站式外商投资促进工作。开展国际贸易投资洽谈活动，为外资企业人员出入境提供最大程度便利。(责任单位：区商务委、区政府外办、区公安分局)

11. 持续提升总部型经济能级。全面落实总部经济增能计划、亚太运营总部支持计划，支持外企、央企、民企等各类总部在静安新设机构和开展业务，深化落实市新修订的跨国公司地区总部支持政策，培育一批事业部总部企业。推动"总部+研发+结算"等功能叠加，提高总部企业资源配置力和区域经济贡献度。发挥总部经济服务中心、外商投资企业协会等平台作用。强化对总部企业在资助和奖励、资金运作与管理、贸易便利、科技创新、人才引进、出入境便利等方面的服务举措，提供集成式、精准化服务。(责任单位：区商务委、区投资办)

五、促创新提质量行动

12. 支持创新型企业加快成长。加力推动科创动能增强计划，支持科技型企业创新发展，支持区内总部企业、行业龙头企业或细分领域领军企业发起建立"创新加速器"，吸引和培育一批高新技术企业和专精特新企业，打造各类创新主体协同创新联合体。深入建设国家双创示范基地，引导总部研发中心、开放创新平台落地，优化跨境创业服务，打造多层次的国际化众创空间体系。探索打造苏河湾科技服务业示范区，构建广渠道、多层次、全覆盖、可持续的科技创新服务体系，实现科技资源与苏河湾各领域资源高效对接。对新认定的市级"专精特新"中小企业和国家级专精特新"小巨人"企业分别给予不低于10万元和30万元奖励。对首次成为"四上"企业的有效期内高新技术企业，市、区联动给予企业上一年度研发投入5%、最高50万元的一次性奖励。(责任单位：区科委、区商务委、区财政局、苏河湾集团)

13. 促进重点产业提质增效。积极围绕重点产业增效计划，全力构建更具资源配置力、综合竞争力和创新引领力的产业体系。巩固优势产业基本盘，支持数字贸易、服务贸易创新发展，完善持牌类金融机构、外资资管机构、金融科技企业等发展布局，提高管理咨询、人力资源、工程设计、国际仲裁等各细分领域专业服务品牌企业机构集聚度。激活潜能产业爆发力，大力引进和培育领军企业、高成长型企业，加快提升数据智能、文化创意、生命健康等产业集聚度和贡献度。深化落实全球服务商计划，完善全球服务商理事会市场化运作机制，推动长三角城市合作清单项目落地，助力长三角区域协同发展。(责任单位：区商务委、区金融办、区科委、区发展改革委、区人力资源和社会保障局、区文化和旅游局、区市场监管局、区政府外办)

六、优服务强保障行动

14. 营造一流营商环境。聚焦服务效能增优计划，落实市新版优化营商环境实施方案，形成涵盖企业经营全生命周期的项目化服务清单，推行就近办、集成办、马上办，全力打造政务服务升级版。推动涉及面广、办理量大、办理频率高的事项实现"一件事"集成服务。完善综合窗口功能，不断提高政务服务标准化、规范化、便利化水平。充分发挥"卫企"联盟等平台功能，加强知识产权全链条保护和监管执法。持续健全社会信用体系，加大行业综合监管力度，创新包容审慎监管举措，维护公平竞争的良好市场环境。(责任单位：区发展改革委、区行政服务中心、区公安分局、区市场监管局、区各相关单位)

15. 开展服务企业大走访工作。持续开展各级领导干部走访服务企业工作，畅通政企沟通渠道，完善央企总部对接、外资企业政企沟通、重点民企定点联系等机制，优化静安区企业投资服务平台功能，主动送政策和服务上门，努力帮助各类企业解决实际困难。夯实企业服务三级网络，优化问题发现、解决和督办机制，为各类企业提供更多贴心服务，增强发展信心。(责任单位：区投资办、区各相关单位)

16. 大力支持民营企业、平台企业和中小微企业发展。始终坚持两个"毫不动摇"，优化民营经济发展环境，落实促进民营经济和民间投资发展政策举措，支持各类市场主体平等享受扶持政策、公平参与市场竞争，支持民营企业参与政府采购，加快建设市北高新民营企业总部集聚区。进一步强化平台企业的引进和培育力度，持续推动平台经济规范健康发展。全面落实国家、上海市相关助力中小微企业发展的政策措施，努力帮助中小微企业稳定发展预期、增强发展信心，将政府采购工程面向中小企业的预留份额阶段性提高至40%以上政策延续到2023年底。(责任单位：区工商联、区商务委、区财政局、市北高新集团)

17. 强化土地要素保障。强化建设用地保障，全面实施社会投资项目用地清单制。制定城市更新计划，从优化区域功能布局、构建多元生活圈、加强历史文化保护和完善公共服务、基础设施等方面着手，推动区域整体更新。深入推进土地亩产增长计划，持续落实城市更新转型升级工作，推动走马塘工业用地转型升级，探索北郊站"站城一体"更新模式。(责任单位：区规划资源局、市北高新集团、区发展改革委、区建设管理委)

18. 加大人才和财政支持力度。全面落实市、区各类人才计划和政策，进一步完善住房、教育、医疗等政策和服务，大力吸引和留住各类人才，实施"静英"人才行动计划，建设优秀人才集聚发展高地。完善住房保障体系，持续加强廉租房、共有产权保障房、公租房管理，租购并举保障中低收入家庭，做好人才安居工作。统筹使用各类收入和专项资金，完善专项资金使用和评价方式，优化企业申报流程，加快各类涉企专项资金的拨付和执行进度，提高资金使用绩效。(责任单位：区委组织部、区人力资源和社会保障局、区建设管理委、区房管局、区财政局)

本行动方案自2023年4月7起施行，有效期至2023年12月31日。具体政策措施明确执行期限的，从其规定。国家、本市有相关规定的，从其规定。

(资料来源：上海市静安区人民政府官网)

📖 例文3

**国务院办公厅转发国家发展改革委《关于
在重点工程项目中大力实施以工代赈
促进当地群众就业增收
工作方案》的通知**

各省、自治区、直辖市人民政府，国务院各部委、各直属机构：

国家发展改革委《关于在重点工程项目中大力实施以工代赈促进当地群众就业增收的工作方案》已经国务院同意，现转发给你们，请认真贯彻落实。

国务院办公厅(印章)

2022年7月5日

**关于在重点工程项目中大力实施以工代赈
促进当地群众就业增收的工作方案**

国家发展改革委

以工代赈是促进群众就近就业增收、提高劳动技能的一项重要政策，能为群众特别是农民工、脱贫人口等规模性提供务工岗位，是完善收入分配制度、支持人民群众通过劳动增加收入创造幸福生活的重要方式。重点工程项目投资规模大、受益面广、带动效应强，吸纳当地群众就业潜力巨大，是实施以工代赈的重要载体。在重点工程项目中大力实施以工代赈，既是促进有效投资、稳就业保民生、拉动县域消费、稳住经济大盘的重要举措，也是推动人民群众共享改革发展成果、提高劳动者素质的有效手段。要坚持以习近平新时代中国特色社会主义思想为指导，完整、准确、全面贯彻新发展理念，统筹发展和安全，推动高质量发展，进一步扩大以工代赈投资规模，充分发挥以工代赈政策作用。为贯彻落实党中央、国务院决策部署，现就在重点工程项目中大力实施以工代赈促进当地群众就业增收制定如下工作方案。

一、实施对象范围

1. 推动政府投资重点工程项目实施以工代赈。各地区、各部门在谋划实施政府投资的重点工程项目时，要妥善处理好工程建设与促进当地群众就业增收的关系，深刻把握以工代赈政策初衷，在确保工程质量安全和符合进度要求等前提下，按照"应用尽用、能用尽用"的原则，结合当地群众务工需求，充分挖掘主体工程建设及附属临建、工地服务保障、建后管护等方面用工潜力，在平衡好建筑行业劳动合同制用工和以工代赈劳务用工之间关系的基础上，尽可能多地通过实施以工代赈帮助当地群众就近务工实现就业增收。鼓励非政府投资的重点工程项目积极采取以工代赈方式扩大就业容量。

2. 明确实施以工代赈的建设领域和重点工程项目范围。交通领域主要包括高速铁路、普速铁路、城际和市域(郊)铁路、城市轨道交通，高速公路、沿边抵边公路，港航设施，机场，综合交通和物流枢纽等。水利领域主要包括水库建设、大中型灌区新建和配套改造、江河防洪治理等。能源领域主要包括电力、油气管道、可再生能源等。农业农村领域主要包括高标准农田、现代农业产业园等产业基础设施、农村人居环境整治提升、农业面源污染治理等。城镇建设领域主要包括城市更新、城市地下综合管廊、城市排水防涝、城市燃气管道等老化更新改造、保障性住房、县城补短板强弱项、产业园区配套基础设施、城镇污水垃圾处理设施、教育卫生文化体育旅游公共服务项目等。生态环境领域主要包括造林绿化、沙化土地治理、退化草原治理、水土流失和石漠化综合治理、河湖和湿地保护修复、森林质量精准提升、水生态修复等。灾后恢复重建领域主要包括基础设施恢复和加固、生产条件恢复、生活环境恢复等。发展改革部门要会同相关部门深入研究制定各领域重点工程项目中能够实施以工代赈的建设任务和用工环节指导目录。

二、重点工作任务

3. 形成以工代赈年度重点项目清单。国务院教育、生态环境、住房城乡建设、交通运输、水利、农业农村、文化和旅游、卫生健康、体育、能源、林草、乡村振兴等相关部门要会同发展改革部门根据国家中长期发展规划、专项规划，综合考虑工程项目特点、当地群众务工需求等，在国家层面列出适用以工代赈的重点工程项目，分领域形成年度项目清单，指导地方建立本地区适用以工代赈的项目清单，实行动态管理。各地区、各部门要在2022年启动建设的重点工程项目中，围绕适合人工作业、劳动密集型的建设任务和用工环节，抓紧组织实施以工代赈。

4. 以县域为主组织动员当地群众参与。重点工程项目业主单位、施工单位要根据能够实施以工代赈建设任务和用工环节的劳务需求，明确项目所在县域内可提供的就业岗位、数量、时间及劳动技能要求，并向相关县级人民政府告知用工计划。项目所在地县级人民政府要与业主单位、施工单位建立劳务沟通协调机制，及时开展政策宣讲和劳动力状况摸底调查，组织动员当地农村劳动力、城镇低收入人口和就业困难群体等参与务工，优先吸纳返乡农民工、脱贫人口、防止返贫监测对象。培育壮大劳务公司、劳务合作社、村集体经济组织等，提高当地群众劳务组织化程度。项目业主单位要督促指导施工单位做好以工代赈务工人员合同签订、台账登记、日常考勤等实名制管理工作。

5. 精准做好务工人员培训。项目所在地县级人民政府要统筹各类符合条件的培训资金和资源，充分利用项目施工场地、机械设备等，采取"培训+上岗"等方式，联合施工单位开展劳动技能培训和安全生产培训。探索委托中等职业技术学校、技工院校开展培训，提升当地群众中小型机械设备操作技能和安全生产知识水平。依托实施以工代赈专项投资项目，有针对性地开展劳动技能培训和安全生产培训，为重点工程项目提前培养熟练劳动力。

6. 及时足额发放劳务报酬。相关地方人民政府要督促项目施工单位尽量扩充以工代赈就业岗位，合理确定以工代赈劳务报酬标准，尽可能增加劳务报酬发放规模。施工单位要建立统一规范的用工名册和劳务报酬发放台账，经务工人员签字确认后，原则上将劳务报酬通过银行卡发放至本人，并将劳务报酬发放台账送县级相关部门备案。坚决杜绝劳务报酬发放过程中拖欠克扣、弄虚作假等行为。

三、严格规范管理

7. 项目前期工作明确以工代赈要求。重点工程项目可行性研究报告或资金申请报告等要件中，要以适当形式体现能够实施以工代赈的建设任务和用工环节，在社会效益评价部分充分体现带动当地群众就业增收、技能提升等预期成效。初步设计报告或施工图设计文件要明确实施以工代赈的具体建设任务和用工环节及可向当地提供的就业岗位。相关部门要在批复文件中对项目吸纳当地群众务工就业提出相关要求。

8. 项目建设环节压紧压实各方责任。重点工程项目业主单位要在设计、招标投标过程中明确以工代赈用工及劳务报酬发放要求，在工程服务合同中与施工单位约定相关责任义务。施工单位负责以工代赈务工人员在施工现场的日常管理，及时足额发放劳务报酬，保障劳动者合法权益。监理单位要把以工代赈务工人员在施工现场的务工组织管理和劳务报酬发放等作为工程监理的重要内容。

9. 强化事前事中事后全链条全领域监管。各级发展改革部门要联合相关部门、项目业主单位等，围绕当地务工人员组织、劳务报酬发放、劳动技能培训和安全生产培训等，对重点工程项目以工代赈实施情况加强监管和检查，发现问题及时督促整改。项目建成后，项目竣工验收单位要会同相关部门、业主单位、施工单位和项目所在地县级人民政府对以工代赈实施情况开展评价，并将评价结果作为项目竣工验收、审计决算的重要参考。

四、组织保障措施

10. 形成工作合力。坚持中央统筹、省部协同、市县抓落实，国家发展改革委要会同相关部门完善协调机制，统筹推进重点工程项目实施以工代赈。各省(自治区、直辖市)人民政府要加强组织领导和工作力量配备，确保国家和省级重点工程项目实施以工代赈措施落地见效。相关市县人民政府要落实属地责任，加强与项目业主单位、施工单位的沟通衔接，抓好以工代赈务工人员组织、劳动技能培训和安全生产培训、劳务报酬发放监管等具体工作。

11. 加大投入力度。扩大以工代赈投资规模，在重点工程配套设施建设中实施一批以工代赈中央预算内投资项目，劳务报酬占中央资金比例由原规定的15%以上提高到30%以上，并尽可能增加。利用中央财政衔接推进乡村振兴补助资金(以工代赈任务方向)支持符合条件的农村小型公益性基础设施建设。地方各级人民政府要根据自身财力积极安排以工代赈专项资金，统筹相关领域财政资金加大以工代赈投入。鼓励各类金融机构依法依规加大对实施以工代赈项目的融资支持力度。引导民营企业、社会组织等各类社会力量采取以工代赈方式组织实施公益性项目。

12. 做好总结评估。各地区、各部门要加强重点工程项目实施以工代赈政策宣传解读，及时总结推广典型经验做法。国家发展改革委要会同相关部门建立健全相关工作规范流程，定期调度重点工程项目实施以工代赈工作进展，纳入现有以工代赈工作成效综合评价范围。相关部门要将本领域重点工程项目实施以工代赈工作成效纳入现有相关考核评价范围。对工作积极主动、成效明显的地方予以督查激励，并通过安排以工代赈专项投资等多种方式给予倾斜支持。

(资料来源：中华人民共和国中央人民政府)

例文4

教育部关于做好2024年普通高校招生工作的通知

各省、自治区、直辖市高等学校招生委员会、教育厅(教委)、招生考试机构，新疆生产建设兵团教育局，有关部门(单位)教育司(局)，部属各高等学校、部省合建各高等学校：

2024年普通高校招生工作要坚持以习近平新时代中国特色社会主义思想为指导，深入贯彻落实党的二十大精神，全面贯彻党的教育方针，贯彻中央经济工作会议精神，坚持稳中求进工作总基调，统筹扩大内需和深化供给侧结构性改革，围绕服务教育强国建设，在转方式、调结构、提质量、增效益上积极进取，进一步深化改革创新、加强规范管理、维护公平公正，确保考试招生工作安全平稳有序。现就有关工作通知如下。

一、建立完善高水平考试安全体系

1. 全面落实主体责任。省级高校招生委员会是本行政区域内组织考试、治理考试环境、维护考试招生安全稳定、做好考试卫生防疫、整肃考风考纪的责任主体，主要负责同志是第一责任人，省级教育行政部门主要负责同志、分管负责同志和省级招生考试机构主要负责同志是直接责任人。高校是本校考试招生(含特殊类型招生)工作的责任主体，主要负责同志是第一责任人，分管负责同志是直接责任人。各地各校要在当地党委和政府的领导下，强化组织领导，层层压实责任，确保高考及各特殊类型招生考试安全平稳。

2. 严格考试组织管理。各地各校要把安全保密工作摆在突出重要位置，强化命题、制卷、运送、保管、分发、施考、回收、评卷等关键环节和关键人员的管理，确保试题试卷绝对安全。严厉打击考试舞弊，及时研究新情况、新问题，进一步完善防范高科技作弊的工作措施。开展手机作弊专项治理，结合本地实际，制定要求考生不得将手机带入考点或在考点入口集中保管手机的实施办法；加大人员入场检测力度，严格执行考生进入考点(考场)安全检查工作规范；加强标准化考点建设，实现智能安检门全配备、考点考场无线电信号有效屏蔽；加强考务人员工作培训，提高监考人员履职尽责能力。加强监考巡考工作，强化重点区域、场所考前考中检查，严格执行考场视频回放制度，严查违规违纪行为。强化部门协同配合，开展净化涉考网络环境、净化考点周边环境、打击销售作弊器材、打击替考作弊等专项行动，持续推进考试环境综合治理，依法严厉打击各类涉考违法犯罪活动。

3. 深入实施"高考护航行动"。各地要加大统筹力度，加强治安、交通、卫生防疫、噪音治理、心理辅导等多方面综合服务保障，为残疾人等特殊群体考生提供合理便利，营造温馨和谐的考试环境。认真落实国家和地方有关要求，会同有关部门科学精准做好考试卫生防疫工作。

4. 加强突发事件应急处置。要提升风险防范化解能力水平，加强各环节风险梳理和排查，健全自然灾害等突发事件应急处置机制，完善应急预案。要加强信息安全防护工作，落实国家信息系统安全等级保护相关要求，加强对重要设备、信息系统和网站的监测和运行维护，及时堵塞安全技术漏洞。高考期间，各省(区、市)要建立应急指挥专班，调度协调处置各类涉考突发事件，重大事件处置决策要向省级党委和政府请示汇报，并报告教育部。

二、大力促进入学机会公平

5. 严格招生计划管理。各地各校要严格执行教育部核定的本科招生计划，不得随意更改招生计划。继续实施国家支援中西部地区招生协作计划，向中西部地区和考生大省倾斜，促进区域协调发展。中央部门所属高校要合理确定分省招生计划，严格控制属地招生计划比例。

6. 精心实施重点高校面向农村和脱贫地区专项计划。各地和有关高校要严格报考条件，加强资格审核，推动专项计划优惠政策精准落实到位。要进一步优化投档录取程序，积极推进将专项计划纳入普通类招生批次平行志愿投档录取，提高专项计划志愿满足率。往年被专项计划录取后放弃入学资格或退学的考生，不再具有专项计划报考资格，有关高校要及时将相关考生信息反馈生源省份。要加强政策宣传和解读，统筹做好专项计划录取考生培养工作，进一步完善培养方案，加大培养帮扶力度。

7. 做好随迁子女在流入地参加高考工作。各地要加强中高考报名政策统筹研究和设计，确保政策科学合理、有效衔接。加强高考报名政策宣传解读，在中考报名、高中新生入学、学年开学等关键节点，通过多种有效途径让学生和家长熟知了解。要认真落实进城务工人员及其他非户籍就业人员随迁子女在流入地参加高考政策，确保符合条件的随迁子女能在当地参加高考。要严厉打击"高考移民"，压实高中阶段学校责任，严格规范学籍管理，严查空挂学籍、人籍分离、虚假学籍等违规情况；对于通过非正常户籍学籍迁移、户籍学籍造假、出具虚假证明材料等手段获取高考资格的，依法依规严肃处理。

三、稳步推进高校考试招生改革

8. 深化高考综合改革。吉林、黑龙江、安徽、江西、广西、贵州、甘肃等第四批高考综合改革省份要全力做好新高考落地的各项工作，精心制定命题、考试和录取工作方案。加强全流程全员模拟演练，做好考生志愿填报指导、投档录取等各环节工作，确保改革平稳落地。已实施高考综合改革的省份要进一步总结经验、完善措施，促进新高考、新课程、新教材的协调联动。推进高中学生综合素质档案建设，并加强在强基计划等特殊类型招生中的参考使用。第五批改革省份要提前谋划，积极做好改革落地各项准备工作。

9. 深化考试内容改革。落实立德树人根本任务，将习近平新时代中国特色社会主义思想考查融入试题，构建德智体美劳全面考查的内容体系。注重考查学生的必备知识、关键能力和学科素养，引导培养探索性、创新性思维品质。优化试卷结构和试题形式，增强试题的应用性、探究性、开放性。持续加强国家教育考试命题和考务工作队伍建设，强化规范管理，完善保障机制，提升工作水平。

10. 加强基础学科拔尖创新人才选拔培养。统筹实施强基计划、少年班、英才班、保送生等各类拔尖创新人才选拔培养政策，加强选拔、培养、评价一体化建设。相关高校要进一步优化考核评价办法，注重对学生的"好奇心、探究欲、问题意识、质疑精神、意志品质"等因素考查，着力选拔对基础研究有志向、有兴趣、有天赋的优秀学生。要坚持人才培养的核心地位，遵循拔尖创新人才成长规律，完善培养方案，强化资源配置和核心育人要素建设，提高人才自主培养质量。强基计划试点高校要加强本硕博衔接培养工作，更好服务高水平科技自立自强。

11. 全力做好艺术体育类招考改革落地工作。各地要进一步加强艺术类专业省级统考能力建设，完善省级统考科目和内容，实现考试科类全覆盖；精心做好考试组织和招生录取各环节工作，确保有效衔接。少数组织校考的高校要加强校考与省级统考衔接，合理确定校考形式及内容，科学制定招生录取办法，严格选拔标准。高水平运动队招生高校要进一步完善招生录取办法，严格运动员技术等级证书审核查验。各地和相关高校要加强沟通协调，及时研究解决改革过程中遇到的新情况、新问题，确保改革平稳落地。

12. 完善职教高考制度。各地要遵循职业教育人才培养规律，加强教考衔接，完善"文化素质+职业技能"的职教高考制度，推进职普融通，协调发展。要紧密服务当地经济社会发展，统筹安排职教高考招生计划，优化招生专业结构，重点向区域经济建设急需、社会民生领域紧缺、技术技能培养要求高和就业质量高的专业倾斜。要加强省级统筹，依据中职学校课程教学标准，逐步建立文化素质省级统考制度，因地制宜统筹组织实施职业技能考试，可采取省级统考、多校联考、高校校考等方式，加强相关专业类考点建设。各省级教育行政部门要严格规范高职学校招考工作秩序，严禁学校以各种名义提前招揽生源。

四、严格规范招生录取管理

13. 落实监督管理责任。省级高校招生委员会、教育行政部门要认真落实属地考试招生工作的监管责任，会同教育纪检监察部门加强对报名、考试、录取全过程监督。要认真审核所属高校招生章程及属地高校的有关特殊类型招生办法，监督检查高校招生政策及计划执行情况。要加大违规查处和曝光力度，对于因疏于管理，造成考场秩序混乱、作弊情况严重、招生违规的，要依法依规依纪对相关责任人严肃处理并追责问责。严格组织新生入学资格复查，确保招生录取公平公正。

14. 严肃招生工作纪律。各地各校要严格遵守高校招生"30个不得""八项基本要求"等工作纪律，切实维护招生工作的严肃性。各高校要逐步减少外派招生宣传组的数量，进一步拓展线上咨询服务渠道。严肃招生宣传和咨询工作纪律，不得以新生高额奖学金、违规承诺录取(含承诺录取专业、本硕博连读或贯通等)、入校后重新选择专业等方式争抢生源，不得以优质生源登记表、志愿填报意向书等形式吸引、误导学生。高校制作录取通知书应坚持简约、节约的原则，避免铺张浪费。

15. 加强招生信息公开。各地各校要严格落实国家、省级、高校、中学四级信息公开制度，并按照保护学生个人隐私等法律法规要求，进一步完善信息公开的范围、内容、方式，自觉接受纪检监察部门及利益相关者的监督。要公开违规举报电话和咨询电话，及时妥善处置信访问题，切实维护考生合法权益。

五、优化考试招生宣传服务

16. 坚持正确宣传导向。各地要加强高考宣传工作，健全高考新闻发言人制度，及时主动、准确有序做好信息发布、政策解读和温馨提示等服务工作。要坚持正确育人导向，进一步完善和规范高考成绩、高校录取分数线等发布工作，避免唯分数论、唯升学论，推动全社会树立科学的人才观、成才观、教育观，鼓励学生成长为不同类型的人才，实现学以致用。各地各校不得以各种方式公布宣传或变相炒作"高考状元""高考喜报""高考升学率""高分考生"等，不得以高考成绩为标准奖励教师和学生，不得将升学率与教师评优评先及职称晋升挂钩。

17. 加强志愿填报咨询服务。各地要建设完善志愿填报辅助系统，推进志愿填报参考信息数字化，为考生提供方便快捷的信息服务。要充分运用多种宣传媒介，通过专题讲座、视频直播、在线答疑、电话咨询等方式，为考生和家长提供多渠道公共服务。要充分发挥高中阶段学校主阵地作用，加强对一线班主任、任课教师培训，为考生提供优质的个性化咨询服务。要加强和完善考生志愿填报各环节管理，指导考生妥善保管个人信息，严防志愿被篡改，提醒考生谨防"高价志愿填报指导"诈骗陷阱。

18. 加强考试招生培训机构治理。各地教育行政部门、招生考试机构及其工作人员和高校、高中阶段学校及其教师不得组织或参与任何形式的考试招生培训活动。各校不得允许教育咨询机构、校外培训机构或个人进入学校开展考试招生培训咨询活动，或提供场地给有关机构或个人开展相关活动；不得向考生和家长宣传推介有关机构或个人的相关活动。各地教育行政部门要会同有关部门，加强对社会培训机构或个人开展考试招生培训咨询的规范治理，严厉打击涉及虚假宣传、价格欺诈、组织或参与考试作弊、干扰破坏考试招生秩序等违规违法行为。

请各省级高校招生委员会办公室将本通知转发至本行政区域内所有普通高校。

附件：2024年普通高等学校招生工作规定

教育部(印章)

2024年3月11日

(资料来源：中华人民共和国教育部官网)

例文5

教育部办公厅关于举办第五届中华经典诵写讲大赛的通知

各省、自治区、直辖市教育厅(教委)、语委(语言文字工作机构)，新疆生产建设兵团教育局、语委，部属各高等学校、部省合建各高等学校：

为贯彻落实党的二十大精神，加大国家通用语言文字推广力度，深化全民阅读活动，传承弘扬中华优秀语言文化，推进文化自信自强，依据《教育部评审和竞赛项目清单》和《中华经典诵写讲大赛管理办法(试行)》，教育部、国家语委决定举办第五届中华经典诵写讲大赛(以下简称大赛)。现将有关事项通知如下。

一、活动宗旨

雅言传承文明，经典浸润人生。大赛以诠释中华优秀文化内涵、彰显中华语言文化魅力、弘扬中国精神为目标，旨在提升社会大众特别是广大青少年的语言文字应用能力和语言文化素养，激发其对中华经典的热爱，营造爱读书、读好书、善读书的浓厚氛围，助力建设全民终身学习的学习型社会、学习型大国。

二、大赛主题

本届大赛主题：书香新时代，"典"亮新征程。

通过诵读、讲解、书写、篆刻等语言文化活动，弘扬中华优秀语言文化，从中华经典中汲取智慧力量、坚定理想信念、彰显时代精神，展现社会大众尤其是青少年对中华经典的传承与创新，助力推进文化自信自强，为实现中华民族伟大复兴凝聚磅礴力量。

三、赛事平台

大赛官网：www.jingdiansxj.cn。参赛者可通过官网报名参赛、上传作品、查看赛事通知和名单公示、下载证书等。各赛项赛段具体要求等事宜均通过大赛官网发布。同时，可通过中华经典诵读工程的微信公众号(zhjdsdgc)、抖音号、视频号、微信小程序和中国语言文字学习强国号等获取大赛相关信息。

四、大赛赛项

本届大赛分四个赛项："诵读中国"经典诵读大赛(简称诵读大赛)、"诗教中国"诗词讲解大赛(简称讲解大赛)、"笔墨中国"汉字书写大赛(简称书写大赛)、"印记中国"师生篆刻大赛(简称篆刻大赛)。各赛项实施方案见附件。

五、赛项组织

(一) 诵读大赛

诵读大赛由各省(区、市)和新疆生产建设兵团教育(语言文字工作)部门组织赛区初赛。各省级教育(语言文字工作)部门根据实际情况自行确定组织方式，选拔推荐入围复赛作品、上传官网，赛区管理员在官网确认被推荐作品。

(二) 讲解大赛、书写大赛、篆刻大赛

北京、山西、上海、江苏、浙江、湖南、广东、广西、四川、贵州、新疆等11个赛区组织讲解大赛初复赛。北京、河北、山西、上海、浙江、安徽、福建、湖南、广西、重庆、四川、贵州、陕西、甘肃等14个赛区组织书写大赛初复赛。北京、山西、上海、浙江、广西、贵州、甘肃等7个赛区组织篆刻大赛初复赛。上述赛区根据实际情况确定组织方式，选拔推荐入围决赛作品、上传官网，并在官网中确认入围决赛作品信息。

其他赛区的参赛者可登录大赛官网，个人自主报名参加相关赛项比赛。

六、时间安排

(一) 初赛：2023年4月至7月(具体时间以赛项方案为准)

组织初赛(初复赛)的赛区，参赛者按所在赛区要求报名参赛；其他赛区的参赛者自行登录大赛官网报名，参加初赛知识测试，合格后上传参赛作品。

(二) 复赛及决赛：2023年7月至9月

参赛者根据赛事要求提交作品或参与现场评比。各分赛项执委会组织专家评审，完成相关赛段工作，确定获奖名单。

(三) 展示：2023年10月至12月

通过电视节目、展演、展览等形式，充分利用全媒体平台进行成果展示。

七、奖项设置

各赛项面向参赛作品设立一、二、三等奖和优秀奖，面向指导教师设立指导教师奖，面向各地教育(语言文字工作)部门、工作人员、学校及相关赛事组织单位和个人设立优秀组织奖(团体、个人)，由大赛组委会统一颁发证书(优秀组织奖颁发纸质证书，其他奖项在大赛官网自行下载电子证书)。各奖项奖励对象、选拔方式和数量按大赛相关制度执行。

八、其他事项

(一) 大赛组委会秘书处(教育部语言文字应用管理司)负责大赛全面统筹工作，大赛执委会(语文出版社)负责大赛组织协调工作，各分赛项执委会(各赛项承办单位)负责大赛具体实施。各省级教育(语言文字工作)部门应积极配合大赛执委会和各分赛项执委会，结合本地区全民阅读活动安排和青少年读书行动等工作部署，广泛发动、大力宣传、周密组织、精心安排，保障赛事工作高质量开展。

(二) 大赛坚持公益性原则，任何单位不得以大赛名义向参赛者及参赛单位收取任何参赛费用。

(三) 大赛鼓励民族地区、农村地区教师和学生参加。

(四) 参赛信息须依据大赛官网提示准确、规范填写。作品标题、所在学校/单位等信息须用全称。作品及作品信息不得出现错别字、错误名称、不规范表述等。

(五) 大赛组委会享有对参赛作品进行公益性展示、汇编及信息网络传播等权益，参赛者拥有署名权。寄送的作品实物，赛项方案中明确不予退还的，视为参赛者向大赛组委会转让作品实物的所有权。

(六) 联系方式

联系人：大赛执委会尹老师

电话：010-6559×××(工作日8：30—11：30，13：30—16：30接听咨询)

邮箱：jingdiansxj@ywcbs.com

附件：1.第五届中华经典诵写讲大赛"诵读中国"经典诵读大赛方案

2.第五届中华经典诵写讲大赛"诗教中国"诗词讲解大赛方案

3.第五届中华经典诵写讲大赛"笔墨中国"汉字书写大赛方案

4.第五届中华经典诵写讲大赛"印记中国"师生篆刻大赛方案

教育部办公厅(印章)

2023年3月21日

(资料来源：中华人民共和国教育部官网)

例文6

<h1 style="text-align:center">文化和旅游部办公厅关于进一步提升暑期
旅游景区开放管理水平的通知</h1>

各省、自治区、直辖市文化和旅游厅(局)，新疆生产建设兵团文化体育广电和旅游局：

进入暑期和旅游旺季，一些热门旅游景区出现预约难等问题，影响了游客体验，景区服务与人民群众对旅游景区高质量发展的期待还存在差距。为切实提升暑期旅游景区开放管理水平，更好满足人民群众旅游需求，现就有关事项通知如下。

一、优化预约管理

坚持以人民为中心的发展理念，推动旅游景区及时应对市场需求变化，优化预约措施，实施科学管理，不搞"一刀切"，实现原则性和灵活性相统一，最大限度满足广大游客参观游览需求。要积极采用新技术、新手段，畅通预约渠道，简化预约程序，合理设置在线预约时间，提高预约操作便捷性。针对中小学生、老年人、残障人士等特殊群体，要保留线下购票渠道，不断提升旅游便利化服务水平。

二、强化弹性供给

指导旅游景区结合暑期旅游特点，因地制宜强化弹性供给，有效满足游客需求。要提前做好应对，引导旅游景区提前开园，延长开放时间，符合条件的旅游景区要增加夜间游览项目，丰富游览内容，提升景区容量。要积极整合资源，在旅游景区及周边增设备用停车场，增加临时性停车位，解决"停车难"问题。推动旅游景区增加旅游交通车辆，增派现场管理人员，增设智慧导览设施，切实解决暑期旺季服务供给不足的问题。

三、推动产品创新

进一步挖掘潜力，创新旅游供给，及时推出新产品新场景，发布旅游消费指南。充分利用城市休闲街区、乡村民宿等，拓展旅游活动空间。充分利用古迹遗址、工业遗产、红色基地等各类资源，丰富旅游产品，创新旅游体验。要强化消费引领，引导休闲、度假、研学等多元旅游消费，减轻传统观光旅游景区压力。

四、提升服务质量

引导旅游景区提升服务意识，不断增强人性化服务理念，提高精细化服务水平。指导旅游景区加强现场服务，耐心细致做好游客咨询，及时回应游客需求。要加强服务保障，备足防暑降温设施和物品，做好特殊天气的游客关怀。畅通游客沟通渠道，及时妥善处理游客投诉。

五、实施错峰调控

各地文化和旅游行政部门要加强与宣传、交通等部门的协作，强化工作联动，提升区域综合调控能力。加强交通疏导，根据需要协调相关部门采取交通管控等措施分散客流，避免游客在旅游景区周边聚集滞留。加强信息发布，及时公布旅游景区游客接待信息，引导游客提前规划行程，错峰出行。加强区域统筹，整合区域旅游产品，增设旅游线路，实现区域游客分流，缓解热门旅游景区的接待压力。

六、规范市场秩序

各地文化和旅游行政部门要联合公安、市场监管、网信等部门，加大对"黄牛"、第三方平台违规囤票、倒票等行为的打击力度，同时完善旅游景区门票分销系统，有效防止"黄牛"挤占票源。加强旅游市场秩序监管，严查欺客宰客等行为，维护景区游览秩序，净化旅游消费环境。会同发展改革等部门加强价格监管，严格查处价格违法行为，保障游客权益。

七、严守安全底线

进一步压实旅游景区安全责任，推动旅游景区提高安全生产的主动性、科学性和针对性，严防安全事故发生。指导旅游景区强化汛期防范措施，加强地质灾害风险区安全防范。要加强旅游景区内设施设备管理，坚决防止"带病运行"。做好人员密集区域的秩序管理，严防出现因人员拥挤造成人员踩踏等伤亡事故。要密切关注天气变化，有针对性做好恶劣天气应对预案，切实保障游客安全。

八、强化宣传引导

通过多种渠道发布旅游提示，提醒游客增强安全意识，谨慎参与高风险项目，引导游客安全出行，文明旅游。积极宣传优化预约和便利预约的新举措，做好沟通解释工作，争取游客的理解和支持。要建立健全舆情处置和反馈机制，及时回应网民关切，为景区开放管理营造良好的舆论氛围。

特此通知。

文化和旅游部办公厅(印章)

2023年7月24日

(资料来源：中华人民共和国文化和旅游部官网)

 例文7

<h2 style="text-align:center">中共教育部党组关于俞伟跃、任友群同志
职务任免的通知</h2>

部内各司局、各直属单位：

中共教育部党组2024年1月23日决定，任命俞伟跃同志为教师工作司司长；免去任友群同志的教师工作司司长、学位管理与研究生教育司司长、国务院学位委员会办公室副主任职务。

中共教育部党组(印章)

2024年2月4日

(资料来源：中华人民共和国教育部官网)

第五节　见微知著，明晓利害
——通报

　　繁忙总会使人感觉时间如白驹过隙，转眼间，谢达作在机关工作已有些时日了，虽说"时间是解决问题的良药"，但达作通过这一段时间的机关工作，深深地体会到掌握写作知识仅是写作能力提升的前提，要想真正具备写作能力，必须要将写作理论融会贯通，动笔实践。正所谓"纸上得来终觉浅，绝知此事要躬行"。

　　谢达作认识到想要成为一名成熟的文书人员还有很长的路要走，于是暗下决心，要苦练内功，快速提高写作能力。他梳理了工作以来写过的材料，发现撰写的通知比较多，通报这一文种还没写过。趁着现在没有什么工作，他翻开《应用文写作》教材，仔细研读通报例文，并且模拟了工作情景进行仿写……

一、通报的含义

　　通报是表彰先进、批评错误、传达重要精神和告知重要情况时所使用的公文。

　　在公务活动中，通报的适用范围涉及三个方面：一是表彰先进单位或个人，介绍典型经验、先进事迹和宣传先进思想，树立榜样；二是批评错误行为或告知典型事故，引以为戒；三是传达上级的重要精神或某一方面的重要情况，指出工作的重点或必须关注的问题。

二、通报的特点

(一) 真实性

　　真实是通报的生命。通报陈述的任何事件都必须是真实的，不能有差错，更不能编造。因此，写通报对正反两方面的事实都要认真核实，做到准确无误，没有水分。

(二) 教育性

　　表彰性通报对被表彰单位来说是一种鼓舞、激励，对其他单位来说是一种教育引导，对后进单位来说是一种鞭策。批评性通报教导众人吸取教训，改正错误，引以为戒。

(三) 典型性

　　无论是表彰性通报，还是批评性通报，所选事例应当具有代表性、典型性。

三、通报的分类

　　根据通报的内容，可把通报分为以下三类。

(一) 表彰性通报

　　表彰性通报即用于表彰先进事迹或先进人物、先进单位的通报。

(二) 批评性通报

批评性通报就是批评错误、提醒相关部门重视以及进一步改正错误的通报,其目的是惩戒犯错主体和防止事故再度发生,引起有关方面有关人员的警觉。

(三) 情况通报

情况通报就是用于通报重要情况、传达重要精神以推动本单位或部门工作开展的通报。这类通报能够让下级了解和掌握上级的重要精神和工作意图,指导下级的工作。

四、通报的写法

(一) 表彰性通报的写法

表彰性通报一般由标题、主送机关、正文、附件、落款五部分构成。

1. 标题

表彰性通报的标题通常由发文机关、事由、文种三个要素构成。例如《中山市人民政府关于表彰2024年度全市重点项目工作先进单位的通报》。

2. 主送机关

表彰性通报的主送机关一般为直属下级机关,编排于标题下空一行位置,左侧顶格。

3. 正文

表彰性通报正文一般有四部分:第一部分概括介绍先进事迹,不要详细描述。第二部分指出先进事迹所体现的精神、教育意义,在阐述先进事迹的基础上,提炼出主要经验、意义和值得学习与发扬的精神。注意评价要符合事实,不可滥用溢美之词。第三部分主要写表彰目的、依据和决定,表彰程度应适当。第四部分希望和号召大家学习被表彰对象的优秀品质和精神。

4. 附件

如果表彰的单位或个人数量较多,应以附件形式呈现。

5. 落款

落款由发文机关名称、成文时间构成。

(二) 批评性通报的写法

批评性通报一般由标题、主送机关、正文、落款四部分构成。

1. 标题

批评性通报的标题通常由发文机关、事由、文种三个要素构成。例如《国务院办公厅关于批评××省××市××县擅自停课组织中小学生参加迎送活动的错误行为的通报》。

2. 主送机关

批评性通报的主送机关一般为直属下级机关，编排于标题下空一行位置，左侧顶格。

3. 正文

批评性通报正文一般有四部分：第一部分概括介绍错误事实，不要详细描述。第二部分指出错误的性质、危害，产生的根源、责任和不良影响等。第三部分主要写批评、处分的目的、依据和决定。注意批评、处分的程度要恰当。第四部分写告诫事项，一般采用固定用语"希望有关部门人员引以为戒"等。

4. 落款

落款由发文机关名称、成文时间构成。

(三) 情况通报的写法

情况通报一般由标题、主送机关、正文、落款四部分构成。

1. 标题

标题由发文机关、事由、文种三个要素构成，例如《××省国税局××分局关于××年上半年行风评议的情况通报》。

2. 主送机关

情况通报的主送机关一般为直属下级机关，编排于标题下空一行位置，左侧顶格。

3. 正文

情况通报的正文内容，或对有关事实做客观叙述；或对有关情况加以分析说明。有的情况通报是先罗列情况，然后进行分析得出结论；有的情况通报是先通过简要分析得出结论，再列举情况。

4. 落款

落款由发文机关名称、成文时间构成。

五、通报的写作要求

(一) 内容要真实

通报的事实和所引材料都必须真实无误。动笔前要调查研究，对有关情况和事例要认真进行核对，客观、准确地进行分析、评论。

(二) 决定要恰如其分

无论写作哪一种通报，都要做到态度鲜明，分析中肯，评价实事求是，结论公正准确，用语把握分寸。否则，写出的通报不但会缺乏说服力，而且有可能产生不良影响。

(三) 语言要简洁庄重

通报使用的语言应简洁、庄重，其中表扬和批评的通报还应注意用语分寸，力求文实相符，不讲空话套话。

例文1

陇南市人民政府办公室
关于表扬2023年度全市政府网站
管理工作优秀单位和优秀个人的通报

各县区人民政府、市政府有关部门：

2023年，各县区、各部门深入贯彻习近平总书记关于网络强国的重要论述，不断深化政府网站内容建设，加强政府网站常态化监管，持续优化政府网站集约化建设功能，助力优化营商环境、"放管服"改革和数字政府建设，在推动政府职能转变、提高为民服务水平方面取得了积极成效。根据2023年全市政府网站综合考评情况，决定对武都区人民政府办公室等4个政府网站工作优秀单位、杨建辉等32名政府网站工作优秀个人予以通报表扬，希望受到表扬的单位和个人珍惜荣誉，再接再厉，取得更优异的成绩。

各县区、各部门要立足新发展阶段，贯彻新发展理念，构建新发展格局，坚持以人民为中心的发展思想，认真贯彻落实党中央、国务院决策部署，按照省委省政府和市委市政府工作要求，以"三抓三促"行动为契机，进一步明确目标、理清思路、创新举措，紧紧围绕建设人民满意的网上政府为目标，提升政府网站服务水平，不断增强人民群众的满意度获得感。

附件：2023年度全市政府网站管理工作优秀单位和优秀个人

陇南市人民政府办公室(印章)

2024年3月5日

(资料来源：陇南市人民政府官网)

例文2

福建省人民政府关于对2023年度
文旅经济工作成效显著的县(市、区)给予表扬的通报

各市、县(区)人民政府，平潭综合实验区管委会，省人民政府各部门、各直属机构：

2023年，全省各地全面贯彻党的二十大精神，认真学习贯彻习近平文化思想，按照省委、省政府做大做强做优文旅经济工作部署，深入实施"深学争优、敢为争先、实干争效"行动，推动文旅经济发展取得新成效。

为表扬先进、宣传典型，进一步调动和激发全省上下推动文旅经济高质量发展的积极性、主动性和创造性，营造真抓实干、奋楫争先的良好氛围，根据《新形势下促进文旅经济高质量发展激励措施》规定，决定对2023年度推动落实文旅经济工作取得明显成效的永泰县、厦门市思明区、东山县、泉州市丰泽区、泰宁县、莆田市城厢区、武夷山市、长汀县、霞浦县、平潭县等10个县(市、区)，给予通报表扬和相关正向激励政策。希望受到表扬的单位充分发挥模范引领和示范带动作用，珍惜荣誉、再接再厉，不断取得新的更大成绩。

各地要以受到正向激励的县(市、区)为榜样，深化拓展"深学争优、敢为争先、实干争效"行动，学习借鉴先进经验做法，结合自身实际攻坚克难、砥砺奋进，助力打造世界知名旅游目的地，为奋力推进中国式现代化福建实践做出积极贡献。

福建省人民政府(印章)

2024年4月7日

(资料来源：福建省文化和旅游厅官网)

 例文3

北京市水务局关于暂停王某某专家评标资格的通报

市水务局在2024年3月水利工程评标行政监督中发现：评标专家王某某(A060111)，3月11日在"永定河山峡段综合提升工程(监理)"项目评审过程中影响其他专家独立评审，3月19日无故不参加"水文监测设施功能提升工程"项目评审活动，经研究，决定按照《北京市建设工程评标专家动态监督管理办法》第十三条规定，给予王某某(A060111)记12分暂停评标资格3个月，自通报印发之日起算。

全体水利评标专家要以此为戒，认真学习评标专家有关规定，严守评标纪律，认真、公正、廉洁履行职责，树立和维护水利评标专家良好形象。

各单位要加强所属评标专家教育，严把续聘、新聘专家推荐关，选派责任心强、熟悉业务、公道正派的招标人代表参加评标。

各区水务局要切实加强行政监督工作，加大开标、评标监督力度，发现问题，及时处理和记分，并指定专人向市水务局每月报送记分情况。

特此通报。

北京市水务局(印章)

2024年3月28日

(资料来源：北京市水务局官网)

例文4

北京市政务服务和数据管理局
关于2023年第四季度全市政府网站与政府系统
政务新媒体检查情况的通报

各区人民政府，市政府各委、办、局，各市属机构：

为进一步提升全市政府网站与政府系统政务新媒体服务水平，根据《国务院办公厅秘书局关于印发政府网站与政务新媒体检查指标、监管工作年度考核指标的通知》(国办秘函〔2019〕19号)有关工作要求，按照本市《政府网站检查指标》和《政务新媒体检查指标》，市政务服务和数据管理局组织开展了2023年第四季度全市政府网站与政府系统政务新媒体检查。经市政府同意，现将有关情况通报如下。

一、检查情况

1. 总体情况

(1) 政府网站。对16个区政府门户网站和58个市级部门政府网站(包括专项网站)进行了全覆盖检查，未发现不合格网站。各区政府平均得分为104.05分(满分110分，其中加分指标10分)，较上季度提升0.41分；各市级部门平均得分100.49分(满分110分，其中加分指标10分)，较上季度提升0.22分。

(2) 政府系统政务新媒体。对全市政府系统1753个政务新媒体(其中微信公众号855个、新浪微博252个、微信视频号118个、今日头条108个、抖音短视频107个、移动客户端33个、其他政务新媒体280个)进行了全覆盖检查。各区政府平均得分为99.71分(满分100分)，较上季度下降0.13分；各市级部门平均得分为99.3分(满分100分)，较上季度提升0.23分。

2. 典型做法

(1) 政府网站。重点站区管委会应用VR技术上线实景导引，展示各站区实际点位信息和路径。市农业农村局上线"京彩三农"频道，宣传乡村振兴建设成果。市文物局上线"北京文物艺术品交易指数"栏目，通过严谨分析形成综合指数体系。市投资促进中心在市政府门户网站上线"投资北京会客厅"中英文版专题，展示北京营商环境与投资机遇。海淀区建设"政务数据智慧监测平台"，推动数据资源协同共享。丰台区搭建"青年创新创业会客厅"，助力京津冀人才就业创业。大兴区上线"手语数字人"服务，升级网站无障碍功能。西城区、延庆区开设儿科诊疗服务专栏，方便患者快速就医。

在推进政府网站服务能力提升工作中，市市场监管局、市人力资源和社会保障局、市金融监管局分别优化完善场景化服务事项，保障政府对外服务权威性和准确性；市民政局围绕老年群体梳理各项服务，提升服务精准度；市交通委开展京津冀交通一体化协同成效分析梳理，加强专题展示效果。在推进国际化网上服务工作中，市科委中关村管委会、市公安局、市卫生健康委、市教委、市文化和旅游局、市投资促进中心等单位坚持用户视角、问题导向，持续优化涉外服务能力。西城区、石景山区、昌平区等区在国际版门户网站发布首钢园、新年交响音乐会、冰雪季等信息内容，用外国人熟悉的表达方式讲好北京故事。

(2) 政府系统政务新媒体。"国资京京"微信公众号开设"首都国企云地图"栏目，汇聚首都国企红色资源。"北京统计"微信公众号针对重点工作策划"五经普微站"专题，为企业群众提供第五次全国经济普查的相关要求、问题解答等。"管理城市"微信公众号策划"云逛街巷"主题活动，以小视频、涂鸦风手绘海报等形式宣传社会治理成效。"中关村西城园"微信公众号开设"西城园政策通"服务，为企业群众展示最新政策内容。"创新石景山"微信公众号开设"服务科技企业""石景山科技馆预约"等服务，为科幻企业、高新技术企业以及群众提供丰富的资讯信息和便捷服务。"顺意办"移动客户端利用区块链、大数据等技术推出政策、办事等政务服务主题专区，实现"指尖便捷办事，一屏智享生活"。

3."我为政府网站找错"平台留言情况

第四季度共收到留言506条，涉及全市12个区和26个市级部门。其中，市医保局、市人力资源和社会保障局、市交通委等6家单位收到网民留言数量合计占全市留言总数的84.58%。问题主要集中在功能无法使用、内容无法访问、内容不准确等方面。相关区和市级部门对网民留言进行了核实、处理和反馈，按期办结率为100%。

二、存在的问题

1. 部分网站运维管理工作有待加强

有的单位网站专题专栏设置分类不准确，网站部分栏目页面在移动端内容显示不完整，使用不同浏览器访问同一页面时，图片无法正常显示。个别单位网站专题或业务系统页面底部缺失网站标识要素，网站链接非政府网站缺少提示信息。有的单位网站网民留言公开不及时。

2. 部分网站服务创新能力有待提升

有的单位网站征集调查结果公开不及时，或征集调查次数较少。部分单位网站政策解读形式较为传统，缺少音频、视频、动漫等形式。一些单位网站数据挖掘不足，策划数据应用产品较少。有的单位网站创新做法较为简单，未从使用者角度进行提升优化，专题内容较为简单，过多使用政策链接、办事服务入口链接等方式开展建设。

3. 部分政务新媒体统筹监管工作需进一步加强

个别单位政务新媒体账号新增、变更和下线备案不及时。部分单位政务新媒体对上级部门要求转载发布的重要信息存在"漏转"情况。一些单位政务新媒体存在功能不可用、运行不稳定等问题。部分单位政务新媒体内容丰富度不够，优质资源的跨平台联动较少。

三、下一步工作

1. 持续夯实网站日常运维和管理基础

各区、各部门要坚持底线思维，切实履行政府网站和政府系统政务新媒体的监测管理和内容保障责任，加强对网民留言、征集调查结果等信息发布及时性、规范性等基础问题的日常巡检。落实闭环思维，形成日常巡检、问题追踪和督促整改的有效工作闭环，做到发现问题立行立改。强化用户思维，利用网站内容访问、用户特征等数据分析技术优化栏目体系和页面布局，确保政府网站和政府系统政务新媒体建设符合用户使用习惯。

2.持续创新数据应用和资源融合产品

各区、各部门要加强数据赋能、技术赋能，积极回应用户热点诉求，做到事事有落实、件件有反馈。主动挖掘和密切追踪企业、群众需求，拓宽场景化服务领域，创新服务模式。丰富政策解读形式，用生动形象的方式解构政策文件重要举措、名词术语和办事流程等，提升政策解读实效。各区、各部门要聚焦提升国际化网上服务能力的核心任务，坚持需求导向，统筹相关资源，协同推进国际化服务提升。

3.持续加强政务新媒体的信息内容建设

各区、各部门要全面落实对政务新媒体的常态化监管责任，重点加强政务新媒体账号更新、功能可用性等问题的日常巡检，做好账号报备和台账更新工作，保障政务新媒体规范运行。严格落实政务新媒体内容审核发布制度，积极转载发布重大政策、重点信息，围绕中心工作重点宣传推广群众可感可及的实事，扩大内容声量，实现多渠道、多样化信息传播。

对本次检查发现的问题尚未整改的，有关单位要采取措施立即整改，并及时反馈市政务服务和数据管理局。各区、各部门要认真做好2024年第一季度政府网站和政府系统政务新媒体自查工作，自查情况请于2024年3月10日前在本区、本部门网站公开。

北京市政务服务和数据管理局(印章)

2024年2月7日

(资料来源：北京市政务服务和数据管理局官网)

第六节 事态变化，万端达观
——报告

周末，谢达作回到母校，林荫路间，观雨亭前，银杏树丛，志学花坛……无处不铭刻着自己和昔日同窗的凌云壮志。看着身边行色匆匆的学弟学妹，达作思绪万千。从事着自己感兴趣的工作，并向着理想一路前行，达作感到幸运。

现在的谢达作已然成长为机关的"一笔独秀"，小有名气呢！经过几番验校之后，达作发觉行政机关的文书工作看似简单，写起来着实不易！应用文写作程式固定，相对来说束缚也就更多；而且不同情形之下，需要运用不同文种，斟酌词句，处处皆学问呀！同事们见达作工作认真勤勉，对他赞赏之余提携有加。这些都让达作倍感压力，同时也充满动力！

这一日，达作接到新任务，撰写公文中的上行文——报告。前几次接触的都是下行文，这次可是上行文呢！来吧，艰巨的新任务！

一、报告的含义

报告是向上级机关汇报工作、反映情况，回复上级机关询问时所使用的公文。报告是党政机关广泛使用的一种上行文。

报告作为党政机关公文，不同于一些专业部门开展事务性工作时所使用的、标题中也带有"报告"二字的行业文书，如"审计报告""评估报告""立案报告""调查报告"等，这些文书不属于党政公文的范畴，不要混淆。

二、报告的特点

报告作为党政机关公文，具有以下特点。

(一) 内容的汇报性

一切报告都是下级向上级机关或业务主管部门汇报工作，让上级机关掌握基本情况并及时对自己的工作进行指导，所以，汇报性是报告的一大特点。

(二) 语言的陈述性

在汇报工作、反映情况时，表达的内容和使用的语言都是陈述性的：本单位遵照上级的指示，做了什么工作，怎样做的这些工作，取得了哪些成绩，还存在哪些不足，要一一向上级陈述。反映情况时，也要把时间、地点、人物、事件、原因、结果叙述清楚，向上级机关提供准确的现实性信息。

(三) 行文的单向性

报告是下级机关向上级机关行文，是为上级机关领导提供依据，一般不需要受文机关的批复，属于单向行文。

(四) 成文的事后性

多数报告都是在事情做完或发生后，向上级机关汇报，是事后或事中行文。因此，在机关工作中，有"事前请示，事后报告"的说法。

(五) 双向的沟通性

报告虽不需要批复，却是下级机关以此取得上级机关的支持指导的桥梁，同时也是上级机关决策指导和协调工作的依据，因为上级机关能够通过报告获得信息，了解下情。

三、报告的分类

报告按内容可分为工作报告、情况报告、答复性报告、呈报性报告；按性质可分为综合报告和专题报告；按时间可分为定期报告和不定期报告。

(一) 工作报告

凡是用来向上级汇报工作的报告，都是工作报告。工作报告又可分为综合工作报告和专题工作报告两种。

综合报告的涉及面较宽，主要工作范围的方方面面都要涉及，有主次之分，但不能有大的遗漏。如某单位向上级提供的年度、季度、月份工作报告都属于综合报告。

专题报告的涉及面较窄，只针对某一方面的工作或者某一项具体工作进行汇报，如党政机关关于"三讲"工作的报告、行政机关关于技术革新工作的报告等。

(二) 情况报告

本单位出现了正常工作秩序之外的情况，譬如发生事故或出现了意想不到的问题等，对现有工作产生了一定程度的影响，应该及时将有关情况向上级进行汇报。另外，一些有倾向性的新动态、新风气，以及最近出现的新事物等，必要时也需要向上级报告。作为下级机关，有责任做到"下情上达"，保证上级机关"耳聪目明"，这就是情况报告的意义。隐情不报，则是一种失职的表现。

与工作报告的不同，情况报告不局限于陈述某一具体工作，即不讲具体工作进展情况，只讲客观存在的或突然发生的情况。例如向上级机关反映自然灾害的情况、突发事件的情况。这类报告的特点是时效性很强，有些情况要先作电话报告，然后作书面报告。

(三) 答复性报告

答复性报告是针对上级或管理层所提出的问题或某些要求而写出的报告。答复性报告是典型的上行文，行文对象为上级机关，适用于向上级机关汇报工作、反映情况，回复上级机关的询问，不涉及询问以外的内容，实现下情上达。例如上级领导回复群众来信来访中反映的问题、批示下级机关查办或询问有关情况，下级机关办理完毕，需用书面形式答复上级机关。

(四) 呈报性报告

呈报性报告是下级向上级报送文件、物件的随文，一般以一两句话说明报送文件或物件的根据或目的，以及与文件、物件相关的事宜。

四、报告的写法

报告一般由标题、主送机关、正文和落款组成，其各部分的格式、内容和写法要求如下所述。

(一) 标题

报告标题的常见形式有两种：一种由发文机关、事由和文种构成，如《××部关于××抗灾救灾工作情况的报告》；另一种由事由和文种构成，如《关于召开民主生活会情况的报告》等。

(二) 主送机关

报告的主送机关可以是一个，也可以是几个，顶格写于文首，其后用冒号。

(三) 正文

报告正文一般由开头、主体和结语等构成。

1. 开头

开头主要交代报告的缘由，概括说明报告的目的、意义或根据，然后用"现将××情况报告如下"等过渡语转入下文。

2. 主体

主体是报告的核心部分，用来说明报告事项。它一般包括两方面内容：一是工作情况及问题；二是进一步开展工作的意见。

在不同类型的报告中，正文中报告事项的内容可以有所侧重。

(1) 工作报告主体的写法。写作工作报告时，先是总结情况的基础，然后重点提出下一步工作安排意见，通常采用序号、小标题区分层次。工作报告主要有以下几种结构形式：一是依次介绍情况(包括经验)、问题、打算。这种形式适用于以反映情况为主的专题工作报告。二是依次介绍情况、经验、不足(存在的问题)。这种形式适用于以总结经验为主的专题工作报告。所谓"情况"，包括开展工作和进行某一专项工作的依据、工作进展情况、所取得的成效等，也包括完成某一专项工作任务的做法和经验体会等。报告中，可分条陈述情况和经验。写经验体会时，应站在全局的高度，对工作进行全面地分析研究，把带有规律性、普遍性、全局性的做法和经验加以归纳、推理、提炼，使之上升到理性高度，以便指导全局工作。写"问题"时，要在分析研究的基础上，抓住带有倾向性的问题，把问题讲述清楚。写专题经验报告时，可不写问题或一笔带过问题。写"打算"时，应针对存在问题和上级机关的工作部署提出方案，做到目标、任务明确，措施得当，保障有力。

这类报告的特点是全面、精练。所谓"全面"，是指报告的内容要体现一个地区、一个部门在某一段时间内的全面工作情况；所谓"精练"，是指少写或不写繁杂的工作过程，而是用结论性、要求性的语言写出某项工作的结果，或对某项工作的希望、要求。

(2) 情况报告主体的写法。情况报告事项部分是情况报告的主体部分，一般包括三个层次的内容，结构顺序为：基本情况—问题及原因—办法及措施。有的情况报告也可以将"情况"及"分析"结合起来写。

(3) 答复性报告主体的写法。写作答复性报告时，要根据真实、全面的情况，按照上级机关的询问和要求回答问题，陈述理由。需要注意的是，上级问什么答什么，不要涉及询问以外的问题或情况。

(4) 呈报性报告主体的写法。呈报性报告只需要写清楚报送的材料(文件、物件)的名称、数量。呈报性报告的正文一般以一两句话说明报送文件或物件的根据或目的，以及与文件、物件相关的事宜。

3. 结语

报告的结语是根据报告种类的不同而不同，一般都有不同的程式化用语。报告的结语应另起段来写。工作报告和情况报告的结语常用"特此报告"；答复性报告多用"专此报告"；呈报性报告则用"请审阅""请收阅"等。要根据报告的内容，书写结语。比如，政策方面的报告常用"请审查"结尾；财经、物资方面的报告常用"请查收"或"请审查"结尾；一般的工作情况报告多用"专此报告"结尾。

(四) 落款

落款包括发文单位和成文时间两项内容。

👤 例文1

广东省文化和旅游厅关于呈报2019年度
旅游服务质量提升工作总结的报告

文化和旅游部：

根据文化和旅游部《关于实施旅游服务质量提升计划的指导意见》(文旅市场发〔2019〕12号)，我厅认真制定方案组织实施，推进全省旅游市场服务质量提质创优。现呈报我厅2019年度旅游质量服务提升工作总结(见附件)。

专此报告。

附件：广东省文化和旅游厅2019年旅游服务质量提升工作总结

广东省文化和旅游厅(印章)
2019年11月21日

(资料来源：广东省文化和旅游厅官网)

例文2

关于中央生态环境保护督察第九批环境信访投诉问题办理情况的报告

自治州保障第二轮中央生态环境保护督察协调联络工作组信访督察组：

现将交办的第九批信访投诉问题办理情况报告如下。

一、第九批交办环境信访投诉问题办理情况

4月3日，自治州信访督察组交办精河县中央生态环境保护督察环境信访投诉问题1件(博州精河县茫丁乡政府旁的怡河花园小区内的花草都枯死，树木大部分都枯死，已有2年时间，多次向上级部门反映，没有得到解决)。

详细办理情况如下：一是通过实地核查，情况基本属实。该小区内实际种植树木120棵，枯死树10棵。二是茫丁乡政府已制定整改方案，明确整改时限，4月4日完成枯树移除和新树种植，4月5日完成小区内所有林木浇水。三是茫丁乡政府建立小区管理服务长效机制，组织小区内居民参与环境卫生公共绿化管理。四是茫丁乡政府举一反三，对辖区内其他小区绿化管理、环境卫生进行排查，及时发现处理同类问题。

截至目前，茫丁乡政府已经完成枯死树木移除、新树种植工作，交办的1件信访投诉问题已办结1件。

二、办理转交举报材料的主要做法

加强宣传、引导群众积极参与。茫丁乡政府在接到转办信访件，以解决答复案件为契机，积极宣传环境保护知识，通过入户走访，动员小区居民主动参与环境卫生清扫、植树造林等行动，进一步调动群众积极参与环境保护的热情。

三、目前整体办理情况

截至4月4日，自治州信访督察组向精河县转交中央第五生态环境保护督察组第六批、第九批共2件环境信访举报投诉问题，现2件均已办结。

精河县保障第二轮中央生态环境(印章)

保护督察协调联络工作组(印章)

2022年4月4日

(资料来源：精河县人民政府官网)

例文3

关于脱贫攻坚领域"迎检现象"
专项整治情况报告

县脱贫办：

为进一步深化脱贫攻坚领域"迎检现象"专项整治工作，真正做到全面排查、全面整治，坚决杜绝形式主义、官僚主义，我乡迅速开展了"迎检现象"专项整治行动，现将相关情况报告如下。

一、基本情况

对照市专项整治任务清单，结合脱贫攻坚大排查、"三个以案"警示教育和"不忘初心、牢记使命"主题教育等工作，共查摆出2个方面2个具体问题，并建立问题台账，明确整改措施、整改责任人和整改时限，认真加以整改。

二、整改落实情况

1. 关于少数帮扶人存在在帮扶工作上刻意留痕，走访贫困户用微信记录或照片作为工作落实的依据的问题。

(1) 整改措施：将"迎检现象"纳入"不忘初心、牢记使命"主题教育检视内容，深入学习习近平总书记关于扶贫工作的重要论述，不断提升工作成效。不再要求帮扶干部在工作群上传入户走访照片，将主要精力放在落实扶贫政策，帮助贫困户解决实际问题上。

(2) 整改成效：组织学习了习近平总书记关于扶贫工作重要论述，杜绝、防范迎检现象的意识增强，做到与实际工作相结合。在帮扶活动日期间，没有要求上传走访照片等留痕现象，帮扶干部将工作重心放在提升工作实效上。该问题已完成整改。

2. 关于过度要求贫困户背诵记忆扶贫政策、帮扶联系人相关信息的问题

(1) 整改措施：加大对贫困户常态化走访力度，与贫困户沟通交流，通过发放宣传材料和面对面讲解，让贫困户熟悉扶贫政策。持续举办扶贫夜校，开展"扶志、扶智"教育活动，宣传相关政策，介绍先进典型，提高贫困户内生动力。

(2) 整改成效：乡村干部多种举措宣传扶贫政策，绝大多数贫困户能基本掌握现行扶贫政策以及本户享受帮扶情况。贫困户的思想认识有较大提升，对脱贫攻坚工作表示满意，对脱贫致富充满信心。该问题已完成整改。

三、下一步打算

我乡将始终保持对形式主义官僚主义的"斗争精神"，切实做到即知即改，立行立改。同时以提高质量为重点，推深做实脱贫攻坚各项工作，促进工作成效再上新台阶。

佐坝乡人民政府(印章)

2019年10月25日

(资料来源：佐贝乡人民政府网站)

第七节　持盈履满，用意兢兢
——请示

谢达作参加工作后，每天过得忙碌而充实。这不，刚放下处理好的文件，电话就响起来了，是学妹应晓文请他帮忙看一篇稿子。原来，晓文在学院办公室勤工实习，

帮助学办老师做一些文件复印和整理工作，老师说学院办公空间严重不足，急需一个独立的办公室作为学生社团活动的地点，让晓文给学校写一则请示。晓文拟了一份草稿，觉得自己写得还不够好，但是又不知道问题出在哪里，于是找谢达作帮忙修正。

关于文化传媒学院办公空间不足的请示

尊敬的校长：

随着我院社团活动开展的日益活跃，我院办公空间严重不足，不能满足社团发展的需求。为解决这一困难，我院决定申请办公室一间，作为学生社团活动场地，希望对我院给予支持。

特此请示，请回复。

文化传媒学院院办

谢达作十分上心，结合前段时间自己积累的工作实践和写作经验，电话里指导晓文：先找出以前应用文写作课程的教材，熟悉理论、研究例文，然后起草写作。谢达作又千叮咛万嘱咐地讲了几点注意事项和容易出现的错误，将自己掌握的有关请示的写作心得和学妹分享，这才放下电话。

不久，晓文修改后的公文发了过来……

一、请示的含义

请示是向上级机关请求指示、批准时所使用的公文，属于上行文。在实际工作中，请示适用于以下几种情况。

(一) 本部门无力解决的问题

有些工作属于在自身职责范围内，但常常受到资金短缺、人手不足等限制无法继续开展，这时可以向上级机关提出申请，请求领导帮助解决这些问题。

(二) 本部门无权解决的问题

在工作实际中，有的工作方针、政策不够明确或者有些事情职权范围不清晰，这时可以向上级机关申请赋予本部门职权或者对某项政策、规定做出变通，从而使工作顺利完成。另外，如果工作中出现了涉及面广而本单位不能独立完成的情况，可以向上级领导申请协调帮助。

(三) 本部门无法解决的问题

在现实工作中，我们会时常遇到一些无章可循的新问题、新情况，原有的政策法规没有明确怎样解决，这时就要请示上级机关，而不能擅自做出决定。如果单位内部意见出现严重分歧，无法统一执行，也可以请领导做出裁决。

二、请示和报告的异同

请示与报告都是上行文，撰写时应陈词恳切，但两者的用途和写法存在明显不同。

(一) 行文目的不同

请示的目的是请求上级机关对呈报的情况或问题做出指示、解答或对请示事项做出批准，重在"问"；报告的目的是陈述情况、汇报工作，为领导提供信息，为决策提供依据，重在"说"。

(二) 行文时间不同

请示的行文必须在事前进行，不可边请示边行动或者"先斩后奏"；而报告的行文时间比较灵活，根据实际需要，事中、事后均可行文。

(三) 行文要求不同

请示要求"一文一事"，不可以一文多事；报告在"一文一旨"的前提下，可以"一文多事"。

(四) 处理方式不同

请示作为以请求为目的的文种，要求上级机关必须做出明确批复，没有请示就没有批复，两者相应而生；而报告重在陈述事实，是否批复根据实际情况而定。

三、请示的分类

根据请示内容和写作意图，请示一般可分为四类。

(一) 请求指示的请示

请求指示的请示适用于发文单位在工作过程中遇到困难不知道如何处理的情况。在这类请示中，可提出几种解决方案，请领导给予指点。此类请示常用于对某一政策不理解、出现新问题新情况不能处理。如《××镇人民政府关于进一步完善村级动物防疫体系的请示》就属于请求指示的请示。

(二) 请求批准的请示

请求批准的请示适用于发文单位基本明确工作方向，但受各种条件限制，不能开展的情况。在这类请示中，可明确表达诉求，请求领导予以批准。此类请示常用于申请机构设置、审定编制、重大决策安排等。如《×市环保局关于启动重污染天气应急响应的请示》就属于请求批准的请示。

(三) 请求帮助的请示

请求帮助的请示适用于发文单位需要上级机关给予帮助和支持的情况,内容一般涉及经费短缺、设备不足、人手不够等具体问题。如《××学院关于增加青少年课外教育活动基地建设经费的请示》就属于请求帮助的请示。

(四) 请求批转的请示

请求批转的请示适用于下级机关就某一涉及面广的事项提出处理意见和办法需各有关方面协同办理,但按规定又不能指令平级机关或不相隶属部门办理,请求上级机关审定后批转执行的情况。如《××市××区关于印发〈京杭大运河环境综合整治专项行动方案〉的请示》就属于请求批转的请示。

四、请示的写法

请示一般由标题、主送机关、正文和落款构成。

(一) 标题

在请示的标题中,一般写明"发文机关+事由+文种",例如《××学校关于增拨招生指标的请示》。拟写请示标题时要避免出现"双请"的情况(一个标题中出现两次"请"字),尽量不要出现"请求""申请"字样。

(二) 主送机关

请示的主送机关是发文单位的上级机关,主送机关只写一个,如需同时报送其他机关,应用抄送的形式,不能多头请示。

(三) 正文

请示的正文包括缘由、事项和结语三部分。

1. 缘由

请示缘由即"为什么请示",包话请示的原因、目的和依据,这是请示的基础,也是上级机关批复的主要依据。请示的缘由是否合理充分直接影响领导的决策,因此,缘由部分是请示的重点部分,写作时可以从以下几个角度入手。

(1) 说明依据。在阐述缘由时,要尽可能结合国家的方针政策来说理,如果能结合上级的有关政策来阐述理由,往往能取得理想的行文效果。

(2) 立足全局。对牵涉面广,政策性、探索性、创新性强,事关全局的重要工作和事项的请示,要尽量说明情况和理由,从全局的高度来分析问题、提出请求,不能仅从本单位或个人利益出发。

(3) 表达充分。写作时,一般从四个方面着手:一是写出客观需要,使上级机关感到请示事项有尽快解决的必要性;二是写出已具备的一定条件,使上级感到请示事项有解决的可能性；三是写出亟待解决的程度，使上级机关有尽快解决请示问题的紧迫感；四是语气恳切，态度诚恳，打动对方。

(4) 选好角度。请示的理由要兼具可行性和必要性，可对该工作涉及的各个单位、各个方面进行多角度论述，原因要讲得客观、具体，理由要讲得合理、充分，要用事实说话，不能有过多的主观臆断，不可过多地引发议论。

(5) 换位思考。不能只从本机关、本单位的立场拟写请示的缘由，还应该换位思考，善于站在上级机关的角度，从全局出发来考虑问题，争取用上级的"道理"说服上级，以求达到预期目的。

(6) 以情动人。可在请示中渗入适当的情感因素，取得上级的理解和支持，但要把握分寸，注意过犹不及。

2. 事项

请示的事项，即"请示什么问题"，是陈述缘由的目的所在。如果请示内容比较简短，可以使用"为此……""现申请……"将其明确标示出来。如果内容较多，可以使用"现请示如下："引领下文。

写作请示事项时，应注意以下几点。

(1) 要符合法规，符合实际。请示事项要符合国家大政方针，符合总体政策要求，已经明确不能违反的内容，不要再次请示。同时请示的事项要有可行性和可操作性。

(2) 要表述清晰，请求明确。事项要写得具体、明白，例如申请增加资金，要写明金额；请求物资，要写清品名、规格、数量，以便上级机关给予明确批复。如请求物资内容较多或金额较大，应以附件形式提交明细或预算表。请求上级给予政策等方面的支持，也需要清楚地阐述请求事项，切忌表达模棱两可。

(3) 要条理清楚，重点突出。如果请示的事项内容比较复杂，应分条列点，且重要内容放在前面。

3. 结语

请示的结语一般为模式语言，如"以上请示妥否，请批复""以上请示如无不妥，请批准""以上请示，如无不妥，请批转执行"等。

结语是请示必不可少的一项内容，不能遗漏，更不能含糊其辞。"此事关系重大，望领导百忙之中抽出时间审阅，真诚地等待您的批复。"这样的结语谦恭有余，但过多地使用修饰性词语，显得啰嗦，不符合公文的语体要求；"望尽快拨款，以解燃眉之急。"这种带有命令催促口气的结语，容易引起对方反感，且不符合上行文的要求。

(四) 落款

落款由发文机关、印章和成文日期组成。

五、请示的写作要求

(一) 职权范围内的工作不要请示

一般来说，对于职责范围内的日常工作，应该自行处理，无须请示上级。只有出现了新情况，或者在自己职权内无法解决的问题时，才需要向上级请示。

(二) 一文一事

要注意一篇请示只针对一个事项或一个问题，切忌一个请示中提出多项要求。另外，要注意请示和报告的区分，请示内容中不能夹带报告，避免出现《关于……的请示报告》。

(三) 切忌多头请示

请示的主送机关只能有一个，便于上级机关研究回复。如出现多头请示，容易造成互相推诿、决策迟缓的情况。

(四) 提供备选方案供领导参考

在请示中要多设计几个工作方案，为上级机关提供决策参考，不宜把问题直接上交，而坐等领导指示。

(五) 应逐级请示，原则上不直接呈送个人

一般不得越级请示，个别需要越级请示的，常采用两种方式：一种是转呈式，这样既避免越级，又明确主送机关；另一种是在越级请求的同时，把请示抄报给被越过的主管部门。除领导直接交办的事项外，不要直接将请示呈送领导个人，也不要既写主送机关又同时写主送机关领导人。一般情况下，也不得在上报请示的同时抄送平级和下级机关。

📌 例文1

苏州市水务局关于上报《苏州市供水条例(草案)》的请示

市政府：

《苏州市供水条例》制定已经列入《苏州市人大常委会2020年立法计划》。根据立法工作要求，我局开展了广泛的立法调研，在前期工作调研的基础上，起草了草案初稿，经过公告征求意见，召开各县级市(区)水利(务)局座谈会、有关市级部门座谈会，经过反复讨论与修改，形成了《苏州市供水条例(草案)》。现予以呈报，请审议。

　　附件：1. 关于《苏州市供水条例(草案)》的起草说明
　　　　　2. 苏州市供水条例(草案)

3.《苏州市供水条例(草案)》依据对照表

苏州市水务局(印章)

2020年3月16日

(资料来源：苏州市人民政府官网)

例文2

於潜镇人民政府关于要求调整生活垃圾日均控量指标的请示

区生活垃圾分类工作领导小组办公室：

根据2021年度临安区镇街生活垃圾分类工作目标任务及垃圾分类日常考核要求，生活垃圾总量为重要考核指标。目前，我镇生活垃圾日均控量为33.8吨，参照基数为2019年的生活垃圾实际日均量。2020年起，因临金高速工程建设项目全面启动，且该工程贯穿我镇凌口桥村、百园村、观山村、横鑫村、昔口村、堰口村、双坑村等多个行政村，新增各类一线工作人员2100余人，均租住在於潜镇辖区范围内。另我镇逸逸工业平台随着装饰纸小微园企业逐步入驻，卓玛、海宏等企业也即将投产，近期将新增员工约1500余人，后续将新增3500余人。因此，我镇因重大工程项目、产业平台建设，较2019年相比，每日额外新增生活垃圾量约4.32吨(按照人均1.2kg/日估算)。

鉴于此，为保证垃圾分类考核工作的科学性和合理性，特申请新增我镇生活垃圾日均控量指标。

妥否，请批复。

临安区於潜镇人民政府(印章)

2021年9月26日

(资料来源：杭州市临安区人民政府官网)

例文3

苏州市商务局关于提请
通报苏州市第三批"光盘行动示范店"名单的请示

市政府：

为贯彻落实习近平总书记关于坚决制止餐饮浪费行为、切实培养节约习惯，在全社会营造浪费可耻、节约为荣的氛围的指示，我市组织开展了"厉行节约 反对浪费"专项工作。我局组织各市区商务部门根据《市政府办公室关于开展餐饮行业"厉行节约反对浪费"专项工作的通知》(苏府办〔2020〕231号)的工作要求，在已评定前两批共

200家光盘行动示范店的基础上，继续开展创建工作，筛选推荐100家餐饮门店作为第三批光盘行动示范店，拟作为全市创建工作的典型。前期，我局已对各地上报的企业名单进行了公示，并发函征求了生态环境、城市管理、应急管理、市场监管等部门的意见，经了解100家单位均无不良记录。按照《市政府办公室关于开展餐饮行业"厉行节约 反对浪费"专项工作的通知》(苏府办〔2020〕231号)的有关安排，现提请市政府对这100家餐饮门店进行通报，认定为苏州市第三批"光盘行动示范店"，为全市餐饮单位树立榜样。经认定后的餐饮门店，将在相关媒体予以宣传，并公布举报电话，一经发现不符合要求的企业，将取消其荣誉称号。认定市级"光盘行动示范店"是餐饮行业"厉行节约 反对浪费"专项工作内容之一，2021年开始每年认定100家，三年合计认定300家。

特此请示。

附件：苏州市第三批"光盘行动示范店"名单

苏州市商务局(印章)

2023年10月12日

(资料来源：苏州市人民政府官网)

 例文4

中共南昌市新建区交通运输局党组
关于成立中共南昌市新建区交通运输行业综合委员会的请示

区委组织部(区委"两新"工委)：

为认真贯彻落实习近平新时代中国特色社会主义思想，落实市委、区委《关于深化城市基层党建引领基层治理的工作方案》的有关要求，发挥行业系统主管部门职能优势，抓好党建与业务工作深度融合，不断提高行业系统基层党建工作水平，结合全区交通运输行业实际，拟申请成立中共南昌市新建区交通运输行业综合委员会，全面加强党的领导，推动党的组织和工作全覆盖，推动全区交通运输行业持续高质量跨越式发展，现就有关事项请示如下。

一、机构设置

中共南昌市新建区交通运输行业综合委员会，组织关系隶属于区委"两新"工委，同时接受区交通运输局党组的领导，组成人员任免由区交通运输局党组提出意见，报区委"两新"工委审批同意。

区交通运输行业综合党委拟设委员5名，报任命人员如下：

书　记　涂继标　区交通运输局党组成员、副局长

委　员　章易清　区交通运输局直属机关党委委员

胡次宣　区道路运输服务中心党支部副书记

熊建城　区水路运输服务中心党支部委员

金鹏先　区交通运输综合执法大队党支部委员

下设办公室，办公室设在区交通运输局直属机关党委，负责日常工作。

二、主要职责

(一) 宣传和执行党的路线方针策。贯彻执行党中央、省委、市委和区委、区委"两新"工委、区交通运输局党组关于交通运输行业工作的部署和要求，落实党组对交通运输有关行业工作的领导，保障交通运输行业坚持正确的政治方向。

(二) 负责研究制定加强全区交通运输行业党建工作的有关政策指导和工作计划，充分发挥行业监管职能作用，推动党建与监管业务工作深度融合。

(三) 做好行业企业党建数据采集、分析研究等工作。

(四) 统筹发挥传统行业协会、新业态党组织的战斗堡垒作用，做好教育、服务、监督交通运输行业党员和团结凝聚行业群体工作，传递党的声音，传播行业正能量，展现交通运输行业的良好形象。

(五) 协助上级选派的党建指导员开展工作，组织开展党务工作者、党员培训等。

(六) 完成上级党组织交办的其他工作。

妥否，请批复。

中共南昌市新建区交通运输局党组(印章)

2022年8月12日

(资料来源：南昌市新建区人民政府官网)

👤 例文5

上海市青浦区生态环境局
关于提请印发《青浦区"无废城市"建设实施方案》的请示

青浦区人民政府：

为践行习近平生态文明思想，有效推动减污降碳协同增效，提升固废精细化管理水平，根据生态环境部《"十四五"时期"无废城市"建设工作方案的通知》(环固体〔2021〕114号)的要求，我区于2022年2月上报"无废城市"建设申报书，并于2022年4月入选生态环境部"十四五"时期"无废城市"建设名单。

自2021年3月起，区生态环境局牵头启动《青浦区"无废城市"建设实施方案》(以下简称《实施方案》)编制工作。2022年5月，按照十八部委联合印发的《"十四五"时期"无废城市"建设工作方案》相关要求，形成《实施方案》初稿。2022年6月至9月，我局就《实施方案》初稿与各委办局开展交流和座谈，听取各部门意见建议，经过两轮书面征求意见以及专家函审，并征询市生态环境局意见和建议，修改完善并形成了《青浦区

"无废城市"建设实施方案》，请予审议，若无不妥，请以区政府名义予以印发。

特此请示。

附件：1. 关于《青浦区"无废城市"建设实施方案》编制情况的报告
2. 专家函审个人意见表
3. 青浦区"无废城市"建设实施方案

上海市青浦区生态环境局(印章)

2022年10月8日

(资料来源：上海市青浦区人民政府官网)

 例文6

文化传媒学院关于增加办公空间的请示

S大学：

近两年我院社团工作取得了长足进步，社团人数快速增加，社团活动开展活跃，现已经拥有校级社团11个，人数超过1500人。其中"××""××"先后获得省市级表彰3次。在2022年校优秀社团评选中，共10个社团获得表彰，而我院就占据5席。但目前，我院社团活动缺少固定活动地点，每次大小会议都要"打游击"，由于缺少足够的办公空间，很多必要的办公设备和活动备品都无处存放，极大地限制了社团活动的发展。

综合以上情况，为解决办公空间不足和社团快速发展的矛盾，为学生社团活动更好地开展提供物质保障，我院拟增加办公室一间，作为学生社团活动场地，希望学校能给予大力支持。

以上请示，请批复。

文化传媒学院(印章)

2024年4月10日

第八节　处事要道，商洽求同
——函

华灯初上，谢达作在宿舍里看书，突然急促的手机铃声响起，是小师妹应晓文。谢达作接起电话，刚想和她寒暄一下，应晓文却不容分说，急急地催促着："快帮我把《应用文写作》教材找一下，找到'函'那节，扫描给我。快点呀，我着急用。"

应晓文一连串的"轰炸"，让谢达作感到既熟悉又好笑，打趣道："你叽里哇啦说了一大堆，到底什么情况，你只要给我打电话就是有急事，我是你的救护车呀！"谢达作本来是想开个玩笑，但他突然意识到自己话说得有些重了。

电话两端都沉寂下来，还是应晓文率先打破了尴尬："达作啊，你别误会，我只是……只是每次遇到难事儿都会最先想到你。导师刚交给我的任务，让我落实系里劳动周的实践活动，要写一份'函'与实践基地对接，现在是周五的三点了，时间紧急呀，你快帮我找一下。"谢达作也赶紧道歉，说："晓文，对不起，我只是开个玩笑。很高兴你能找我帮你，我肯定竭尽所能。这就给你找。"达作也不敢急慢，找出《应用文写作》教材，手机拍照、传送，一气呵成。

这件事后，两个人都进行了深思，语言可以是春日暖风，也可以是秋夜寒雨，面对的无论是职场同事还是亲人朋友，分寸都很重要。

一、函的定义

函是不相隶属机关之间商洽工作、询问和答复问题、请求批准和答复审批事项所使用的党政机关公文。在具体工作实践中，函的使用范围广泛，使用频率很高。

函是适用于不相隶属机关或平级机关的公文，与其他公文一样具有法定效力。

二、函的特点

(一) 广泛性

函适用的发文机关众多，各级党政机关、社会团体、企事业单位除具有隶属关系的上下级以外，平行机关之间、不相隶属的机关之间均可用函来行文。另外，函适用的工作内容广泛，通用性较强，沟通情况、商洽工作、转办催办、询问、请求批准或答复审批事项，均可用"函"表达。

(二) 灵活性

函分为公函与便函两类。便函无严格的形式要求，不需编制发文字号。公函是以公文印发的函，除按党政机关公文格式要求制发文件外，其行文较灵活，在内容安排上无特定模式。

(三) 单一性

函一般不需要阐述事项的缘由或意义，仅就具体的某一事项进行询问或答复。函的主送机关一般只能有一个。

三、函的作用

(一) 商洽工作

函具有联系、商洽、协调某一项具体工作的作用，也具有请求帮助支持的作用。例如《关于选派教师到××大学进修的函》《辽宁省教育厅关于2024年接收省外院校毕业生有关问题的函》。

(二) 询问或答复问题

函具有向不相隶属机关询问工作中不明确问题或答复相关询问的作用。例如《创业板公司管理部关于对乐视网信息技术(北京)股份有限公司的问询函》《辽宁省财政厅关于重新核定教师资格考试费收费标准的复函》。

(三) 请求批准或答复审批事项

函具有向业务主管部门请示批准事项或针对请示事项进行答复的作用。例如教育部发给某省政府的《教育部关于同意设立西湖大学的函》。

(四) 告知事项

函具有告知不相隶属机关某一活动或事项的作用。例如《国土资源部办公厅关于做好第十批世界地质公园推荐工作的函》《外国高端人才确认函》。

四、函的分类

根据不同的分类标准，函可分为不同类别，具体划分情况如下。

根据函的内容和作用，可分为商洽函、请批函、答复函、告知函四类。

根据函的行文方向，可分为去函和复函。

根据函的行文是否正式，可分为公函与便函。

五、函的写法

函一般由标题、主送机关、正文、落款四部分组成。

(一) 标题

函的标题通常由发文机关、事由和文种组成，有时发文机关或事由部分可以省略。如果是写作复函，在"函"字的前面加"复"字，例如《国务院办公厅关于同意浙江省开展国家标准化综合改革试点工作的复函》。

(二) 主送机关

主送机关即函的受理机关或单位，在标题下一行顶格写，其后用冒号。

(三) 正文

结构完整的函一般由开头、主体、结尾等部分组成。

1. 开头

在函的开头，写明发函或复函的缘由，概括交代发函或复函的目的、依据。如果是请示批准事项的函，其开头写法与请示的缘由相近；复函的开头与批复的开头相似，要引用来文，并说明"收悉"，然后用"现将有关问题说明如下"或"现将有关事项函复如下"等过渡语转入主体部分。

2. 主体

函的主体是函的核心内容，主要说明发函或复函针对的具体事项。写作这部分时，要注意一函一事，用简洁的语言写清楚需要告知的事项、商洽的工作、询问或答复的问题、请求批准的事项等。如果是写作复函，应注意答复事项的针对性、态度或观点的明确性。

3. 结尾

函的结尾一般采用模式化语言，例如"特此函达""请即函复""特此函告""特此函复""请予支持""不知贵方意见如何，请函告"等。

(四) 落款

函数的落款一般包括署名和成文时间两项内容。署名为机关单位名称，成文时间用阿拉伯数字标明年月日，并加盖公章。

六、函的写作要求

(一) 内容明确单一

函在行文中语言要准确，要明确告知、商洽、询问、请求或答复的事项。另外，要求函的内容单一集中，要一函一事。

(二) 态度诚恳礼貌

由于函用于不相隶属机关行文，写作时态度要诚恳、语气要平和，不能虚套献媚，也不能盛气凌人。

(三) "函代批复" 使用恰当

现实工作中，有时上级机关对下级机关呈报的一般请示事项不直接批复，而是根据实际情况，授权给办公厅(室)以及相关业务职能部门予以答复。这时，被授权的单位和提交请示的单位之间是不相隶属或平级的关系，因此就不能使用"批复"来答复，而采用不相隶属机关之间使用的"函"代行"批复"来答复审批事项，这就是通常所说的"函代批复"。

👤 例文1

关于协助提供2021年有关数据的函

省公安厅：

按照《中央财政农业转移人口市民化奖励资金管理办法》(财预〔2022〕60号)和《财政部关于下达2022年农业转移人口市民化奖励资金预算的通知》(财预〔2022〕63

号)要求,为了科学合理分配省对下农业转移人口市民化奖励资金,请贵厅协助提供我省2021年各县区农业转移人口实际进城落户人数,具体包括跨省落户人数、省内跨地市落户人数和市内落户人数。请于4月28日前将电子版数据反馈我厅。

此函,望支持为盼。

联系人:刘××

联系电话:×××××××

电子信箱:××××@163.com

辽宁省财政厅(印章)

2022年4月26日

(资料来源:辽宁省财政厅官网)

📥 例文2

关于同意收取特种作业人员安全技术考试费有关事项的复函

省应急管理厅:

《关于申请收取特种作业人员安全技术考务考试费的函》(辽应急函〔2021〕18号)收悉。根据《财政部 国家发展改革委关于同意收取特种作业人员安全技术考试考务费有关事项的复函》(财税函〔2020〕236号),经研究,同意收取国家设立的"特种作业人员安全技术考试费"。现将有关事项函复如下:

一、征收单位和征收范围:辽宁省应急管理厅所属辽宁省安全生产服务中心在组织电工作业、焊接与热切割作业、高处作业、制冷与空调作业、危险化学品安全作业等在内十大类特种作业人员考试时,收取"特种作业人员安全技术考试费";省地方煤矿安全监管局在组织煤矿安全作业等特种作业人员考试时,收取"特种作业人员安全技术考试费"。

二、特种作业人员安全技术考试费征收标准:特种作业人员安全技术考试包括理论考试和实践技能操作考核。理论考试的考试费标准,由省级考试单位按每人每科除考务费标准之外不超过50元范围内自行确定;实践技能操作考核考试费标准,按每人每科除考务费标准之外100元确定。

上述考试不及格者,免费补考一次,仍不及格需再次考核的,按规定收费标准的50%收取考试费。复审考核考试费标准,按每人每次除考务费标准之外30元确定。考务费标准,按国家应急部办公厅文件确定的考务费标准执行。

三、执收单位收取考试费应全额缴入省级国库,列政府收支分类科目一般公共预算"缴入国库的应急管理行政事业性收费(103041850)"科目。具体缴库方式按省级财政有关规定执行。考务费应按照国家有关缴库方式全额缴入中央国库。

四、执收单位应使用省财政部门统一监(印)制的财政票据。

五、执收单位应严格执行上述规定，不得擅自增加收费项目、扩大收费范围、提高征收标准；严格执行收费公示规定，自觉接受财政、发展改革、市场监管、审计等部门监管。

六、省设立的"特种作业人员考核考务费""煤矿特种作业人员考核考务费"项目取消，相关征管政策同时废止。

七、本函自2022年1月1日起执行。

特此函复。

辽宁省财政厅 辽宁省发展和改革委员会(印章)

2021年10月18日

(资料来源：辽宁省财政厅官网)

例文3

教育部办公厅关于同意在浙江师范大学设立
国家孤独症儿童特殊教育资源中心的函

浙江省人民政府办公厅：

《浙江省人民政府办公厅关于申请创建孤独症儿童国家级特殊教育资源中心的函》(浙政办函〔2023〕50号)收悉。经研究，现将我部意见函复如下。

按照《国务院办公厅关于转发教育部等部门"十四五"特殊教育发展提升行动计划的通知》(国办发〔2021〕60号)关于"依托高校和科研机构建设若干个国家级特殊教育资源中心"的要求，同意在浙江师范大学设立国家孤独症儿童特殊教育资源中心。

希望你省加强对中心的组织领导，强化政策支持和人财物保障，建立完善长效工作机制，全面支持浙江师范大学充分利用好平台优势，产出高水平成果，发挥引领示范作用，服务孤独症儿童教育高质量发展的重大需求及任务。我部将和你省加强协调联动，建立工作任务落实和重大问题协同推进机制，进一步加强政策扶持、项目倾斜和具体指导，做好工作落实情况的监测评估。

(联系人及电话：教育部基础教育司黄××010-××××××××)

教育部办公厅(印章)

2024年1月8日

(资料来源：中华人民共和国教育部官网)

例文4

教育部办公厅关于同意大连等地承办
国际中体联足球世界杯的函

辽宁、江苏、海南省教育厅：

海南省人民政府、辽宁省教育厅、江苏省教育厅申办国际中体联足球世界杯的函收悉。

根据《教育部办公厅关于遴选国际中体联足球世界杯承办单位的通知》(教体艺厅函〔2023〕3号)要求，经专家书面材料评审和实地考察，同意辽宁省大连市承办2024年第一届、江苏省苏州市承办2026年第二届、海南省承办2028年第三届国际中体联足球世界杯。

请按照"简约、安全、精彩"的办赛原则，认真落实赛事承办要求，做好各项筹办工作，将国际中体联足球世界杯办成具有中国特色、时代气息、青春风采的国际体育盛会，为校园足球高质量发展做出更大贡献。

专此函达。

教育部办公厅(印章)

2023年11月29日

(资料来源：中华人民共和国教育部官网)

例文5

民政部关于在全国性社会组织中
开展"僵尸型"社会组织专项整治行动的函

各全国性社会组织业务主管单位：

近年来，全国性社会组织不断加强党建工作、提升自身建设水平，在促进经济发展、繁荣社会事业、创新社会治理、助力脱贫攻坚、参与抗击疫情等方面发挥了积极作用。同时也要看到，全国性社会组织还存在一部分连续不参加年检、不开展业务活动、无法取得联系的"僵尸型"社会组织。这些组织挤占社会资源，耗费行政管理成本，存在潜在风险，影响了社会组织健康有序发展。为深入贯彻习近平总书记关于着力防范化解重大风险的重要讲话精神，贯彻落实中共中央办公厅、国务院办公厅《关于改革社会组织管理制度促进社会组织健康有序发展的意见》决策部署，落实发展改革委等部门《加快完善市场主体退出制度改革方案》关于社会组织退出的工作要求，现决定在全国性社会组织中开展"僵尸型"社会组织专项整治行动。有关要求如下：

一、总体目标

坚持以习近平新时代中国特色社会主义思想为指导，深入学习贯彻习近平总书记在庆祝中国共产党成立100周年大会上的重要讲话精神，全面贯彻落实党的十九大和十九届二中、三中、四中、五中全会精神，通过专项整治行动，对全国性社会组织进行一次深度检查，清除一批名存实亡的社会组织，整改一批内部混乱的社会组织，激活一批效能不高的社会组织，进一步优化社会组织结构，净化社会组织发展环境，防范化解社会组织风险，促进社会组织高质量发展，走好中国特色社会组织发展之路。

二、整治对象及范围

本次整治对象为在民政部依法登记的全国性社会团体、基金会、民办非企业单位，包括国际性社团和外国商会。符合下列情形之一的，纳入本次整治范围：

(1) 连续未参加2019年度、2020年度检查(年报)的社会组织；

(2) 自取得登记证书之日起1年未开展活动的社会组织；

(3) 自2019年1月1日以来，未按照章程规定的业务范围对外开展业务活动的社会组织；

(4) 通过登记的住所、法定代表人等方式无法取得联系的社会组织。

三、主要措施

(1) 撤销登记。对存在撤销登记情形的社会组织，登记管理机关依法及时予以撤销登记。

(2) 吊销登记证书。对存在吊销登记证书情形的慈善组织，登记管理机关依法予以吊销登记证书。

(3) 注销登记。对符合注销登记情形的社会组织，业务主管单位督促并指导社会组织成立清算组开展清算工作后，按法定程序办理注销登记手续。

(4) 限期整改。对可以通过整改激活的社会组织，业务主管单位等相关部门指导社会组织提出合法合规、切实可行的整改方案(包括改正、重整、合并、更名等方式)，包括具体的整改措施、明确的整改期限和责任人等。

四、实施步骤

(1) 工作部署阶段(8月上旬)：各业务主管单位根据工作实际，可自行制定实施方案，做好工作部署。

(2) 摸底自查阶段(8月中下旬)：各业务主管单位结合2019年度、2020年度检查(年报)，对社会组织进行调查核实，确定整治社会组织名单，逐个明确整治措施、步骤和时限。

(3) 集中整治阶段(9月—11月)：按照"谁主管、谁负责"的原则分类进行整治，涉及社会组织限期整改的，由业务主管单位督促指导完成整改；涉及社会组织变更登记、撤销登记、吊销登记证书、注销登记的，业务主管单位按照法定职责履职后，由登记管理机关依法启动相应程序办理。

(4) 工作总结阶段(12月)：12月15日前，各业务主管单位总结整治工作情况，形成书面总结(包括工作开展情况、取得的实效、经验做法、困难和问题、意见建议等，有实例、有数字、有亮点，不超过4000字)，并填写《"僵尸型"社会组织专项整治行动汇总表》(见附件)报送民政部社会组织管理局，同时发送电子版至电子邮箱。民政部将对需要进一步整治的，按照情形分类向社会公布名单，推进整治工作纳入常态化；对存在列入活动异常名录情形的，列入活动异常名录。

五、工作要求

(1) 加强组织领导。各业务主管单位要高度重视，提高政治站位，充分认识专项整治行动的重要意义，增强"四个意识"，坚定"四个自信"，做到"两个维护"，强化责任担当，确保整治行动取得实效。

(2) 依法稳妥推进。此次整治行动时间紧、任务重，涉及面广、政策性强、社会关注度高，要坚持依法依规开展，做到措施有力、方法务实，稳妥推进、风险可控，积极引导无效、低效社会组织依法有序退出，提高社会组织整改、出清的质量和效率。

(3) 强化沟通协调。有关部门和单位要加强沟通联系、协同配合，对专项整治行动中出现的相关难点问题，要共同研究解决，形成工作合力。要及时沟通进展情况，每两周将进展信息报送民政部社会组织管理局。

(4) 形成长效机制。各业务主管单位要加强宣传和引导，营造有利于整治工作的良好氛围。要及时总结整治工作有益经验做法，研究建立"僵尸型"社会组织的预防、监管和执法相结合的长效机制，推动社会组织健康有序发展。

附件："僵尸型"社会组织专项整治行动汇总表

民政部(印章)

2021年7月27日

(资料来源：中华人民共和国民政部官网)

第九节　千家文，尽泛黄
——纪要

谢达作在机关工作认真严谨，得到了同事和领导的肯定和夸赞，他倍有成就感，这也多亏了《应用文写作》对他的帮助。达作端着咖啡，还沉浸在昨日被领导表扬的喜悦中呢！正出神，章主任风风火火地走了进来，达作慌乱地起身，咖啡沿着杯壁洒了出来，晕染在衣服上。章主任哈哈一笑，"年轻人，做什么美梦呢，醒醒啊！昨天咱们单位的工作会议材料归档了吗？"达作说道："主任，昨天就归档啦！""哈哈，好，今天又要挑战新任务啊，写一份《S市×××会议纪要》。"钱主任递给谢达作一摞资料，边走向门口边说，"好好研究研究，会议记录和会议纪要有什么不同，理清思路再下手写，别弄混淆了。"达作接过资料放到后面的书架上，待回过头来想出门相送时，只看见钱主任匆忙的背影。

资深的业界前辈都这样专注事业，达作深受感染。刚才主任提醒要注意会议记录与会议纪要的异同，达作急忙把书找出来，准备研究一番。

一、纪要的含义

纪要是记载会议主要情况和议定事项的党政机关公文。纪要也称会议纪要，是在会议记录的基础上整理而成的会议文书。纪要对撰文者的能力和水平要求比较高。

二、纪要的特点

(一) 内容的纪实性

会议纪要要如实地反映会议内容，它不能离开会议实际再创作，否则就会失去其内容的客观真实性。

(二) 表达的提要性

会议纪要是根据会议情况整理、提炼和概括而成的，因此撰写会议纪要时，应围绕会议主旨及主要成果，重点放在介绍会议成果，而不是叙述会议的过程。

(三) 称谓的特殊性

会议纪要一般采用第三人称来写。由于会议纪要反映的是与会人员的集体意志和意向，常以"会议"作为表述主体，使用"会议认为""会议指出""会议决定""会议要求""会议号召"等惯用语。

三、纪要的分类

(一) 办公会议纪要

办公会议纪要主要用于记载和传达领导的办公会议决定和决议事项。如果办公会议纪要中涉及有关部门的工作，可将会议纪要发给他们，并要求其执行。

(二) 工作会议纪要

工作会议纪要多用以传达重要的工作会议的主要精神和议定事项，有较强的政策性和指示性。

(三) 协调会议纪要

协调会议纪要多用于记载协调性会议所取得的共识以及议定事项。其内容对与会各方有一定的约束力。

(四) 研讨会议纪要

研讨会议纪要主要记载研究讨论性或总结交流性会议的情况。写作这类会议纪要时，要求全面客观，除反映主流意见外，如有不同意见，也应整理进去。

四、纪要的写法

会议纪要一般由版头、标题、正文组成。

(一) 版头

纪要的版头不同于一般党政机关公文的版头，由标题、编号、编制单位、编制日期构成。其中，标题为必备项，其他内容可视情况使用。

纪要的标题一般由发文单位名称、会议名称和文种构成。纪要的编号可以由发文机关代字、年份、序号组成，如辽政〔2023〕7号；也可灵活编制，一般的办公会议纪要对文号不做必须的要求，便于归档、查询即可，如"第××期""第××次"。纪要的编制日期指成文时间，即会议通过的时间或领导人签发的时间，一般在版头标题下居中位置用括号注明，也可写在文章尾部的主办单位下面。

(二) 标题

会议纪要主要有两种标题形式：第一种是直接的会议名称加"纪要"两个字，如《销售部第一季度营销工作会议纪要》《铜鼓县十七届人民政府第三十五次常务会议纪要》；第二种是将会议的主要内容、核心直接作为标题，如《关于加强员工内部管理的会议纪要》。

(三) 正文

会议纪要的正文一般由开头、主体、结尾组成。

1. 开头

纪要的开头要对会议做一个概述，包括会议时间、地点、主持人、参会人员、记录人员、会议议题及主要会议内容。

2. 主体

主体是会议纪要最重要的部分。写作会议纪要主体部分时，要抓住会议的核心内容、主要精神进行归纳总结，应写已经通过的达成一致的内容，仍存在异议、尚未解决的问题则暂时不列入其中。写作会议纪要时，不应带入自己的主观思想，应按照其核心内容、结论进行陈述。纪要写作要求语言简要，条理清晰，一目了然，一般由"会议指出""会议要求""会议讨论"等语句引出下文。常见的会议纪要的主体有以下几种写法。

(1) 集中概述法，即把会议的基本情况，讨论研究的主要问题，与会人员的认识、议定的有关事项(包括解决问题的措施、办法和要求等)，用概括叙述的方法进行整体的阐述和说明。一般小型会议，且讨论的问题比较集中单一、意见比较统一、得出的措施容易贯彻的会议适用于集中概述法纪要。

(2) 分项叙述法。大中型会议或议题较多的会议，一般要采取分项叙述的办法进行总结，即把会议的主要内容分成几个大的问题，然后加上标号或小标题，分项来写。分项叙述法的纪要侧重于横向分析阐述，内容相对全面，问题也说得比较细，常常包括对目的、意义、现状的分析，以及目标、任务、政策措施的阐述，适用于记录需要基层全面领会、深入贯彻的会议。

(3) 发言提要法，即把会上具有典型性、代表性的发言加以整理，提炼出内容要点和精神实质，然后按照发言顺序或不同内容，分别加以阐述说明。这种写法的纪要能如实地反映与会人员的意见，适用于记录某些根据上级机关布置、需要了解与会人员不同意见的会议。

3. 结尾

在会议纪要结尾，可提出一般性的希望、号召，也可要求有关单位认真贯彻执行会议精神，努力完成会议提出的各项任务。有的会议纪要不再单写结尾，写完会议精神和决定部分就戛然而止，结束全文。会议纪要的结尾部分还可列出出席人和列席人。

五、纪要的写作要求

(一) 会议之前

1. 明确会议目的和阅读对象

专题会议的会议纪要要将会议重要事项告知涉及部门或报送更高级别领导，使其了解本次会议的内容、决议，尤其让领导审批或拍板。这种会议一般为了协调某些跨部门的重大事项，目的性强，会议纪要传递的信息非常关键，所以写作前要了解这个会议召开的目的和通过会议将要传递的信息、确定的事情，然后在纪要中突出。

在例行会议的会议纪要中，要明确近期需落实事项，统一思想、传递任务、碰撞火花，敦促参会人员执行相关事宜，所以要事先对任务事项有所了解，会议中专注于捕捉主要事项及负责人员，将相关项目或事项、时间限制、相关负责人清晰列明。

2. 全面做好会议准备

一是掌握会议议程、了解参会人员信息，必要时还需要通过邮件等方式提醒参会时间、会议议题，发送会议相关议程材料；二是掌握参会人员联系方式；三是掌握会议室电话、视频使用技巧。

(二) 会议过程中

1. 录音

每场会议尽量录音，一来起草纪要时方便查询，二来可将录音存档，有备无患。

2. 做笔记

在了解会议的目的、议程的基础上，理清领导的思路和逻辑，抓住要点，准确领会并记录领导的讲话意见，记录关键词句。

(三) 会议纪要起草时

1. 注意挖掘背景信息

提及会议外的相关议题时，必要时增加一两句话语交代背景信息，让未参会人员、上级领导能够理清事情的来龙去脉。

2. 注重行文逻辑主次

理清会议思路，按照会议议程展开。撰写纪要时，不能按时间的先后顺序记流水账，要注意会议纪要与会议记录的区别，要注重语言的提炼和逻辑的重组。

3. 注重语言风格

会议纪要一般不能过于直白，但也不宜虚话连篇，同时注意措辞严谨。

六、会议记录与会议纪要的区别

会议纪要有别于会议记录，两者的主要区别有以下几点。

(一) 性质不同

会议记录是讨论发言的实录，属事务文书。会议纪要重在记录会议结论，是党政机关公文。

(二) 功能不同

会议记录一般不公开，无须传达或传阅，只作资料存档。会议纪要通常要在一定范围内传达或传阅，要求贯彻执行。

(三) 适用对象不同

作为历史资料的会议记录，不允许公开发布，只是有条件地供需要查阅者查阅利用。作为公文的会议纪要，具有传达告知功能，因而有明确的读者对象和适用范围。

(四) 称谓用语不同

在会议记录中，发言者怎么说的，就怎么记；会议怎么进行的，就怎么写，贵在"原汤原汁"不走样。会议纪要通常采用第三人称的写法，以介绍和叙述情况为主。

👤 **例文1**

铜鼓县十七届人民政府第三十五次常务会议纪要

2022年12月5日，县人民政府县长熊小亮同志主持召开了县十七届人民政府第三十五次常务会议，现将会议研究的事项纪要如下。

一、会议听取了铜鼓县2022年政务公开工作情况汇报

会议强调，全县政府系统要把政务公开工作摆在更加突出的位置，坚持以公开为常

态、不公开为例外，提高政策公开知晓率，更好地发挥以公开促落实、强监管功能，切实做到依法、及时、准确公开。要扩大重点领域信息公开广度，提升依申请公开回复温度，提高政策文件解读精度，加快事项目录编发速度，加大公开平台建设力度，不断提高政务公开质量和实效。要以问题为导向抓好整改，对照政务公开工作要点及省、市考核评估标准，定期自查，及时整改，力争在省、市排名进位争先。

二、关于《〈铜鼓县"生态卫士"综合执法改革实施方案〉及相关事项》

会议听取并审议了县公安局黎会相关于《〈铜鼓县"生态卫士"综合执法改革实施方案〉及相关事项》有关问题的汇报。

会议决定，原则同意提交会议审议的《〈铜鼓县"生态卫士"综合执法改革实施方案〉及相关事项》(铜公字〔2022〕184号)，请县公安局根据会议意见修改完善后提交县委常委会议审议。

三、关于《招商居间服务合作协议》

会议听取并审议了县商务局刘振兴关于《招商居间服务合作协议》有关问题的汇报。

会议决定，原则同意提交会议审议的《招商居间服务合作协议》，请县商务局、工业园区管委会根据会议意见修改完善并经法律顾问审核把关后，由县工业园区管委会与中海海洋建工集团产业孵化器股份有限公司依法依规按程序签订合作协议。

四、关于安排寨上桥至三八桥段河堤修复经费的问题

会议听取并审议了县水利局张国庆关于安排寨上桥至三八桥段河堤修复经费有关问题的汇报。

会议决定，原则同意县财政据实安排寨上桥至三八桥段河堤修复经费，请县水利局、财政局、发改委等有关单位依法依规按程序办理有关手续。

五、关于解决秋收起义铜鼓纪念馆维修加固所需经费的问题

会议听取并审议了县文广新旅局陈龙关于解决秋收起义铜鼓纪念馆维修加固所需经费有关问题的汇报。

会议决定，原则同意县财政据实安排秋收起义铜鼓纪念馆维修加固所需经费，请县文广新旅局、财政局、住建局等有关单位依法依规按程序办理有关手续。

六、关于铜鼓文旅对外宣传推介有关事项的问题

会议听取并审议了县文广新旅局陈龙关于铜鼓文旅对外宣传推介有关事项问题的汇报。

会议决定，为深入实施"文旅兴县"战略，擦亮"长寿铜鼓、康养胜地"名片，做大做响铜鼓文旅品牌。

1. 原则同意由铜发集团安排资金在杭长高速奉铜段582km+980m处和杭长高速奉铜段624km+480m处建设高速跨街桥桥媒广告。

2. 原则同意由铜发集团安排资金在南昌西高铁出站口投放灯箱广告1个，南昌市1、2号线地铁12个站LED电子显示屏1个(12屏联播)。

3. 请县文广新旅局、财政局、铜发集团等有关单位依法依规按程序办理有关手续。

七、关于《铜鼓县教育费附加2022年第一批资金分配方案》

会议听取并审议了县教体局孙桃基关于《铜鼓县教育费附加2022年第一批资金分配方案》有关问题的汇报。

会议决定，原则同意提交会议审议的《铜鼓县教育费附加2022年第一批资金分配方案》(铜教体请字〔2022〕69号)，请县教体局、财政局、审计局等有关单位依法依规按程序办理有关手续。

八、关于铜鼓县部分校园建设项目增加工程量的问题

会议听取并审议了县教体局孙桃基关于铜鼓县部分校园建设项目增加工程量有关问题的汇报。会议决定：

1. 原则同意增加铜鼓县排埠镇中心小学附属工程项目预算122.67万元，经第三方跟踪审计现场计量把关后，计入项目总结算，最终造价以财政审计为准。

2. 原则同意增加铜鼓县排埠高陂小学教学楼与宿舍工程建设项目预算134.2万元，经第三方跟踪审计现场计量把关后，计入项目总结算，最终造价以财政审计为准。

3. 原则同意增加铜鼓县第三幼儿园建设项目预算352.16万元，经第三方跟踪审计现场计量把关后，计入项目总结算，最终造价以财政审计为准。

4. 原则同意铜鼓县排埠镇中心小学附属工程项目、铜鼓县排埠高陂小学教学楼与宿舍工程建设项目和铜鼓县第三幼儿园建设项目签订补充协议，请县教体局根据会议意见修改完善并经县政府法律顾问审核把关后，依法依规按程序签订。

5. 请帅江同志、刘长检同志牵头组织县财政局、发改委、审计局、住建局、铜发集团等有关单位，提出政府性投资项目因规划设计缺项、失误等原因导致项目投资增加的惩戒方案，并提交县政府审议。

九、关于工业园区污水管网修复的问题

会议听取并审议了县工业园区管委会时辉关于工业园区污水管网修复有关问题的汇报。

会议决定，原则同意由县财政统筹安排工业园区污水管网修复所需资金，具体金额以结算审计为准，请县工业园区管委会、财政局、发改委、工信局、城管局、生态环境局等有关单位依法依规按程序办理有关手续。

十、关于5G智能机器人、日产30万支锂电池两个投资项目落地相关支持政策的问题

会议听取并审议了县工业园区管委会时辉关于5G智能机器人、日产30万支锂电池两个投资项目落地相关支持政策有关问题的汇报。

会议决定，原则同意提交会议审议的《关于5G智能机器人、日产30万支锂电池两个投资项目落地相关支持政策的请示》(铜工业园字〔2022〕43号)，请县工业园区管委会、财政局、商务局、工信局、发改委、应急管理局、生态环境局、铜发集团和排埠镇等有关单位依法依规按程序办理有关手续。

十一、关于解决开展国家重点生态功能区县域生态环境质量监测及考核评价工作相关经费的问题

会议听取并审议了县生态环境局邹业文关于解决开展国家重点生态功能区县域生态环境质量监测及考核评价工作相关经费有关问题的汇报。

会议决定，原则同意将我县国家重点生态功能区县域生态环境质量监测、评价、考核经费纳入年度财政预算，每年所需经费控制在150万元以内，请县生态环境局、财政局等有关单位依法依规按程序办理有关手续。

十二、关于《铜鼓县"十四五"生态环境保护规划》

会议听取并审议了县生态环境局邹业文关于《铜鼓县"十四五"生态环境保护规划》有关问题的汇报。

会议决定，原则同意提交会议审议的《铜鼓县"十四五"生态环境保护规划》(铜环字〔2022〕85号)，请县生态环境局根据会议意见修改完善后以县政府名义印发执行。

(资料来源：铜鼓县人民政府官网)

例文2

南京市雨花台区政府常务会议纪要

2023年2月18日(星期六)上午10：20，李方毅区长在区级机关10楼会议室主持召开区政府常务会议，会议听取了区司法局、人武部、谷发展公司、开发区管委会等有关单位的情况汇报，并就相关工作进行了研究部署，议定纪要如下。

一、关于审议《雨花台区2022年法治政府建设工作报告(送审稿)》事宜

会议原则同意《雨花台区2022年法治政府建设工作报告(送审稿)》，区司法局根据会议要求修改完善，按照规定流程办理发文程序。

会议要求：一是提高思想认识。各单位要进一步提高思想认识，切实提高依法行政水平，为法治政府建设示范市创建贡献雨花力量；二是强化责任落实。各单位主要负责人要切实履行法治建设第一责任人职责，不断优化政府职责体系，全面依法履行政府职能；三是加大保障力度。相关单位要强化宣传引导，提高全民法治意识，形成合力建设法治政府的良好局面。

二、关于全区征兵工作事宜

会议原则同意全区征兵工作事宜，区人武部根据会议要求修改完善。

会议要求：一是提高政治站位。征兵工作是一项政治性任务，各单位要以高度的紧迫感抓好工作落实。二是强化责任意识。各单位要充分认识到今年征兵工作的压力，尤其关注新增硬性指标，以高度的责任感推进任务完成。三是密切协作配合。区人武部、教育局等部门与各街道、开发区要做好宣传发动，合力推动工作开展。四是守好廉洁底线。各相关单位要严格落实征兵纪律规定，坚决守住廉洁底线。

三、关于谷发展公司启动推进菁英公寓保障性租赁住房公募REITs事宜

会议原则同意谷发展公司启动推进菁英公寓保障性租赁住房公募REITs事宜，谷发

展公司按照会议要求修改完善后，提请区委常委会议审议。

会议要求谷发展公司：一是加快推进，力争将项目打造为全市保障房领域公募REITs的首批次项目；二是规范程序，按照规定流程履行公开招投标程序；三是做好推广，结合科创金融做好宣传，争取让更多相关金融资源、机构产品与创新机制在雨花落地。

四、关于南京数字出版基地发展投资有限公司参与工业房屋、土地等不动产法拍事宜

会议原则同意在授权额度范围内，南京数字出版基地发展投资有限公司参与工业房屋、土地等不动产法拍事宜。开发区管委会根据司法、审计、财政、国资集团等单位意见修改完善后，提请区委常委会议审议。

一是确保规范操作。区司法局、财政局、国资办、审计局等单位要加大业务指导，严格按照司法拍卖程序完善各项流程。二是做好资金管控。开发区要做好资金统筹，坚守财务红线，做好分析测算，平衡财务成本。三是高标准项目运作。开发区要在启动的同时开展设计、招商、运作等程序，与投促、招商等相关单位做好协同配合，最大限度缩短前期运作时间，确保收益效率。四是加快低效用地再开发、再利用。开发区要盘活更多相似地块，促进片区土地增值。

出席：(略)

(资料来源：南京市雨花台区人民政府官网)

章节训练

1. 区分党政机关公文格式中的几个概念。

   (1) 份号和发文字号。

   (2) 附件和附注。

   (3) 发文机关、主送机关、抄送机关、印发机关。

2. 党政机关公文的版头、主体、版记分别包括哪些要素？

3. 表彰先进时，应选择的文种是决定还是通报？

4. 通告、通知、通报在用途上有什么区别？

5. 通报和报告在用途上有什么不同？

6. 请示和报告有哪些不同？

7. 会议纪要和会议记录有什么不同？

8. 修改下列标题。

   (1) 市教育局批转《市教育局关于开展"书香进校园"活动实施方案》的通知

   (2) 国务院办公厅印发《文化部中国传统工艺振兴计划》的通知

   (3) 关于沈阳市人民政府表彰劳动模范和模范集体的通报

   (4) 南湖大学关于做好新生入学工作的通报

   (5) 关于申请采购多媒体设备经费的请示

(6) 关于校园消防安全检查情况的通知

(7) 某市关于增加青少年科创基地建设经费的报告

(8) 某校关于遭受洪水侵害情况的请示

(9) S大学关于选派教师到新华街道挂职锻炼的通知

9. 指出下列文章中的错误，并改正。

南湖大学关于印发《南湖大学奖学金评定方案》的通知

各学院全体同学：

　　现将《南湖大学奖学金评定方案》印发给你们，当否，请遵照执行。

南湖大学教务处

2024.5.10

新华中学要求解决学生寝室拥挤问题的请示

市人民政府、市教育局：

　　我校近年发展迅速，在校生人数急剧增加，现有寝室数量已无法容纳和满足学生基本需求。住宿环境也严重影响着学生的身心健康。为解决这一困难，我校急需建一栋学生寝室楼，特请求适当资金支持，以缓解学生寝室拥挤现状。

　　另，我校图书馆也不能满足同学们的读书需要，望上级部门也一并给予支持。特此请示，请速回复。

新华中学(印章)

2024年11月30日

10. 根据材料，请代A县第一中学给A县教育局拟写一份报告。

2024年8月，A县发生特大洪水灾害。该县第一中学的一幢学生宿舍楼被洪水冲塌，一幢教学楼被冲塌一半，物理和化学实验室均被毁，学校图书馆10万多册书籍被洪水浸泡。时值暑假，学校仅有5名值班人员。水灾发生突然，值班人员无法也无力抢救，幸无人员伤亡。

11. 根据材料，请代新源公司拟写一份通报。

李纪现为新源公司后勤部男性职工。他长期工作散漫，责任心不强，经常脱岗。2024年5月，李纪无故旷工累计7天。在此期间，办公室打印机故障未能及时报修，导致重要客户来访时，合同未能及时打印，影响了部门的工作效率，影响了公司的整体形象。公司决定对李纪通报批评，并扣除其5月份的奖金和绩效津贴。

第三章 | 菁菁校园篇

第一节　志向决定命运
——计划

初秋时节，黎明时分，应晓文走在S大校园明心湖边的林荫路上，高大挺拔的银杏树印证着S大风雨荣光的历史。每当应晓文需要潜心思索时，就会来到这里。此时，自豪感在应晓文心中油然而生，她在心底默念着，我是一名S大人，我要无愧于这所积淀百年、桃李芬芳的学府。

作为上任的学生会宣传部部长，应晓文要确定宣传部这一学期的工作安排，这使她颇为费神。湖边雾气弥漫开来，像一层薄纱，如同她的思绪一样理不清、剪还乱。这是上任后的第一项工作，决定着学生会宣传部这一学期的工作走向！想到这里，晓文有些激动。晓文告诉自己，冷静，要冷静，别着急，一步步来，上学期学过计划的写法呀！计划要切实可行，必须建立在客观真实的基础上，我要先到学校网站深入调查研究，把握S大的方针大计，研究这一学期学校的工作导向；再去找学长请教以往S大学生会的工作部署；之后结合这学期学生工作的实际情况，预估未来工作的发展趋势；先写出计划的讨论稿，然后和部门小伙伴一起讨论，最终定稿。对，计划还要全面、合理，要不然很难在具体工作中落实呢！

不知不觉，雾渐渐地淡了，清晨的阳光透过枝繁叶茂的银杏树，细细碎碎地落在晓文年轻的脸上，应晓文仿佛闻到了桃李的芬芳。

一、计划的含义

计划是行政机关、企事业单位、社会团体或个人结合实际情况对未来的工作任务预先做出打算和安排的文书。

在现实工作生活中，计划的范畴较为宽泛，规划、计划、纲要、要点、意见、工作要点、打算、设想、安排、方案等，均属于计划。其中，时间较长，范围较广，在工作步骤和实施措施方面较概括，且不做具体安排，强调宏观指导意义的计划，可称为规划、纲要、要点等；时间较短，根据决策目标做出具体可行的安排，可称为计划、方案、意见、安排等；内容只限定为初步的、意向性的、较粗略的计划，则称为打算、设想等。

二、计划的分类

按照不同的标准，计划可划分不同的类别。

按计划的内容性质，可分为工作计划、学习计划、教研计划、生产计划等。

按计划的使用范围，可分为单位计划、小组计划、个人计划、团队计划等。

按计划的时间长度，可分为年度计划、学期计划、季度计划、月份计划、周计划等。

按计划的写作形式，可分为文字式计划、表格式计划。

三、计划的特点

(一) 目的性

计划是在预测的基础上对未来工作和任务做出的构想，也是对未来工作做出的部署。为了克服工作中的盲目性，制订计划时目的要明确直接，即针对计划完成时间、任务宗旨、绩效目标，进行明确直接的拟定。否则，计划就失去了为完成某项任务而制订的意义。

(二) 指导性

计划是在深刻理解党和国家的方针政策、把握政策导向的基础上制订的，要结合本地区、本部门各方面的实际情况，深入调查研究，充分把握现状，反复认真论证，科学预判未来工作的发展趋势，并对具体工作全面安排的合理化建议。计划是对现实生活工作具有指导性的文书，计划制订后，应依据计划开展工作。

(三) 可行性

计划是在未来工作进程中对可能出现的问题和困难做出的科学预判，从而提出的解决措施和方案。计划的制订是为了发挥计划的指导作用，确保有序高效地完成任务，所以，计划必须具有科学客观、切实可行的特点。计划制订的方法要得当，措施要能解决实际问题，步骤要具体可操作。否则，计划将成为一纸空文，被束之高阁。

四、计划的内容与写法

计划包括标题、正文和落款三部分。

(一) 标题

计划标题通常有两种形式：一种是公文式，另一种是文章式。

1. 公文式标题

公文式标题分为两种：完全式标题和不完全标题。

(1) 完全公文式标题。完全公文式标题须写明四个要素：制发单位名称、适用时间、计划内容、计划种类，例如《新华大学2024年就业工作计划》。

(2) 不完全公文式标题。不完全公文式标题，可以采用以下形式：省略制发单位名称，由适用时间、计划内容、计划种类构成，例如《2024年青年人才培养计划》；省略适用时间，由制发单位名称、计划内容、计划种类构成，例如《北京体育场馆建设规划》；省略制发单位名称、适用时间，由计划内容、计划种类构成，例如《销售计划》。

如果计划还需要经过讨论才能定稿，应该在标题后面以括号注明"征求意见稿""初稿""草案""讨论稿"等。

2. 文章式标题

文章式标题为表明计划内容、目的、意义等旨向的简短语句，例如个人计划《我的未来不是梦》，单位计划《黎明即起》。

(二) 正文

正文是计划的核心部分，一般由开头、主体、结尾三部分构成。

1. 开头

开头主要介绍计划的实施背景、实施目的、指导思想、制定依据或总体要求。计划的开头要精练概括、简明扼要，可以加入过渡语言"现计划如下"，以便引入下文。

2. 主体

计划的主体部分一般包括任务目标、实施步骤、保障措施三方面内容。

(1) 任务目标。任务目标是工作或活动要达到的标准和要求，包括任务内容、指标数据等。在这一部分，要具体明确地落实工作数量、质量、效率、效益等指标；提出的目标要清晰明确、切实可行；提出的任务要确定重点、分清主次；不要使用"取得更大进步""获得较好成绩"等模糊表述，应量化目标，便于任务分解。

(2) 实施步骤。实施步骤是为达成目标所设计的具体操作程序以及时间流程，包括完成任务的阶段划分、先后顺序和各项任务的完成时限等。

(3) 保障措施。保障措施是为达成目标而采取的办法，包括采取的手段、创造的条件、运用的方法、明确的分工等。在这一部分，要具体说明为实现目标、完成任务所采取的具体方法、措施，人力，以及物力、财力的调配运用情况，有关部门的具体分工，不同时限达到的具体要求等。

3. 结尾

计划的结尾可以点明工作重点，强调主要环节；也可以说明注意事项，分析可能出现的问题；还可以提出希望与号召，激励大家为完成计划而努力奋斗。计划的结尾要言简意赅，自然收束，有鼓动性，彰显号召力。根据计划内容，也可省略结尾语。

(三) 落款

计划的落款一般有两种方式。第一种是落款写在正文的右下方：若是单位计划，标注制发单位名称与成文日期；若是个人计划，签署撰写者名字与成文日期。第二种落款方式是将成文日期写于正文的右下方，制发单位或个人名字写在标题下一行，并居中排列。

五、计划的写作要求

(一) 从实际出发，客观预测

古语说："凡事预则立，不预则废。"事先拟定较为周密的计划是出色完成工作任务的前提。任何单位和个人在编制计划前，都应先从实际出发，根据党的路线、方针、政策和上级的指示精神，再结合本单位和个人的情况，抓住需要解决的主要问题，充分考虑个体差异和现实条件制订计划。因为这样制订的计划才切实可行。

(二) 量力而行，留有余地

制订计划时，应持有科学的态度，量力而行，留有余地，既不能将计划任务拟定过高，以至于在实际执行过程中难以企及；也不能拟定过低，失去计划在现实中的指导意义。要积极稳妥，应对可能出现的困难和突发情况，进行科学的预判，适当留出调整空间。

(三) 便于实施，条理明晰

计划内容要具体明确，便于实施、检查。如果将计划写得空泛不清，难以把握，就会流于形式，无法落实，失去了计划的指导意义。因此，制订计划时，无论是写任务、目标、要求，还是写措施、方法、步骤，都要写得具体明确，同时要把握住工作重点或主要问题，避免事无巨细、庞杂无序。

例文1

2023—2024学年第一学期读书计划

走进大学校门，展现在我面前的是一片广阔的知识海洋。通过本专业知识的学习，我发现了自己知识储备方面的匮乏。为了开拓视野，养成良好阅读习惯，提高自己的阅读能力和写作水平，增强自身的文化底蕴，特制订读书计划如下。

一、阅读目标

本学期计划完成150万字的阅读任务，主要包括三方面内容。

文学类：《平凡的世界》路遥110万字，1251页

经管类：《策略思维》阿维纳什•K.迪克西特35.6万字，350页

新闻阅读：每天阅读人民日报、××论坛公众号

二、实施步骤

1.资料搜集阶段(9月10日—9月16日)

购买纸质书籍，搜索相关书评，了解作品写作背景及业界评价

咨询专业老师，关注权威专业网站和论坛。

2. 阅读阶段

《平凡的世界》(9月17日—11月11日)共计8周，每周读完157页

《策略思维》(11月12日—12月2日)共计3周，每周读完117页

《目送》(12月3日—12月16日)共计2周，每周读完134页

每天进行公众号和论坛阅读，与纸质书籍同步进行。

3. 总结阶段(12月17日—12月30日)

对本学年课外阅读情况进行总结，制订寒假阅读计划。

三、保障措施

1. 每天定量、周末调整

每天自习课和睡前坚持一小时的阅读。如遇特殊情况，在周末的时间进行调整，确保一周总阅读量不变。课间、午休等零碎的时间通过手机浏览网站及论坛。

2. 多读多记、深度思考

准备阅读笔记，随时记录心得和困惑。"学而不思则罔，思而不学则殆。"阅读不应停留在表面，应对精彩之处加以精读，同时不能盲目追求速度，要深入思考。边阅读边查阅书评，搜集不同观点，多角度吸取和借鉴优秀的观点。

3. 小组阅读、互相监督

与李想、王欣逸结成阅读小组，每天在微信群里打卡，互相督促、互相提醒。每周进行一次阅读心得交流与讨论。

阅读贵在坚持，重在思考。本学期的阅读重点是学会思考，改掉高中时浅层次的阅读习惯，争取通过这半年的阅读丰富专业知识、提高文学素养，养成良好的阅读习惯。

应晓文

2023年9月5日

例文2

大学英语四级备考计划

自从走进大学校园，老师和学长们就反复地强调，要尽早通过大学英语四级的考试。英语一直是我的弱项，高考时的成绩并不令人满意。为了能够按部就班地完成全部备考任务，争取顺利通过今年12月份CET-4考试，现制订复习计划如下：

一、备考目标

(一)总目标

在12月份的CET-4的考试中取得425分以上的成绩。

(二)分项目标

1. 基本掌握大纲要求的4500个单词，熟记700个高频词汇。

2. 提升听力水平，每套题能做对15道以上的题目，考试分数超过149分。

3. 掌握阅读理解的应试技巧，提升综合阅读能力，每套题能做对18道以上的题目，考试分数超过149分。

4. 掌握翻译和写作的应试技巧，提升表达能力，每个题型的考试分数超过64分。

二、复习步骤

(一) 基础复习阶段(9月1日—10月31日)

1. 每天保证至少2小时的学习时间。

2. 每天记单词20个，周记忆量至少为120个。10月15日前，必须完成700词的第一轮记忆，用红笔标注不会的单词。10月15日—10月31日开始700词的第二轮记忆，重点复习红笔标注部分。做到熟练掌握，会听、会写，掌握一词多义、掌握固定搭配。

3. 完成《大学英语四级阅读180篇》，每天4篇，每周保证完成24篇。

4. 每天保证15分钟的听力练习。

5. 熟悉《考点大突破》中的写作高频短语，时间可自由安排。

6. 《大学英语四级翻译30天速成胜经》，每天完成相应任务。10月把错题再做一遍。

(二) 强化提高阶段(11月1日—11月30日)

1. 完成4500词的复习，做到认识即可，会写更好。

2. 以《四级真题逐句精解》为基础，进行真题演练。3天完成一套。严格进行计时演练，重在分析错误原因，查缺补漏，发现之前复习盲点。

3. 熟悉写作方法和写作模板，每周写作2篇(真题)，学会灵活运用，积累句型，并不断修改用词、句式。

(三) 模拟冲刺阶段(12月1日—考试)

1. 700高频词最后一轮复习。

2. 再次背诵作文常用句型和相应模板。每周写作1篇作文。

3. 按照正式考试要求完成剩余的近1年的两套真题及模拟题，核对答案、看解析，发现问题，发现不足。

4. 坚持每天练习听力30分钟。

三、保障措施

(一) 听力——记生词、反复听

核对听力答案后，看一遍录音原文，将每道小题(包括答对的和答错的)的答案出处都在原文中标出，然后利用全天空闲时间(上下课路上、食堂排队等)反复听这一套题。晚上利用1小时，再跟读3~4遍，尽量做到听懂所有答案对应的原文出处。同时背诵题干和原文中的生词。

下载30篇VOA和BBC的慢速英语来应对新增的短篇新闻题型。慢速新闻英语同真题录音交叉反复听，利用晚上半小时听写3篇白天听过的新闻。

(二) 阅读——圈错题、找原因

在历年阅读真题的生词和语法问题都已经解决的基础上,把重点放在题目分析和答案解析上。做题时全神贯注,营造考试氛围,同时提醒自己在文中找到依据后再做选择。错题分析时要全面,认真分析题目的内容、正确选项的出处和干扰项的错误原因;同时标注做错的题目,每天重复回看,降低重复错误的概率。另外,在阅读中遇见的好句型要摘录下来,背诵记忆,化为己用。

(三) 翻译——抓主干、求通顺

做翻译真题时,可以先翻译中文句子中的主干部分,然后把其他次要信息分别译为补语、定语、状语和从句等成分。确定句子的主谓宾是最重要的一步,之外的内容都用从句或者非谓语结构表示,再根据内容和上下文调整时态语态,避免语法错误。

(四) 写作——背范文、动手写

保证每套题的写作文时间达到30分钟,并且写出一篇完整的文章。写完之后,先自己检查有没有单词拼写和语法错误,然后对比真题范文,分析其写作思路,找出自己的不足,最后把范文背诵下来。做完9套真题后,根据背诵的范文,总结出5套写作模板,以备考试时间不充裕、来不及构思时使用。

翻译和写作文章要主动找英语老师和英语高手帮助批改,因为这两个部分,本人批改很难发现句法等错误。

制订计划,贵在坚持。我相信,凭借对好成绩的渴望和学习团队的有效监督,我必将踏实认真地完成此计划,在明年春花绽放时收获一份理想的成绩单。

王欣逸

202×年9月25日

第二节　拨擢表象,反映真实的世界
——调查报告

S大大学生创新创业训练基地的203教室,飘荡着热烈的讨论声和开心的笑声。大学生创新创业中心资深指导王老师带领踌躇满志的课题组成员,预备冲击由S市团市委、S市高校大学生创业管理中心、S市教育局联合举办的S市第四届“希望杯”大学生创新创业年度大赛。该申报什么项目呢? 王老师鼓励的眼神扫过大家。应晓文激动地站起来,讲述了自己的思路:“今年文化阅读类节目的霸屏,不仅收视口碑双丰收,还掀起了全民阅读热,尤其央视的《朗读者》将值得尊重的生命和值得关注的文字完美结合,阅读不仅是个人行为,更是传播文化、传递情感、传承精神的载体。我市正在创建国际化名城,我们应该把握这一时代主题申报大学生创业立项。”

顷刻间四周安静了下来,继而响起了热烈的掌声! 王老师充分肯定了应晓文建构在时代大背景下的独特视角，不仅贴近大学生生活，还能撬动城市文明的杠杆。经过师生论证，以《面向国际化名城建设的S市大学生阅读情况深度调查》为题的创新创业项目基本确定。

王老师提醒大家：S市共有二十多所大学，学生基数大，调查涉及方面多，何况还要做深度调查，结题时要写出几万字的书面调查报告，任务量可不小！"我们不怕累！"声音透着年轻人的意气风发、势不可当。

王老师给大家讲起了一篇成功的调查报告的注意事项：必须要详尽调查课题对象，也就是S市大学生阅读的具体情况，前因后果、发展经过，以及被调查者的阅读观点、阅读态度、阅读方式；还要对调查搜集的大量材料展开分析，进一步总结，得出规律性的认识；再根据调查S市大学生阅读结果提出相应的意见措施；等等。

王老师看着充满干劲儿的同学们，不由得感慨：通过创新训练，大学生的创新能力在逐步提高，创新之路，这只是开始，任重而道远。

一、调查报告的含义

调查报告是运用科学的方法，有目的、有计划地对某一典型现象、典型问题或经验等进行系统的、深入的调查与分析之后写成的书面报告。调查报告也被称为"调查记""调查汇报""情况反映""情况介绍"等。

调查报告既可用来揭露问题、反映情况，也可用来推广经验，介绍新生事物，它是实际工作中使用频率非常高的文书。同时，由于调查报告能真实、详细地说明情况，深入、客观地反映问题，也是上级部门制定决策的重要依据。调查报告的写作能力常常被看作从事各项工作的基本能力之一。

二、调查报告的分类

根据调查对象和写作目的的不同，调查报告可分为以下几个类别。

(一) 典型经验调查报告

这类调查报告主要反映社会生产生活中取得的突出成绩，着重介绍先进经验及优秀典型，通过调查从中找出规律性的内容，以便日后推广普及。这类调查报告对日常工作有很大的参考价值和指导作用，使用频率较高，例如《靠名牌赢得市场——关于深圳市飞亚达(集团)股份有限公司的调查报告》《关于国营大中型企业推行承包制的调查报告》。

(二) 揭露问题调查报告

这类调查报告主要以社会弊端、不良现象或问题人物为调查对象，把揭露这些现象和剖析问题产生的深层原因作为主要目的。例如《天津市未成年人上网问题调查报告》《违规投资玷污希望工程　青基会负责人难辞其咎》。

(三) 社会情况调查报告

这类调查报告主要针对社会生活中衣食住行各方面的基本情况展开调查，对其发展变化和产生原因等进行深入分析与研究，可为上级机关或有关部门的决策制定提供参考和依据，例如《2024年全国研究生招生数据调查报告》《第七次大学生体质与健康情况调查报告》。

(四) 学术调查报告

这类调查报告主要指对某科学领域中的课题展开调查而撰写的具有学术价值的报告。学术调查报告侧重于学术理论探讨，以揭示某科学领域中的事物本质及发展规律为主要目的，以从事科学研究的专业人员为主要读者对象。例如《大数据管理与应用本科专业学位教育发展状况调查报告》《银凤岭省级森林公园植物资源调查报告》。

三、调查报告的特点

(一) 真实性

真实是调查报告的生命。调查对象的选取、调查方式的设定、调查活动的开展、调查数据的分析等都应是实际发生且真实准确的。作者应以公正客观的态度对调查结果进行评析，以真实的材料数据为依据得出调查结果，切忌使用虚假浮夸的材料，更不能以偏概全、移花接木。

(二) 典型性

收集材料后应进行材料甄别和筛选，从众多的素材中选取出具有典型意义和代表性的材料，在报告中加以呈现，通过这些典型事例、典型材料、典型数据说明被调查对象的本质、规律和发展趋势。

(三) 针对性

调查报告是对某一典型现象、问题或经验进行调查与研究，并以此为基础形成的书面报告。一篇优秀调查报告所反映的内容往往是当前人民群众普遍关心或亟待解决的问题，即使调查的是历史问题，也与现实生活有着某种联系。一般来说，调查报告越是针对当前社会生活和反映社会需要，其调查的价值就越突出。

四、调查报告的写作过程

调查报告的写作要经历"准备、调查、研究、写作"四个阶段。其中，准备是前提，调查是依据，研究是基础，写作是对前期三个阶段工作成果的最终呈现。

(一) 充分准备，制订计划

调查报告准备阶段的主要任务是确立选题、选择调查方法。

1. 确立选题

调查报告的选题是一切工作的基础。选题应具有较高的研究价值和明确的调查意义，能为现实工作带来的帮助和指导。同时选题的范围应适中，选择能力范围能够把控的选题，宁小勿大。

2. 选择调查方法

调查方法的选择直接影响日后调查材料的搜集与获取。调查方法的选择包括两方面内容：一是确定调查对象的方法；二是确定搜集资料的方法。

(1) 选择调查对象的方法分为全面调查、抽样调查、典型调查等。

全面调查是对调查范围内全部对象进行调查，以获得有关调查对象的完整资料。这种方法搜集的资料全面、具体，误差小，但消耗的人力、物力、财力也较多，其调查所需的时间也较长。

抽样调查是选取范围内一部分对象加以调查，用这部分调查结果推论或说明总体的状况。这种方法以部分推知总体，在抽样方法正确的前提下能保证调查的精确度，而且缩短调查的时间，减少调查的费用，提高调查的效率。但若抽取样本数量不合理，或抽样过程未遵循随机原则，调查数据或内容就会产生误差，影响调查结果。

典型调查是借助少数典型样例反映同类事物所具有的一般特征，在调查范围内选取具有代表性的组织或个人，对其进行全面、深入的调查，从而认识这一类事物的本质特征、发展规律、普遍意义。此类调查便于对调查对象进行定性分析。典型调查的关键是正确选择典型，选对典型，结果才真实可靠；否则很可能以偏概全，得出错误的结论。

(2) 搜集资料的方法有问卷法、访谈法、观察法、试点法等。问卷法是最重要、最常用的方法，这里着重介绍。问卷法是调查者根据调查主旨，向被调查对象发放统一设计的问卷，从而了解情况或征求意见的方法。问卷包括导言、问题与回答方式、附文三个部分。

导言是对本次调查的总体介绍，包括调查单位或调查者的身份，问卷设计的背景、依据、目的，填写问卷的基本方式方法，保密原则以及奖励措施这几方面的内容。导言的主要作用是消除被调查者的疑虑，激发他们的参与意识。

问题与回答方式一般包括调查的问题、回答问题的方式以及对回答方式的具体指导和说明。这是问卷的主体部分，在设计时必须紧密结合调查中心，做到设计周密，问题合理，内容具体，表达清晰。

附文可以包括被调查人的姓名、年龄、性别、受教育程度、经济情况、从事行业、单位性质等个人信息。被调查者往往对这部分问题比较敏感，但这些问题与研究目的密切相关，必不可少。附文的具体内容可以根据设计者前期分析预判进行设定。

(二) 深入调查，搜集材料

"没有调查，就没有发言权"，深入调查、搜集材料是调查报告写作的依据。材料的搜集要从多方入手，充分掌握现实的与历史的、正面的与负面的、典型的与一般的、直接的与间接的材料，并确保材料的真实、可靠，防止以偏概全、一叶障目。

(三) 分析研究，提炼观点

这一阶段主要是对调查所得材料进行筛选与整理，做到去粗取精、去伪存真、由表及里、由此及彼，找出材料之间的内在联系，发现带有规律性的东西，并由此提炼出观点。

(四) 布局谋篇，撰写报告

这一阶段主要是对调查过程与调查结论的呈现，要按具体的内容要求完成写作任务。

五、调查报告的内容与写法

调查报告包括标题、正文、落款、附件四部分。

(一) 标题

调查报告标题的常见写法有以下三种。

1. 公文式标题

公文式标题主要由调查机关、调查内容及文种三部分组成，其中调查机关可省略。例如《××县人民政府社会稳定风险评估情况调查报告》《关于创建省级文明县城的调研报告》。

2. 文章式标题

在调查报告写作中，常见的文章式标题有两种：一种是针对调查内容提出问题，以问题作为标题，例如《儿童究竟需要什么读物》《当代大学生为什么就业难》；另一种是在标题中明确提出调查结论，例如《莫把温饱当小康》《市民赞成恢复"黄金周"》。前一种写法利于吸引读者的注意力，后一种写法便于明确文章的中心。

3. 双行式标题

双行式标题多由主副标题构成。主标题为文章式标题，副标题为公文式标题，例如《被"网"住的大学生——关于大学生网络行为研究的调查报告》《情系水世界——对我市水位站、水文站的调查》。具体使用时，主标题独立成行，破折号和副标题在主标题下一行。

(二) 正文

调查报告的正文包括前言、主体、结尾三部分。

1. 前言

调查报告的前言主要围绕主题介绍调查的情况，让读者对本次调查有大致把握，为主体内容的展开做铺垫。一般情况下，前言主要明确以下几方面内容：一是调查活动的基本情况，如调查的起因、时间、地点、对象、方式方法；二是调查对象的基本情况，如调查对象的历史、现状、成绩、问题；三是调查结论的简要概述，如肯定意义、指出价值、表明作者的观点或态度，引起读者的共鸣。

2. 主体

主体是调查报告的核心，一般包括三方面内容：一是详细介绍调查对象的具体情况，例如被调查事情的前因后果、发展经过，以及被调查者的观点、态度、做法等；二是对调查材料展开分析，总结经验或教训，得出规律性的认识；三是根据调查结果提出相应的意见、建议或改进措施。在行文时，常见的主体结构有以下三种。

(1) 纵向式，以时间为主线，介绍被调查事件或调查活动本身的起因、发展、结果。这种结构可以让读者跟随调查者的视线来了解事情的始末，现场感强，适用于揭露问题类调查报告。

(2) 横向式，以观点为主线，从调查材料中提炼出几种不同的观点、不同的经验或做法，并以此并列行文。这种结构观点突出、条理清楚，适用于典型经验类与反映情况类调查报告。

(3) 纵横结合式，即把上述两种结构综合起来。从全文看，纵横结合式按事物发展顺序逐步展开调查；在叙述中，又对一个事物的几方面特征、一个问题的几方面观点或一个典型的几方面经验，分别加以阐述。这种结构适用于新生事物类调查报告。

3. 结尾

调查报告的结尾是对全文内容的总结，可以对事物未来发展方向提出展望或预测，也可以针对调查结论提出改进措施。

(三) 落款

正文右下方为落款，可署调查者名称和成交时间，也可将调查者名称写在标题下。

(四) 附件

一般将调查问卷样卷或调查数据分析的图表等相关材料作为调查报告的附件。

六、调查报告的写作要求

(一) 避免材料单一，实现角度多样

在调查报告的准备阶段，必须以开放的思维、发展的眼光多角度地搜集材料，特别是搜集第一手材料。材料应包括正面的、负面的，上级的、下级的，具体的、概括的，只有获得了丰富的材料，才能全方位地了解被调查对象。

(二) 避免先入为主, 保证客观公正

调查报告以发掘典型、揭露问题、反映情况为主要任务。在写作过程中, 必须以客观、公正的眼光审视调查对象, 不能以自己固有的意识、以先入为主的想法对调查对象做出有失公正的描述与评价。

(三) 避免空洞讲解, 注重叙议结合

调查报告是事实与研究的结合, 它将对调查过程、调查事件的叙述与对调查对象的分析评价结合起来。如果只是说理, 就少了调查的支撑; 如果只是叙述, 就缺了报告的深度。

👤 **例文1**

大学生志愿服务活动现状调查报告

贺才乐　张哲榕　黄洁萍　彭　湃

志愿服务是指志愿者、志愿服务组织和其他组织自愿、无偿向社会或者他人提供的公益服务。中华人民共和国成立70多年来, 志愿服务在社会历史发展的长河中焕发出强大的生命力, 不断被时代赋予新的责任与内涵。作为中华民族传统美德的延续, 志愿服务所彰显的不仅是现代社会文明的进步, 也是社会公民道德水平的缩影, 更是我国加强精神文明建设、培育和践行社会主义核心价值观的重要内容。2019年7月, 习近平总书记在《致中国志愿服务联合会第二届会员代表大会的贺信》中强调:"希望广大志愿者、志愿服务组织、志愿服务工作者立足新时代、展现新作为, 弘扬奉献、友爱、互助、进步的志愿精神, 继续以实际行动书写新时代的雷锋故事。"大学生普遍具有较高的社会道德水平, 是高校志愿服务的主要参与者。为了更好地了解当前大学生志愿服务活动现状, 总结当前大学生志愿服务活动存在的问题, 促进大学生志愿服务活动健康发展, 我们对全国部分高校志愿者活动进行了一次问卷调查。

一、调查结果

本次调查的对象涉及全国16所不同类型高校的部分大学生, 高校类型涉及"双一流"高校、普通本科、高职院校等不同层次, 包括中山大学、四川大学、中南大学等各类高校, 涵盖不同年级、不同专业类别、不同民族、不同籍贯的大学生。调查采用纸质问卷调查、网络问卷调查、线下访谈的方式进行, 由调研员在各个地区高校发放纸质问卷和网络问卷, 从认知、行为、态度等层面了解大学生志愿服务活动的现状。其中, 纸质问卷共发放2000份, 收回有效问卷1708份, 回收率为85.4%; 网络问卷共收回3550份, 有效率为100%。本次调查以5258份问卷为样本, 运用SPSS20.0社会统计软件对数据进行相关分析。

在有效样本中, 男性2083人, 女性3175人; 汉族大学生4694人, 少数民族大学生

564人；原"985工程"类高校大学生1441人(占27.4%)、原"211工程"类高校大学生351人(占6.7%)、一般本科类大学生2918人(占55.5%)、高职(高专)类大学生548人(占10.4%)；文科专业类大学生2496人(占47.5%)、理科专业类大学生1047人(占19.9%)、工科专业类大学生995人(占18.9%)、其他专业类大学生719人(占13.7%)；大一学生3118人(占59.3%)、大二学生1172人(占22.3%)、大三学生534人(占10.2%)、大四学生434人(占8.4%)。

(一) 大学生志愿服务活动的认知层面调查

1. 大学生对志愿服务的内涵和特征比较认同，但其他方面的认知还有待加强

认知是行为的先导，大学生对志愿服务类型的认知直接影响其志愿行为的方向。在"您认为志愿服务的特征包括哪些方面? (多选题)"这一问题中，选择频率由高到低依次为"志愿性"(96.0%)、"公益性"(95.5%)、"无偿性"(79.3%)、"组织性"(78.0%)。由此可见，仍有小部分大学生对志愿服务的无偿性与组织性存在一定异议。对志愿服务类型的选择，由多到少分别是"服务弱势群体"(4818人)、"公益宣传"(4691人)、"支教服务"(4576人)、"爱心捐助"(4435人)、"大型赛会"(2947人)、"其他"(2026人)，如图3-1所示，表明当前大学生对志愿服务的基本类型大体上有所了解，认为参与上述所列选项的志愿服务活动均有一定的可行性，但仍有不少大学生对"大型赛会"类型的志愿服务缺乏一定了解，凸显其认知的局限性。

2. 大学生对志愿服务的激励反馈抱有一定期望

大学生群体对参与志愿服务是否应得到相应的激励反馈持有不同的意见，这已成为影响大学生参与志愿服务的一个重要因素。调查结果显示，认为大学生参加志愿服务活动"需要"给予一定的物质激励的有2157人(占41.0%)，认为大学生参加志愿服务活动"不需要"给予一定物质激励的有993人(占18.9%)，认为"不一定"的有2108人(占40.1%)。这一结果说明，只有小部分大学生群体认为参与志愿服务是不需要任何物质激励的。在激励反馈认知层面，我们又进行了深入调查，当谈到"您认为最能让志愿者满意的激励方式是什么"这一问题时，在接受调查的大学生中选择"相关证书"的有2895人(占55.1%)，"给予一定的公开表扬"的有960人(占18.3%)，"报销相关费用开支"的有813人(占15.5%)，"什么都不需要"的有590人(占11.2%)。但是，调查结果表明，只有20.3%的人在参与志愿服务的过程中得到了一定的物质激励。可见，志愿服务组织应适当给予志愿者一定的物质或精神激励，以有效提高大学生的志愿服务参与度。

3. 大学生对高校志愿服务组织的认知略显不足(略)

(二) 大学生志愿服务活动的行为层面调查

1. 大学生参与志愿服务的动机与志愿服务精神内涵基本趋同

2. 大学生普遍具有较强的志愿服务意识，但权益意识还有待增强

3. 大学生参与志愿服务的障碍多源于客观的外部条件

(三) 大学生志愿服务活动的态度层面调查

1. 多数大学生愿意参加志愿服务，但比较热衷于熟悉的志愿服务类型

2. 志愿者对志愿服务的专业知识及技能培训有迫切需要

3. 当前高校志愿服务亟待改进的工作是宣传与弘扬志愿服务精神

二、调查分析

虽然总体上大学生在志愿服务上意识强、目标明确、专业性较强，但也存在一定的认知缺失、组织管理漏洞和长效机制缺乏等问题。

(一)大学生比较认同志愿服务的基本精神，但存在一定的认知缺失

在开放的大学校园，不同原生家庭背景的大学生容易产生大致相同的兴趣与爱好。无论是从学校类型还是所在年级来看，大学生普遍倾向于参加相对较为熟悉的一般性志愿服务，而面对较为陌生的领域或需要一定专业知识技能的志愿服务则参与度较低。虽然多数大学生对志愿服务的基本认知与志愿服务的精神内涵基本趋于一致，参与志愿服务的个体行为动机也均以利他主义为导向，但少数大学生对志愿服务基本情况的个体认知水平呈现出不同程度的缺失。一方面，由于对志愿服务理论认知的缺失，如志愿服务精神内涵、志愿服务专业知识等，易使志愿服务偏离初心；另一方面，由于对志愿服务实践认知的缺失，特别是缺乏志愿服务的专业知识与技能，易使大学生志愿服务能力水平与志愿服务对象需求不相匹配，志愿者在服务过程中缺乏成就感，这在主观上消解了参与专业性较强类型志愿服务活动的积极性。

(二)客观外部条件成为影响大学生后续参与志愿服务活动积极性的重要因素

虽然大学生的志愿服务意愿普遍较强，但容易受诸多客观外部条件的影响，且志愿服务前中后三个阶段都存在着一些不确定因素。首先，在志愿服务前期对志愿服务信息的了解不够全面。若志愿服务信息发布渠道较为单一，抑或是大学生对于志愿服务的信息获取渠道缺失，都会使大学生志愿者难以匹配到合适的志愿服务类型。一旦大学生接收到具体志愿服务信息，第一时间会对其进行综合考量，如资金是否充足、服务对象情况是否明确、利益保障是否充分等。若这些客观外部条件与志愿者的心理预期相悖，则会引起志愿者的排斥。其次，在志愿服务活动中存在着志愿者间的沟通协作、服务过程中的突发事件等不确定因素，在极端情况下会削减大学生参与志愿服务的积极性。最后，在志愿服务后期，若志愿服务所获成效与既定目标存在较大落差，未能达到预期效果，则会降低社会认同感，这也在一定程度上降低了大学生的志愿服务意愿。

(三)志愿服务组织管理缺乏长效机制

志愿服务组织是志愿服务活动顺利进行的关键，其对志愿服务活动的安排规划是否合理，直接影响志愿服务目标的达成。不论是活动前期的志愿者招募、志愿工作培训，还是活动中期的突发事件处理、沟通交流协作，抑或是活动后期对服务对象的跟踪反馈等，都离不开志愿服务组织的统筹管理，更需建立志愿服务组织管理的长效机制。

当前高校志愿服务组织管理缺乏长效机制主要表现为以下几点：一是志愿服务活动缺乏长远规划和安排。如志愿服务活动的组织目标可以更为高远，持续影响的时间更为长久，活动影响的范围更为广泛等。二是志愿服务组织内部缺乏有效管理。如大学生对志愿服务的知识技能培训有较高需求，从一个侧面说明志愿服务组织在人员培训方面存在疏漏；志愿服务信息的宣传力度有待加强，大学生了解志愿服务相关信息的渠道单

一，主要通过官方渠道获取相关信息，这大大地限制了志愿服务活动的有效开展。三是志愿服务缺乏完善的制度和法律保障。调查显示，有51.4%的大学生参与志愿服务但未受到相关制度的保障，这在无形中降低了大学生对志愿服务组织的认同。

三、对策与建议

为有效解决当前大学生志愿服务存在的问题，以提升大学生志愿服务的参与度与成就感，可从个体正确认知、组织智慧管理、多方主体协同等方面入手，着力推动志愿服务向"智愿服务"创新发展。

(一) 从志愿者到"智愿者"：个体认知的准确定位(略)

(二) 智慧管理：志愿服务组织的实践诠释(略)

(三) 智慧协同：多方主体为志愿服务营造积极氛围(略)

总之，在智慧协同过程中，家庭、高校、社会多方主体所营造的和谐、优良、文明的志愿服务氛围，共同促进了大学生志愿服务活动的创新发展。

(资料来源：贺才乐，张哲榕，黄洁萍等[J]. 深圳信息职业技术学院学报，2021，19(1)：62-68.)

更多例文扫描右侧二维码获取。

例文2

2022年研究生新生关于考研动机的问卷调查

亲爱的同学：

您好！

受广东省教育考试院委托，广东省高等教育学会研究生招生专业委员会拟开展广东省大学生考研动机问卷调查，感谢您的参与和支持！

本调查旨在分析当下广东省大学生考研动机及生源流向，为研究生考试管理部门提供分析报告和政策建议，为大学生是否应该选择考研及怎样才能做出恰当选择提供客观的数据支持和参考。

本次问卷将会占用您3~5分钟宝贵时间，请您仔细读题并认真填写。本次调查所得的资料将完全保密，不会对您的生活或工作造成任何损失。

您的参与对此次调查非常重要，非常感谢您的支持与合作，谢谢！

1. 您的性别是：

A. 男　　　　　B. 女

2. 您的出生年月是：＿＿＿＿＿＿

3. 您的户口性质是：

A. 城镇　　　　B. 农村

4. 您就读的本科学校的名称是：＿＿＿＿＿＿

5. 您就读的本科的学校属于：

A. 985/211/双一流高校　　　B. 普通本科高校　　　　C. 民办本科院校　　　　D. 其他

6. 您本科所学的专业是：＿＿＿＿＿＿＿＿

7. 您本科所学的专业属于：

A. 军事　　B. 哲学　C. 历史学　　D. 文学　　E. 艺术学　　F. 教育学　　G. 法学

H. 经济学　I. 管理学　J. 理学　　K. 工学　　L. 农学　　M. 医学

8. 您家庭的人均年收入是：

A. 10 000元及以下　　　　　　B. 10 000元～20 000元

C. 20 000元～30 000元　　　　D. 30 000元～45 000元

E. 45 000元～90 000元　　　　F. 90 000元以上

9. 【多选题】您通过了哪些英语等级考试，分数分别是多少？

A. 全国大学英语四级考试＿＿＿＿＿＿＿＿

B. 全国大学英语六级考试＿＿＿＿＿＿＿＿

C. 专业英语四级考试＿＿＿＿＿＿＿＿

D. 专业英语八级考试＿＿＿＿＿＿＿＿

E. 托福＿＿＿＿＿＿＿＿

F. 雅思＿＿＿＿＿＿＿＿

G. 其他＿＿＿＿＿＿＿＿

H. 以上考试均未通过

10. 【多选题】您最初读研的动机是：

A. 专业兴趣(对研究生报考的专业感兴趣)

B. 名校情节(弥补本科院校非名校遗憾)

C. 高学历情结(提升最高学历)

D. 社会待遇(薪酬、社会地位)

E. 有利于就业

F. 群体效应(周围同学都在考，随大流)

G. 父母要求、期望

H. 其他

11. 您是推免生吗？

A. 是　　　B. 否

12. 您何时萌生考研的想法？

A. 大一　　B. 大二　　C. 大三　　D. 大四

13. 您本科/专科就读的学校是：＿＿＿＿＿＿＿＿

14. 您本科/专科就读学校的类别以及您的学号是：

A. 985/211/双一流高校　　　B. 普通本科院校

C. 民办本科院校　　　　　　D. 其他

学号＿＿＿＿＿＿＿

15. 您研究生阶段所学的专业是：＿＿＿＿＿＿＿

16. 您研究生阶段所学的专业属于：

A. 军事　B. 哲学　C. 历史学　D. 文学　E. 艺术学　F. 教育学　G. 法学

H. 经济学　I. 管理学　J. 理学　　K. 工学　L. 农学　　M. 医学

17. 您的考研志愿院校是目前在读院校吗？

A. 是(跳转至23题)　　　　B. 否，经过了调剂，才来到这里

18. 您最初考研报名的院校是：＿＿＿＿＿＿＿

19. 您第一次调剂的院校是目前就读院校吗？

A. 是(跳转至23题)　　　　B. 否

20. 您第一次调剂的院校是：＿＿＿＿＿＿＿

21. 您第二次调剂的学校是目前就读院校吗？

A. 是(跳转至23题)　　　　B. 否

22. 您第二次调剂的院校是：＿＿＿＿＿＿＿

23. 您目前就读研究生院校的名称是：＿＿＿＿＿＿＿

24. 您的研究生院校类别以及您的学号是：

A. 985/211/双一流高校　　　B. 普通本科院校

C. 民办本科院校　　　　　D. 其他

学号＿＿＿＿＿＿＿

25. 您考研分数是多少？

考试成绩(总分)＿＿＿＿＿＿＿

试卷的满分＿＿＿＿＿＿＿

26. 您考研各科分数是多少？【最少选择2项】

英语＿＿＿＿＿＿＿

政治＿＿＿＿＿＿＿

数学/专业基础课＿＿＿＿＿＿＿

专业课＿＿＿＿＿＿＿

27. 您研究生所学的专业是：＿＿＿＿＿＿＿

28. 您研究生所学的专业属于：

A. 军事　B. 哲学　C. 历史学　D. 文学　E. 艺术学　F. 教育学　G. 法学

H. 经济学　I. 管理学　J. 理学　　K. 工学　L. 农学　　M. 医学

(资料来源：广东省教育考试院网站)

第三节 势必可使尽，不留一分余地
——活动策划

S大礼堂，由S市××餐旅集团赞助的经济学会辩论赛正在进行。会场上一方气势逼人如滔滔江水，一方气吞山河如万马奔腾。双方各据一势，气氛空前热烈，不时语惊四座，赢得台下阵阵掌声。

应晓文坐在评委席上，表面上波澜不惊，其实心情格外激动。回顾这几年的大学生活，忙碌充实且有趣，自己的组织能力、策划能力在一次又一次的社团活动中获得了提升。

回想开学初，上任经济学会会长抛给应晓文一个巨大"彩蛋"，不仅任命她为新会长，还责成她马上策划经济学会的纳新活动。这可难坏了当时的自己！前任会长一步一步引导晓文做活动策划：要先确定总体活动思想，再确定活动形式，最后根据经济学会成员的能力不同做出精准判断，恰当分工。终于，晓文在前任会长的帮助下完成了活动策划书——《青春在，梦想在——经济学会纳新主题演讲比赛》！

晓文通过多种渠道广泛宣传，同学的朋友圈，校园的广播站，还有校园的自媒体大V，迅速引起了同学们的关注。经济学会不仅邀请了优秀的毕业生，还在直播平台进行全网直播。纳新演讲比赛活动使经济学会在S大学生社团中再次扬名，倍受瞩目！

场上辩手们精彩的陈词引来的雷鸣般的掌声打断了晓文的回忆，××餐旅集团营销部经理向晓文伸出了橄榄枝："这次比赛非常成功，我很看好你，再给你个锻炼的机会，你试着策划一个针对大学生暑假旅游的主题活动，在更大的舞台上展示自己！"

一、活动策划的含义

活动策划，也称为活动策划书或活动策划案，是针对某项活动或事件策划具体行动、实施办法、细则及步骤的一种应用文体。

二、活动策划的分类

活动策划可以按照活动的目的划分类别。

(一) 商业性活动策划

1. 营销主导型活动策划

营销主导型活动策划是指所策划的活动以盈利为主要目的、品牌宣传为辅助目的而展开的主题策划方案。此类策划是迅速直观地提高企业或品牌知名度、吸引消费者的有力手段。营销主导型活动策划以活动本身为盈利点，有的放矢地稳定显在客户群体，挖掘与培育潜在客户。

2. 传播主导型活动策划

传播主导型活动策划是指所策划的活动以品牌宣传为主要目的、以盈利为辅助目的而展开的主题策划方案。此类策划的形式较为生动灵活，重在宣传，尤其注重媒体形象的传播，企业标识以背景板、单册(页)、海报、白皮书、礼品等形式出现。另外，主办方会邀请相关领导参与活动开幕、颁奖、抽奖仪式或闭幕仪式。

(二) 非商业性活动策划

非商业性策划是指所策划的活动主要用于政府机关、企事业单位、社会团体等，没有商业因素的活动策划，主要以宣传活动主题、扩大活动影响、增强人们之间的感情联谊为目的。非商业性活动形式较为丰富，比如论坛、演唱会、诗歌朗诵节、行业年会、冷餐会等。

三、活动策划的特点

(一) 大众传播性

成功的活动策划注重受众的参与性、互动性以及公益性，其传播内容必须具有公信力，通过活动策划的实施，能够面向大众将活动相关信息迅捷地传播出去，引起受众的关注，具有大众传播性。

(二) 深层阐释性

与一般形式的宣传相比，活动策划空间广泛、流程完整、形式丰富，能全面深入地阐释活动主题，使活动主办方准确、详尽、有效地向受众传达目标信息，具有深层阐释性。

(三) 公共关系性

活动策划通常贴近公众日常生活的主题而展开，给主办方与受众留下开阔的情感空间，会产生良好的公共关系效应，具有公共关系性。双方积极地参与和互动，在策划的活动中得到认同与共鸣，从而获得精神层面的满足与喜悦。

四、活动策划的内容与写法

(一) 商业性活动策划

商业性活动策划的内容一般包括标题、项目背景、活动目的、活动时间、活动地点、资源需要、活动开展、经费预算和活动负责人及主要参与者。

1. 标题

活动策划的标题必须明确、具体，其中通常包含主办单位名称、活动年份或活动届数、活动名称、文体名称(即"活动策划")。

2. 项目背景

项目背景主要用于介绍活动或项目开展的外部环境与内部状况，交代活动开展的合理性背景。

3. 活动目的

活动目的是活动策划的重要组成部分，它直接决定着活动策划的方向。活动策划的具体内容都围绕活动目的而展开。活动目的具有目的明确、方向性强的特点。

4. 活动时间

活动时间指活动最终开展的具体时间，往往以时间段的形式呈现。

5. 活动地点

活动地点指开展活动的具体地点，通常是一个固定地点，但系列活动或者大型活动可以包含两个或两个以上的地点。所有地点都要在策划案中明确列出。

6. 资源需要

资源需要指为顺利开展活动而必须具备的物质资源与非物质资源。物质资源主要指具体的场地、设备、道具等；非物质资源则包括媒体宣传资源、人员配备与分工等。

7. 活动开展

活动开展就是活动的具体流程。这部分需要将活动具体开展的步骤和流程按照时间顺序呈现出来。它是活动策划的主体部分，也是内容最多、最具体的部分。

8. 经费预算

经费预算主要是对活动全程(包括活动准备阶段)所需的所有经费进行预算的过程，其形式可以是数字与文字，也可以是表格。

9. 活动负责人及主要参与者

在活动负责人及主要参加者这一部分，需要将对应的部门或者人员的名单具体标注出来；如有必要，还可以附注对应的联系方式。

(二) 非商业性活动策划

由于受目标简单、规模较小、复杂程度较低等因素的影响，非商业性活动策划的结构相对简单，通常包括标题、活动目的、活动前期准备、活动形式、活动时间、活动地点、活动开展、经费预算、活动负责人及主要参与者等内容。其中，大部分结构项目与商业性活动策划相同，这里仅就不同项目进行说明。

活动前期准备指为了活动的开展而进行的宣传、人员组织与落实等工作。这些工作通常需要在策划案中具体、明确地一一列出。

活动形式指活动的具体开展形式。由于各种非商业性活动目的迥异，类型繁多，活动形式往往差别巨大。活动策划者需要根据活动目的确定具体的活动形式。

五、活动策划的写作要求

(一) 精简主题，有的放矢

策划活动时，需立足单位或组织总体活动策划思想，根据自身实际情况做出准确的判断，扬长避短，确立固定主题。在一次活动中，切忌做太多事情，只能围绕一个主题策划活动，把最重要的信息充分地传达给目标群体，才能引起受众关注。否则，既容易造成主次不分，又提高了活动成本，削弱了活动的执行效果。

(二) 切实可行，合理有序

活动策划是否成功执行，取决于策划案的可操作性。想要活动策划具有良好的可操作性，必需根植于现实策划活动。充分考虑活动时间、活动方式、执行地点、执行人员情况以及天气、民俗等因素，在此基础上进行仔细分析、周密思考、合理部署，制定详细、周全的活动安排。

(三) 立足现实，流程饱满

活动策划者多依据经验展开构思，这在一定程度上限制策划者的思维，影响创意表现与经费预算。因而活动策划者应以充分调研为基础，拟出立足现实、最为合理、可以应对突发事件的活动策划稿。切忌主观臆断，影响执行者对事件和形势的判断。

 例文

经济学会"希望杯"辩论赛活动策划书

为丰富同学们课余文化生活，活跃校园学术研究气氛，我校经济学会组织了S大学经济学会"希望杯"社团辩论赛。本次比赛旨在为各社团提供彼此交流的平台，通过辩论展现文辞机锋，碰撞智慧火花，让辩手与观众领略思想的魅力，享受青春的激情！

一、活动主题

文化传承统芳华，青春思辩筑自信

二、活动前期准备

(一) 宣传工作

赛前一周以海报、电台、校园新闻网等传统方式，并配合经济学会成员微信圈分享等自媒体方式同步宣传，以最低成本实现最优宣传效果。

(二) 评委邀请工作

赛前两周联系、确定并正式邀请评委。

(三) 主持人确定工作

赛前一周通过竞聘选出主持人1名，要求主持人形象良好，控场能力强，能调动气氛，发音清晰标准。

(四) 现场用品准备

安排专人分别负责台签、资料打印、评委用笔等准备工作。

(五) 场地布置

预定场地,并确认音响等设置是否可用。

安排辩论双方座位及评委席位,并悬挂横幅。

(六) 比赛场次、报名及比赛要求(见附页)

(七) 赛后报道

撰写新闻报道,在学院网页和学校公众号上推送。

三、活动形式

(一) 本次辩论赛包括初赛、复赛和决赛

初赛"应该加强线上非遗传播VS应该加强线下非遗传播"(八进四)。

复赛"非遗与旅游结合利大于弊VS弊大于利"(四进二)。

决赛"非遗传承更重要VS非遗创新更重要"。

共计三轮,时间为三周。

(二) 赛队要求

本次辩论赛共有8支社团代表队,每队4名辩手,各队辩手由各社团选定,选手只能由各社团内部产生。

(三) 奖项设置

本次比赛评拟评选出团体一等奖1名、团体二等奖3名、团体三等奖4名,"最佳辩手"3名,"最幽默辩手""最有风度辩手""最有激情辩手""最机智辩手""最有魅力辩手"各1名。评奖对象候选范围为初赛、复赛与决赛全部场次中的全部辩手。

四、活动时间

初赛: 12月11日、12日

复赛: 12月18日

决赛: 12月25日

比赛日19:00点开赛,每晚两场

五、活动地点

S大××礼堂演播大厅

六、活动开展

(一) 比赛流程(三轮比赛均依据此流程进行)

1. 主持人开场白,介绍嘉宾,邀请社团嘉宾致开场辞。

2. 主持人宣布比赛开始,双方辩手上场,做自我介绍。

3. 主持人介绍到场评委。

4. 辩论赛正式开始。

5. 统计成绩,评委点评比赛。

6. 主持人宣布晋级方。

7. 复赛，重复2～6环节。

8. 决赛，重复2～6环节后，进行评奖流程、颁奖仪式。

(二) 比赛要求

1. 经济学会在开赛前半小时将所有工作准备就绪。

2. 各参赛队伍与主持人提前20分钟到场。

七、活动预算(见表3-1)

表3-1　活动预算

项目	价格/元
海报(三场)	900
横幅	600
饮品	500
资料表格打印	200
证书打印、奖杯	300
总计	2 500

八、人员分工

(一) 活动负责人

谢达作(13 ×××××××××)

(二) 参赛社团

经济学会、通讯社、摄影之家、青鸟剧团、"环保之家"志愿者协会、文学社、武术协会、街舞社。

(三) 分工安排

宣传组：负责撰写稿件和对外宣传(李××、赵××)

会务组：负责场地布置、音响设备调试(王××、关××、张××)

接待组：负责确定评委和嘉宾名单，比赛当天的接待工作(周×、孙×、吴×)

美术组：海报设计与制作(郑××、董××)

材料组：文字材料打印、证书制作与发放(焦××、曲××、钟××)

第四节　再回首，我心依旧
——总结

今冬第一场雪悄然而至，把S大校园装点得宁静而典雅。雪花拂过脸庞时丝丝的清凉，沁人心脾，应晓文仿佛听到了飞雪在耳边温言款语：生命闭藏，潜隐蛰伏，蓄势待发，只待满园春色！是啊！隐而未显，总结过往，才能稽古振今！想到这儿，应晓文加快了前往学生会得步伐。学生会昨天接到一项来自校团委的紧急任务：为"希望杯"社团辩论邀请赛圆满的成功写一篇活动总结。这次辩论赛引发的热烈的反响，占据了S大校园热度榜首，获得了S市新闻媒体的关注，校团委希望这次总结要写得有特色、有内容、有深度。

应晓文带领辩论赛的活动策划组进行比赛复盘，力争在繁杂的现象中寻找成功的规律。首先，应详尽搜集资料，围绕辩论赛的主题认真梳理辨析，高度概括；其次，辩论赛的成功与迎合时代、贴近生活的辩题密不可分，辩论赛给予了辩手们开阔的思考空间，又能在赛后引发观众的思考；最后总结时，一定要秉承实事求是的原则，既要写出辩论赛取得的主要成绩，总结经验，又要找出问题，摸索出经济学会社团活动的规律，为今后的社团工作提供参考。

手机铃声打断了激烈的讨论，晓文赶忙接起手中的电话，仔细聆听着，她挂断电话后，激动地说："辩论赛的成功，让赞助单位看见了我们的青春活力，S市××餐旅集团还要赞助经济学会社团经费，数目可观哟！"大家欢呼着跳跃了起来！

应晓文默默地看着这一切，心想：只有奋斗的青春，再回首时才无遗憾；明天奋斗不停，初心依旧。

一、总结的含义

总结是指党政机关、企事业单位、社会团体或个人对过去的工作任务进行回顾、检查、反思和归纳、分析，以总结出经验、教训并使之条理化、系统化的文书。

二、总结的分类

总结可以按照不同的标准划分类别，具体划分情况有以下几种。

按总结的内容性质，可分为工作总结、学习总结、思想总结、生产总结、教学总结，科研总结等。

按总结的使用范围，可分为系统总结、单位总结、班组总结，个人总结等。

按总结的时间长度，可分为年度总结，季度总结、月份总结、阶段总结等。

按总结的使用功能，可分为综合性总结和专题性总结。综合性总结也称为全面总结，专题性总结也称为经验总结。

三、总结的特点

(一) 理论性

总结的目的是在对以往工作的分析研究中，找出导致工作成败的规律性的因素，以指导以后的实践活动。总结不是"流水账"，不仅仅是按时间顺序罗列完成的工作，还在于对大量的工作材料进行分析思考，从感性认识上升到理性认识，总结经验教训。总结的理论性越强，其指导意义越大。

(二) 客观性

总结是对已完成工作再认识的过程，是对前一阶段工作任务、实践成绩的回顾，其内容要完全基于客观实际。总结的材料必须基于实际工作，不允许任意杜撰、无中生有；总结的观点必须由工作实践概括所得，切忌主观臆断。真实客观的总结能帮助人们更好地认知情况、寻找规律，为以后工作的顺利开展打下基础。

(三) 典型性

现实工作纷繁庞杂，总结时不能事无巨细，不分主次，不能"胡子眉毛一把抓"，典型性的总结才能指导人们的工作。总结时，要透过复杂的现实工作表象，找出具有典型性、代表性的经验或教训。总结出的经验或教训应适用于相类似的工作情况，能为今后的工作提供借鉴，避免在以后的工作中走弯路。

四、总结的内容与写法

(一) 标题

总结的标题通常有两种形式：一种是公文式，另一种是文章式。

1. 公文式标题

总结的公文式标题又分为完全公文式和不完全公文式两种。

总结的完全公文式标题须写明四个要素，即制发单位名称、期限、事由、文种，例如《文法学院2023年就业工作总结》。

总结的不完全公文式标题可以采用以下两种形式：一是省略制发单位名称，由期限、事由和文种构成，例如《2023年社团工作总结》；二是省略期限，由制发单位名称、事由、文种或者事由和文种构成，例如《南湖大学名著名篇诵读大赛活动总结》《新华体育馆建设工作总结》。

2. 文章式标题

总结的文章式标题或揭示总结的范围，或揭示总结的宗旨，或点明总结的内容要素。有的总结标题只写内容概括，并不标明"总结"字样，例如个人总结《点滴工作汇心得》、单位总结《尽职尽责保稳定一心一意促发展》。

(二) 正文

正文是总结最为核心的部分，一般由前言、主体和结语三部分组成。

1. 前言

前言即介绍基本情况，通常用以概述情况，或对工作背景和开展工作的条件做简要交代。

2. 主体

总结的主体最忌讳按时间的先后顺序列"流水账"，应对现有材料进行提炼，写出成绩与经验、问题与教训以及下一步工作方向。

第一个部分是"成绩与经验"，在此要用翔实的材料将成绩及取得成绩的做法写明，最好要有实例，还要有体会，并从中找出规律。

第二个部分是"问题与教训",实事求是写明工作中的失误与问题,分析其原因,深刻反思,吸取教训。

第三部分是"下一步工作方向"。要注意这部分的写作与计划相区分:写作计划时应详细写明未来工作的实施步骤和保障措施,而写作总结时,仅概括性地写出未来工作的基本内容和工作重点即可。有时"下一步工作方向"也可与结语合二为一。

3. 结语

总结的结语要写出对今后工作前景的展望,对今后工作的建议,也可写出今后的打算,表明决心。

(三) 落款

总结的落款包括两个要素:制发单位名称和成文日期。一般在正文的右下方写明制发单位名称与成文日期,也可在文章标题下一行署名。如是个人总结,要签署撰写者名字与成文日期。

五、总结的写作要求

(一) 遵循原则,思想正确

撰写总结时,必须遵循党的路线、方针、政策及有关的理论原则,提升总结的理论深度,要把广泛搜集的事实材料与正确的指导思想相对照、结合,把丰富的感性材料上升为理性认知,从而得出经验性、系统性、规律性的启示和教育。

(二) 直截了当,实事求是

总结一定要实事求是、秉笔直书,不溢美、不诿过,既要写出工作中的主要成绩和主要经验;又要写出存在的主要问题和得到的教训,做到实事求是、有凭有据、条分缕析、层次清楚,明确发展方向,以指导、推动今后的工作。

(三) 简明扼要,紧扣主题

撰写总结时,要把获得的资料围绕主题梳理辨析,去粗取精、去伪存真,在简明扼要、条理明晰的写作基础上突出主题,并深化对全部工作及某一侧面、某一问题的总结和回顾。

(四) 深入分析,注意提炼

总结不是写回忆录,不能停留在简单回顾、分条罗列上。总结的价值在于通过对以往工作情况的分析,挖掘出能为日后工作提供帮助的经验和教训。因此,总结应避免直接罗列完成的各项任务,建议分模块、重提炼,以收获与不足、经验与教训为小标题搭建文章结构。

例文1

S大法律社团2022—2023学年工作总结

在本学期，法律社团积极响应学校号召，致力于普及法律知识，提高师生的法治意识。通过精心策划和组织，我们开展了一系列丰富多彩的活动，不仅让同学们近距离地了解了法律知识，还提高了他们的法律意识和实践能力。现将本学期的活动总结如下。

一、工作情况概述

1. 中小学普法讲座

为了普及法律知识，提高中小学生的法治意识，我们社团组织了普法讲座。讲座内容涵盖了未成年人保护法、预防校园欺凌等方面的法律知识。在讲座过程中，我们采用了生动有趣的案例分析和互动问答的方式，使同学们更加深入地了解法律知识。讲座结束后，同学们纷纷表示受益匪浅，对法律有了更加清晰的认识。

2. 社区法律援助

我们社团组织了法律咨询团队，深入社区为居民解答法律问题。我们设立了法律咨询台，为居民提供免费的法律咨询服务。同时，我们还针对社区居民关心的热点问题进行了专题讲解，如房屋租赁、婚姻家庭等。通过这次活动，我们不仅为居民提供了实用的法律知识，还增强了他们的法律意识。

3. 禁毒知识竞赛

为了提高同学们对毒品危害的认识，我们社团举办了禁毒知识竞赛。竞赛前，我们进行了广泛的宣传和动员，鼓励同学们积极参与。竞赛内容涉及毒品的种类、危害以及相关法律法规等。在竞赛过程中，同学们表现出了极高的热情和积极性，展现了良好的法治素养。通过这次竞赛，同学们对毒品危害有了更加深刻的认识，增强了抵制毒品的决心。

4. 模拟法庭

为了提高同学们的法律实践能力，我们社团组织了模拟法庭活动。我们选取了一起典型的案例，由同学们扮演审判人员、律师、当事人等角色，进行庭审模拟。在模拟过程中，同学们认真准备、积极参与，充分展现了他们的法律素养和实践能力。

二、经验与收获

通过这些活动，我们不仅提高了自己的专业技能，也锻炼了自己的综合素质。这些收获将成为我们未来学习和职业发展的宝贵财富。

1. 活动策划与组织能力得到提升

实施中小学普法讲座的策划，不仅要求我们进行深入的市场调研和需求分析，还涉及与场地提供方、讲师等多方的沟通协调，参与全过程，组织能力得到提升。

2. 公众演讲技巧日趋熟练

通过演讲比赛和模拟法庭等活动，我们锻炼了公众演讲技巧。在模拟法庭中，我们需要清晰地阐述自己的观点和论据，同时还要应对对方的质疑和挑战。这种高压环境下的演讲实践，让我们学会了如何控制语速、语调，如何使用肢体语言来增强说服力。

3. 法律知识逐步深化

在准备普法讲座和禁毒知识竞赛的过程中，我们不仅复习了课堂上所学的法律知识，还深入研究了相关的法律条文和司法解释。这种深入的研究让我们对法律有了更加全面和深入的理解。

4. 社团成员团结协作

在活动组织过程中，我们学会了如何在团队中发挥自己的作用。在社区法律援助活动中，我们需要与团队成员分工合作，确保每个环节都有人负责。在遇到问题时，我们学会了如何快速集思广益，以找到最佳的解决方案。

三、问题与不足

1. 资源利用效率低

在活动资源的利用方面，我们发现存在一定的不足。例如，在场地预定方面，由于沟通不畅，预定的场地未能按时清场，影响了活动的正常进行。在物资采购方面，缺乏充分的市场调研，导致采购的物资价格过高，增加了活动成本。

2. 宣传力度不够

在本次活动中，我们采用了包括社交媒体推广、线下海报张贴以及口碑营销在内的多种宣传手段，然而，部分活动的参与度并未达到预期水平。这提示我们需要进一步加强活动的宣传力度，加大影响力。

3. 持续性问题尚未解决

对一些活动缺乏持续的跟进和反馈机制，导致活动效果无法长期保持，且难以收集到有价值的反馈信息。

四、下一步工作计划

1. 创新活动内容

我们将继续探索新的活动形式和内容，如线上法律知识竞赛、法律主题辩论赛等，以满足不同群体的需求，提高活动的吸引力和参与度。

2. 优化资源管理

我们将建立更加科学的资源管理制度，合理规划活动预算，确保资源的有效利用。同时，我们将加强与学校相关部门的沟通，争取获得更多的支持和资源。

3. 加强宣传

我们将利用社交媒体、校园广播等多种渠道，提前进行活动预告和预热，提高同学们的参与意愿。同时，我们将探索与校内其他社团的合作，通过联合宣传，共同提升活动的知名度。

4. 拓展社会影响

我们将寻求与社区、企事业单位的合作机会，将法律服务延伸到校园之外，为社会的法治建设贡献力量。同时，我们也将通过参与公益活动，提高社团的社会影响力。

5. 完善活动评估

我们将建立一套完善的活动评估体系，包括活动前的预期目标设定、活动中的实时监控和活动后的效果评估。通过评估，我们可以及时发现问题，不断调整和改进活动方案。

本学期的法律社团活动虽然取得了一定的成绩，但我们深知仍有很多需要改进和提高的地方。我们将以这次总结为契机，认真吸取经验教训，不断创新和完善自己的工作。我们相信，在未来的日子里，法律社团将继续发挥其独特的优势和作用，为校园的法治教育和社会的法治建设做出更大的贡献。

S大法律社团

2023年7月20日

 例文2

2024年健身情况总结

进入大学，我迎来了全新的生活环境和学习节奏。面对新的挑战和机遇，我深知保持良好的身体状况对于应对学业压力和实现个人目标的重要性。因此，在这一年里，我制定了全面的健身计划，并努力付诸实践。通过一年的训练，我的体重下降了5千克，最大摄氧量从45毫升(千克·分钟)提升至50(千克·分钟)。

一、初见成效、收获满满

1. 健身计划执行效果良好

为了确保健身效果，我首先进行了全面的身体评估，了解自己的体能状况和健康需求。随后，我结合专业指导和个人喜好，制订了一份个性化的健身计划。该计划涵盖了有氧运动、力量训练和柔韧性练习等多个方面，旨在全面提升我的身体素质。

具体来说，我设定了每周至少进行三次有氧运动的目标，包括跑步、游泳和骑自行车等项目。为了确保计划的执行，我将这些运动纳入日程安排，并设置提醒闹钟。根据App软件统计，本年度共完成以下训练任务。

有氧运动：

跑步：每周进行3次，每次5公里，累计里程达到1500公里。

游泳：每周2次，每次1公里，累计里程达到200公里。

骑自行车：每周1次，每次20公里，累计里程达到200公里。

力量训练：

深蹲：每周3次，每次3组，每组10次，累计次数达到900次。

卧推：每周3次，每次3组，每组10次，累计次数达到900次。

引体向上：每周3次，每次3组，每组8次，累计次数达到720次。

柔韧性练习：

瑜伽：每周2次，每次1小时，累计时长达到104小时。

拉伸运动：每天进行1次，每次10分钟，累计时长达到3650分钟。

2. 身心状态明显提升

经过一年的坚持和努力，我明显感受到了健身带来的积极变化。通过定期记录运动数据(如距离、时间、心率等)，我发现自己的体能有了显著的提升。例如，在跑步方面，我从最初只能跑几百米逐渐增加到五公里，而且配速也有了明显的提高。同时，我的耐力和力量也有所增强，这使我在日常生活中感到更加轻松自如。

除了身体素质的提升，我还注意到自己的心理状态也变得更加积极和稳定。健身成为我释放压力、调节情绪的有效途径，帮助我更好地应对学业和生活中的挑战。这种身心的和谐发展让我更加自信和乐观地面对未来的挑战。

3. 社会交往更加积极

在健身的过程中，我结识了许多志同道合的朋友。我们一起分享运动的快乐，互相鼓励和支持。这些友谊不仅让我的大学生活更加丰富多彩，也为我提供了一个积极向上的社交圈子。我们一起参加各种健身活动和比赛，共同成长和进步。这些经历让我更加珍惜友谊，也让我学会了如何与他人合作和沟通。

二、仍有差距、有待提高

尽管我在健身方面取得了一定的成绩，但仍存在一些不足之处，需要改进。

1. 缺乏多样性

目前我的健身计划主要集中在有氧运动上，对于力量训练和柔韧性练习相对较少。为了更全面地提升身体素质，我需要增加这些方面的训练内容。

2. 急于求成

有时候我过于追求运动效果，而忽视了适当的休息和恢复。过度训练可能导致身体疲劳和受伤，所以我需要更加重视休息时间的安排。

三、未来计划与展望

展望未来，我要进一步深化健身计划，尝试更多的运动项目，如瑜伽和力量训练，以丰富我的运动体验，并提升身体素质。同时，我希望能够参加一些健身比赛或活动，以检验自己的成果，拓展社交圈。我相信通过持续的努力和坚持，我会拥有更加健康、充实的大学生活。

此外，我还计划将健身理念融入日常生活。例如，选择步行或骑自行车代替短途交通工具，利用课余时间参加户外运动等。通过这些方式，我不仅能够保持身体健康，还能与朋友一起享受大自然的美好。

最后，我希望能够成为健身的倡导者和传播者，鼓励更多的人加入到健身的行列中来。我相信通过分享自己的经验和故事，可以激发更多人对健康生活方式的向往。同时，我也期待与更多志同道合的人一起交流和学习，共同探索健身的乐趣和价值。

总之，这一年的健身经历让我深刻体会到了运动对身心健康的益处。在未来的日子里，我将继续保持积极的态度和毅力，不断挑战自己、超越自己，追求更高的健身目标。同时，我也希望通过自己的努力和行动，影响和带动更多的人关注健康、热爱运动，共同创造更加美好的未来。

刘　宁

2024年1月5日

第五节　抄底时间，素描其中的光景——消息

由S市××餐旅集团投资赞助的S大经济学会"希望杯"社团辩论邀请赛圆满落幕。第二天，应晓文以此撰写的通讯刊登在了校报上。看到铅字的那一刻，应晓文心中感慨万千：这不仅是自己的作品，更是记录自己青春时代浓墨重彩的一笔。想到这，平素沉静温婉的应晓文不禁雀跃起来。

应晓文回到寝室，迫不及待地想和室友分享自己愉悦的心情，却看见平日里乐观活泼的闺蜜李想正独自坐在书桌前唉声叹气。应晓文乐呵呵地推了她一下，把校报递给李想："别发愁啦，看看我的大作啊！"李想白了一眼应晓文，随后眼睛一亮，一把拽住应晓文激动地说："学霸、救星，大救星啊！晓文，你是猴子派来的救兵吧！"

原来，李想代表学校参加"S市大学生艺术展演比赛"获得歌舞类非专业组一等奖，刷新了S大参赛的最佳纪录，这是S大公共艺术美育砥砺奋进的见证。学校想将李想作为模范典型进行表彰，让李想撰写一篇新闻稿。

晓文听完来龙去脉，拿起S大校报，满脸含笑地给这位闺蜜讲了起来："你应该写一篇消息，它短小精悍，言简意赅……"

一、消息的含义

消息是一种常见新闻体裁，主要报道事情的概貌，无须详细讲述经过和细节，通常以简要的语言文字迅速传播新近发生的事实，是最广泛、最经常采用的新闻基本体裁。

狭义的新闻指的就是消息，它是报纸、广播电视新闻的主角，其他新闻报道(如通讯、新闻评论等)则是它的发展与补充。

二、消息的分类

(一) 动态消息

动态消息也称为动态新闻，能够迅速、及时地报道国内国际的重大事件。其中，有很多属于简讯，即短讯或简明新闻，往往一事一讯，篇幅短小。

(二) 综合消息

综合消息也称为综合新闻，是综合反映带有全局性情况的消息报道。

(三) 典型消息

典型消息也称为典型新闻，是对某部门或单位的典型经验或成功做法的报道，往往具有宣传功能。

三、消息的特点

(一) 真实性

真实性是新闻的根本属性，消息作为最基本的新闻文体，应该真实、全面地反映客观事实，严禁虚构或篡改。对于构成消息要素的时间、地点、人物、事件和结果，以及消息中引用的背景材料、数字等，都应该确保真实、准确。

(二) 客观性

消息的宗旨在于客观地传递信息，因此它在传递信息、表达观点时应尽量保持中立，客观展现事件原貌，让事实本身说话，而不是发议论、摆道理。

(三) 时效性

在反映现实的速度方面，消息居于各种文体之首。实用、高效是消息又一突出特点。消息必须及时迅速地把最新的事实报告给读者，被延误了的信息则失去了新闻价值。

(四) 简洁性

消息的篇幅通常较为短小，用简练的文字来叙述事实、传达信息，因此消息文体往往内容集中、言简意赅，具有简洁性的文体特征。

四、消息的内容与写法

一篇完整的消息通常包括六要素，分别是when(何时)、where(何地)、who(何人)、what(何事)、why(何故)、how(如何)，其中最重要的是when(何时)、what(何事)与who(何人)，其他要素则可以根据所叙述事实的内容性质进行取舍。是否具备新闻六要素，是衡量一篇消息质量的基本标准。

消息的文体结构通常包括以下5项内容：标题、导语、主体、背景、结语。大部分报刊上发表的消息结构相对简单固定，大多数消息的结构都属于"倒金字塔"式。这种结构主要是根据事实的重要程度或读者关心程度，先主后次地安排新闻中的各项事实内容。首先，标题用来概括消息中最主要的事实，其内容重要程度最高；其次，导语用来揭示新闻的主要内容，通常是消息开头的第一句话或第一自然段，其内容重要程度仅次于标题；再次，主体是对导语的进一步扩展，属于消息的躯干部分，用充分的事实表现消息主题，其内容重要程度次于导语；然后，背景是新闻发生的环境或条件，其内容重要度低于主体；最后，结语用来交代新闻事件的结果，可视具体情况而省略，其内容重要程度最低。

(一) 标题

标题包括单行标题和多行标题。多行标题根据不同情况有不同的组合方式，主要包括引题、主标题、副标题。引题(眉题、肩题)，用于交代背景、揭示意义、说明原因、烘托气氛；主标题，用于概括与说明主要事实和思想内容；副标题，用于补充说明主标题，提示报道的结果，或作为内容提要。

新闻写作中，有"三分之一时间写标题，三分之一时间写导语，三分之一时间写主体"的说法。与其他几部分相比，标题字数最少，而花费的时间却不少，是因为它的重要程度最高。消息标题通常必须包含两个要素：何人(who)做何事(what)，其他要素可以根据需要加入，例如《学校(who)因高三学生在宿舍吸烟(why)劝其转学(what)》。

消息的标题应简洁明确地概括消息内容，帮助读者迅速理解报道的事实。标题是一则消息的眼睛，可以起到向读者自我推销的作用。一则消息的标题写得好，可以吸引更多读者阅读；标题写得差，则会导致一篇内容优质的消息被读者忽略。

(二) 导语

导语通常是一段简短的文字，一般是对事件或事件中心的概述。导语的高度概括性要求它抓住事情的核心，并吸引读者阅读下面的主体部分。导语包括4个要素：when(何时)、where(何地)、who(何人)、what(何事)。例如《石城返乡农民工喜获"年礼"》的导语：

近日(when)，石城县琴江镇(where)的黄爱华(who)刚刚从东莞返乡就收到一份"新年大礼"——县里统一发出的返乡农民工优惠卡(what)，优惠项目包括就医、就业、技术培训、法律维权等内容。

1. 导语的类型

(1) 直接性导语，直接写出事实的核心，多采取叙述式形式。

(2) 延缓性导语，多为解释性、说明性文字，渲染现场气氛。

2. 导语的形式

(1) 叙述式，用摘录或综合的方法把最主要的事实扼要地写出来。

(2) 描写式，对主要事实或重要侧面作简洁描写，以营造气氛。

(3) 提问式，先尖锐地提出问题，再作简要回答，引起读者关注。

(4) 结论式，先给出结论，提示报道该事物的意义或目的。

(5) 号召式，提出号召，为读者指明方向和奋斗目标。

除了这5种类型，还有摘要式、评论式、综合式、解释式等导语形式。

(三) 主体

主体是消息的主干部分,它承接导语,紧扣中心,并对导语内容进行具体全面的阐述,呈现全篇消息的主题,通常按"时间顺序"或"逻辑顺序"安排结构。主体的结构与导语相同,也包括4个要素:when(何时)、where(何地)、who(何人)、what(何事)。

写作消息主体时,需要注意以下三方面事项。

第一,紧扣导语。由于消息主体部分所涉及的素材较多,而受到消息文体篇幅的局限,必须对这些素材进行取舍,要紧紧围绕导语表达的主题思想来选择素材。

第二,段落分明。在消息的结构中,主体所占的篇幅最大。然而主体不能大而无当,力求段落清晰、层次分明。主体部分可以分成若干段,每一段最好只说一方面意思,不要彼此糅杂、相互胶着。消息主体的段落可以短一些,段落之间过渡要自然。

第三,灵活生动。消息写作虽然以叙述为主,但主体部分应该是具体而生动的内容。因为基本的叙述配以灵活的描写和生动的铺陈,会使消息的主体部分呈现更大的吸引力,收到更好的传播效果。

(四) 背景

消息的背景用于说明原因、条件、环境等。消息所叙述的事件的背景、周围环境及相关信息,往往起到衬托与深化主题的作用。交代背景可以帮助读者更加深刻地理解新闻的内容与价值。背景的结构主要指一个新闻要素:何故(why)。

需要注意的是,虽然背景可以是对事实的"解释",但"解释"不应以议论的形式出现,而要确保解释本身就是事实,即用事实去解释,因此,消息背景也称为"事实背景"。

(五) 结语

消息的结语也称为小结,可以用于总结或指出事情发展方向等。

五、消息写作的几个误区

(一) 标题弱化

阅读消息时,读者最先看到的是消息的标题。好的标题会立刻抓住读者的注意力,吸引读者阅读消息正文;相反,不能体现精彩内容的标题,也就是被弱化了的标题,会导致读者失去阅读正文的兴趣。因此,消息标题的拟定工作理应受到重视,在消息写作中,应力求按照准确、精练、创新的原则拟定标题。

(二) 采写角度不合理

消息这一新闻文体,肩负着及时报道的职责。由于其时效性强,在消息写作的过程中,我们往往会陷入"时间紧,任务重"的窘境。在这种情况下,取舍素材主要从采写角度出发。例如对于会议新闻的拟写,有多少单位、哪些领导出席会议并不是要点,会议中出台的重要举措和强调的工作导向才是要点。如果采写角度不合理，就无法发掘出事件中最有价值的信息。

(三) 贪大求全

消息写作强调重点突出，主次分明。如果写作消息时总想把新闻事件中各方面内容全面地反映出来，就会陷入贪大求全的误区，最后导致本来精练的消息成为大而无当的杂烩。消息不是工作总结或者事件记录，要紧扣新闻五要素，对素材进行选择。

📇 例文1

中国宣告消除千年绝对贫困

新华社北京2月25日电(记者王进业、李来房、娄琛)世界上人口最多的国家25日宣告消除绝对贫困。

这意味着中华民族告别千百年来缺吃少穿的梦魇，实现丰衣足食、安居生活的夙愿。

中共中央总书记、国家主席、中央军委主席习近平25日在北京举行的全国脱贫攻坚总结表彰大会上宣布，中国脱贫攻坚战取得了全面胜利，完成了消除绝对贫困的艰巨任务，创造了又一个彪炳史册的人间奇迹。

十八大以来，中国组织实施了人类历史上规模最大、力度最强、惠及人口最多的脱贫攻坚战，现行标准下9899万农村贫困人口全部脱贫，平均每年脱贫1000多万人，相当于一个中等国家的人口。

"以前，粮食不够吃，木房子到处是窟窿，在屋里都能看到星星。"去年脱贫的贵州省紫云苗族布依族自治县旁如村农民王金才说，现在住进政府补贴盖的砖房，喝上自来水，两个娃娃读书不花钱，"生活不再发愁了"。

过去8年，习近平总书记7次主持召开中央扶贫工作座谈会，50多次调研扶贫工作，走遍14个集中连片特困地区，坚持了解扶贫脱贫实际情况。全国累计选派300多万名第一书记和驻村干部，各级财政专项扶贫资金投入近1.6万亿元，1800多名脱贫攻坚工作人员牺牲。

云南省昭通市委书记杨亚林说，脱贫取得成功，关键是坚决依靠党的领导，干部群众一条心，"再硬的骨头也要嚼碎"。

改革开放以来，中国7.7亿人脱贫，对全球减贫贡献率超过70%，提前10年实现联合国2030年可持续发展议程减贫目标。

海内外舆论认为，中国脱贫奇迹得益于中共的坚强领导、决心和执行力、以人民为中心的发展思想、集中力量办大事的制度优势和精准扶贫等一系列独创性重大理念和举措。

消除绝对贫困完成了中国全面建成小康社会、实现第一个百年奋斗目标的关键指标，为开启全面建设社会主义现代化国家新征程打下坚实基础，也创造了减贫治理的中国样本。

　　"中国成为世界减贫的范例。"塞内加尔学者易卜拉希马·尼昂说，中国经验值得非洲国家借鉴。

　　脱贫摘帽不是终点，是新起点。中国脱贫群众收入水平仍较低，国家下一步将把巩固拓展脱贫攻坚成果同乡村振兴有效衔接，让农民生活更好。

　　(作者：王进业、李来房、娄琛　编辑：集体　刊播单位：新华社)

📖 例文2

中国人首次进入自己的空间站

　　本报酒泉6月17日电 (记者余建斌、吴月辉、刘诗瑶) 记者从中国载人航天工程办公室获悉：6月17日9时22分，神舟十二号载人飞船在酒泉卫星发射中心发射升空，准确进入预定轨道，顺利将3名航天员送上太空。神舟十二号载人飞船入轨后顺利完成入轨状态设置，于北京时间6月17日15时54分，采用自主快速交会对接模式成功对接于天和核心舱前向端口，与此前已对接的天舟二号货运飞船一起构成三舱(船)组合体，整个交会对接过程历时约6.5小时。这是天和核心舱发射入轨后，首次与载人飞船进行的交会对接。

　　在神舟十二号载人飞船与天和核心舱成功实现自主快速交会对接后，航天员乘组从返回舱进入轨道舱。按程序完成各项准备后，先后开启节点舱舱门、核心舱舱门，北京时间17日18时48分，航天员聂海胜、刘伯明、汤洪波先后进入天和核心舱，标志着中国人首次进入自己的空间站。

　　后续，航天员乘组将按计划开展相关工作，完成为期3个月的在轨驻留，开展机械臂操作、出舱活动等工作，验证航天员长期在轨驻留、再生生保等一系列关键技术。

　　(作者：余建斌、吴月辉、刘诗瑶　编辑：李仕权、张帅祯、赵政　刊播单位：人民日报)

📖 例文3

黄河"地上悬河"历史正在被改写
二十一年调水调沙使下游主河槽下切3.1米

　　本报北京12月28日电 (记者马姗姗、谢文、邢宇皓) 记者从水利部获悉，最新数据表明：调水调沙实施21年来，黄河下游主河槽平均下切已达3.1米。也就是说，随着调水调沙持续实施，黄河"地上悬河"的历史正在被改写！

　　黄河流经黄土高原。黄土高原土层深厚，土质疏松，地形破碎，夏秋暴雨集中，因而，黄河成为世界上含沙量最大的河流。"黄河斗水，泥居其七"，泥沙淤积使下游河床不断抬升。为了束缚河道，人们只好不断加高堤防，黄河成为"地上悬河"，两岸人民头顶犹如放置了一个硕大的水盆。

解决黄河淤积，是中华民族千年夙愿，也是世界级难题。新中国成立后，水利专家们殚精竭虑，孜孜探索，终于在20世纪80年代找到了妙方——修建系列大型水库进行调水调沙。"调水调沙，就是通过'人造洪水'，形成连续的泄流冲力，把淤积在河道及水库中的泥沙尽可能多地送入大海。"水利部黄河水利委员会水旱灾害防御局方案技术处处长任伟说，"科学家经过大量分析研究和300多场实体模型实验，证实了这项技术的可行性。而成功的关键，是2001年年底小浪底水库建成运行。"

小浪底水库位于黄河干流最后一个峡谷的出口处，控制着黄河流域91%的径流和几乎全部泥沙。2002年，小浪底水库启动首次调水调沙试验，其后，逐渐形成多水库联合调度模式——先是小浪底水库泄放蓄水，冲刷下游河道、腾出库容；随后，万家寨、三门峡等水库依次泄水，接力冲刷小浪底库区泥沙……

"当河道中的挟沙水流与库区清水相遇，由于前者的密度更大，挟沙水流会潜入清水底部继续向前流动，形成'异重流'，最后从坝底排沙出库。"黄河水利委员会河南水文水资源局研究室主任李圣山解释。仅2022年，采用多水库联合调度模式，黄河在汛前和汛期就实现了两次调水调沙，小浪底水库共排沙1.566亿吨，输沙入海0.714亿吨。目前，黄河上中游正在加快古贤、黑山峡等水利枢纽工程建设前期工作，以持续提升水沙调控整体合力。

21年来，调水调沙使黄河下游河道主槽不断刷深，河道主槽最小过流能力由2002年每秒1800立方米提高到目前每秒5000立方米左右。"这是一个了不起的成就。水畅其流、排沙入海，彻底让'河淤堤高，人沙赛跑'的千年险局成为过去！"李圣山的话里透着自豪。

据悉，因为解决了旷世难题，"黄河调水调沙理论与实践"技术获国家科技进步一等奖，黄河水利委员会也因此获国际水利行业最具影响力的"李光耀水源荣誉大奖"。

(作者：马姗姗、谢文、邢宇皓 编辑：常戎、吴晓杰、包晗 刊播单位：光明日报)

👤 **例文4**

"48万封来信"研究项目在我省启动

60年，48万封来信，因为一个人，因为感动，因为崇敬，更因一份共同的信仰！今年是雷锋同志牺牲60周年，2月27日，记者从有关方面获悉，一个名为"48万封来信"的研究项目已经在我省启动。这是对60年来雷锋班收到的48万封来信的首次系统性挖掘、整理和研究，其成果必将为雷锋精神的研究开拓出一方崭新阵地，对新时代弘扬、传承雷锋精神发挥重要作用、产生重要影响。

采访中，"48万封来信"研究项目课题组负责人英明回忆起第一次在雷锋旅看到这些来信的情景，那份震撼溢于言表："这些信件装满了一排又一排的柜子，除了用汉字和少数民族文字写成的外，还有用外国文字写成的，甚至还有盲文信。它们厚度不同，形式各异，有着鲜明的年代印迹。我们小心地翻开每一封信，读着信上充满真情实感的话语，感受到雷锋精神深刻的影响。雷锋精神激励了几代人，至今依然熠熠生辉！"

课题组意识到，这48万封信承载着巨大的史料价值、研究价值和传播价值，弥足珍贵。尽管信件被用心地保管，但在岁月的磨砺下，许多信笺已发黄变脆、字迹模糊，到了启动抢救性保护的时候。

这一项目，将对所有来信逐封进行数字化处理、电子化保存，并以大数据的分析方法进行整理研究。经初步梳理发现，从时间上看，给雷锋班写信有三个明显的高峰期，一是在毛泽东等老一辈革命家为雷锋同志题词后；二是在改革开放后；三是新时代以来。特别是2018年9月28日习近平总书记在抚顺市雷锋纪念馆参观雷锋生平和事迹展发表重要讲话后，全国各地掀起了学雷锋的新一轮热潮，雷锋班收到的信件短短几年间就达到上万封。对这个时间段的来信运用知识图谱方法进行检索，发现"新时代""中国特色社会主义""榜样""道路""伟大复兴""奉献""传承"等词是高频词，映射出鲜明的时代特色。

抚顺雷锋学院特聘研究员周道海曾是雷锋旅的一员，一直致力于挖掘这些信件背后的故事。他对记者说："如果说中国人民谱写了一部学习雷锋精神的壮阔历史，那么这几十万封书信便是这段历史的明证。时代需要雷锋，人民呼唤雷锋，雷锋精神一直是鼓舞我们前行的强大精神力量！"

英明说，辽宁是雷锋精神的发祥地，是全国学雷锋活动的重要策源地。深入发掘、保护、研究这48万封来信是新时代赋予辽宁的责任，是一项政治任务和理论工程。创新性地用好这一研究成果、用好雷锋精神这一宝贵的红色资源，将为辽宁打造新时代学雷锋新高地、传播雷锋精神新阵地提供坚强支撑，为辽宁振兴发展提供取之不竭的精神动力。

(作者：高爽、王钢 编辑：唐成选、符成龙、于海华 刊播单位：辽宁日报)

👤 例文5

"向地球深部进军"：我国油气领域"深地一号"项目横空出世

8月10日，中国石化宣布：在油气勘探开发领域实施的"深地工程"获得重大突破，塔里木盆地顺北803斜井测试获高产工业油气流，折算油气当量1017吨，成为顺北油气田超深层第15口千吨井。同日，中国石化命名顺北油气田为"深地工程"顺北油气田基地，成为我国第一个以"深地工程"命名的油气项目。顺北油气田基地被誉为"深地一号"，标志着这一全球埋藏最深的油气田成功勘探开发，对我国深地矿产资源的勘探具有较强的指导意义，将为保障国家能源安全贡献重要力量。

习近平总书记强调，向地球深部进军是我们必须解决的战略科技问题。深层油气资源勘探开发是开展地球深部探测的重要组成部分。近年来，世界新增油气储量60%来自深部地层，勘探潜力巨大。在我国油气勘探开发实践中，埋深超过8000米的地层为超深层。我国深层、超深层油气资源占全国油气资源总量的34%，具有资源丰度高、规模大、整体储量大等特点，但存在诸多世界级勘探开发难题。

目前，塔里木盆地和四川盆地是我国两个最丰富的深层油气盆地，"深地一号"——顺北油气田基地位于塔里木盆地中西部，储层平均埋藏深度超过7300米，钻探垂直深度超过8000米的油气井达41口，堪称"地下珠峰"，已落实4个亿吨级油气区，成为近十年来塔里木盆地油气勘探的新亮点。

为了能在"地下珠峰"找油采气，中国石化经过多年发展，形成了国内领先的深地技术系列。在地质理论方面，率先突破了8000米超深层油气勘探"死亡线"，创新形成超深层断控缝洞型油气成藏理论；在勘探开发方面，创新形成超深层储层立体成像技术和缝洞体精细雕刻技术，相当于给地球深部做CT扫描，掌握超深层油气优快钻井技术，探索形成了一套具有顺北特色的8000米级复杂超深层井身结构设计、配套技术和标准规范，实现了由"打不成"到"打得快、打得准"的重大跨越。

"'深地工程'既是贯彻落实'深海、深地、深空'战略的实际行动，也体现了打造深地技术原创策源地的阶段性成果。"中国石化董事长、党组书记马永生在为"深地一号"揭牌时表示，"未来，中国石化将继续加大深地油气勘探开发力度，为更好端牢能源饭碗提供战略科技力量。"

(作者：徐徐、戴安妮、王福全 编辑：徐徐 刊播单位：中国石化报)

第六节　光阴在线，细细地说给你听——通讯

周六下午2点，S市大剧院，第四届"希望杯"大学生创新创业大赛颁奖晚会在此隆重举行。教育部高教司、省市主管教育领导、各高校校长及行业专家、各高校获奖的学生代表队出席了会议。"希望杯"大学生创新创业大赛已成为S市促进高校产学研结合、校企协同育人的重要纽带，意义非凡。S大学生代表队在30多所高校中突出重围荣获一等奖，成为S大历史上第一个获得该奖项的学生团队。

返校的客车上欢声笑语，同学们难掩兴奋。大创中心王老师看着这一群和自己朝夕相处的学生们，倍感振奋，大声说："晓文，你是宣传部长，回去后立即写一篇新闻通讯，在校报刊发出来，让全校同学们都知道我们是如何一路搏杀的，从海选到入围，到半决赛，再到取得决赛胜利！要具体、详尽地写出来，要生动形象，要让同学们感受到我们的激情，感受到我们战胜困难的决心！"晓文郑重地回答："保证完成任务！"车里的讨论主题马上转到了如何撰写这篇通讯。

"把这次参赛活动主题写明确，不能空泛。"

"要好好选材，有意义、有吸引力，不能写旁枝末节。"

　　"当然要人物、事件一同写。"

　　"角度要新,要灵活多样。"

　　"王老师,我们要去采访您。"

　　王老师被这群年轻人的热情深深地感染,希望通过这篇通讯,更多的同学了解大创比赛,参与大创比赛。因为早接触比赛和项目,早投入大学生创新创业活动,就能越早地在职场上起步。

一、通讯的含义

　　通讯是一种报纸、广播电台、通讯社常用的新闻文体,是比消息更详细而深入地对新闻事实进行报道的新闻体裁,常用叙述、描写、抒情、议论等手法,具体、生动、形象地反映新闻事件或人物。因此,它也可以被认为是记叙文的一种。

　　通讯是我国新闻媒体中特有的文体,西方传媒中没有"通讯",他们除了短消息外,往往辅以"比消息更详尽的新闻",类似于我国的通讯。

二、通讯与消息的区别

(一) 时效性差异

　　消息作为最常见的新闻文体,时效性更强,往往需要争分夺秒地发表,否则就会导致新闻贬值。通讯的时效性没有消息那样严格,如果选材相同,媒体往往先发消息,后发通讯。

(二) 容量差异

　　在容量方面,通常通讯的容量大,所叙述的事实更加详细,一般篇幅较长;相比之下,消息容量相对较小,所叙述事实更具有概括性,一般篇幅较短。

(三) 题材差异

　　在报道题材、对象方面,通讯选材更加严格,通常报道有意义的、人们普遍关心的事实;消息选材相对较宽。

(四) 内容差异

　　通讯比消息更加翔实,需要向读者展现事实的全貌、细节,甚至事实背景与发展线索等信息;消息通常概括、简要地进行报道。

(五) 文体结构差异

　　通讯文体结构相对灵活,而消息文体结构较为稳定。消息通常有固定的结构,即由标题、导语、主体、背景、结语组成;通讯则可以根据写作对象不同选择更加灵活多样的结构,不必拘泥于固定结构。

(六) 表达方式差异

通讯通常以叙述、描写为主，并可根据内容需要相对自由地选择恰当的表达方式，多种表达方式综合运用；消息则以叙述为主，偶尔辅助以其他表达方式，如描写、议论、抒情等。

(七) 语言风格差异

通常通讯的语言风格生动形象，消息的语言风格简洁明了。

三、通讯的分类

通讯可以按照以下两种标准划分类别。

(一) 按报道内容分类

按报道内容分类，通讯可分为人物通讯、事件通讯、工作通讯和风貌通讯。

(二) 按报道形式分类

按报道形式分类，通讯可分为以下几类。

1. 访问记

访问记一般以采访活动的过程为主要线索来搭建结构和组织材料，写作中有问有答，现场感强。通讯写作中，可以穿插各种背景材料，力求显示一定深度。

2. 专访

专访属于访问记中的一种，通常是就特定的问题、特定的对象而进行的专门访问。与一般访问记相比，其内容比较集中，涉及面较窄。

3. 新闻小故事

新闻小故事也称为新闻故事、小故事。此类通讯通常只反映一人一事，或是表现一个片段，因而往往内容简单，篇幅短小，文风精悍而生动。

4. 特写

特写是西方媒体常用的类型，往往将生活中某个特定的画面放大，或突出地描绘事件的某些片段、人物的某些细节，给读者以深刻的印象。

5. 大特写

大特写通常指抓住社会热点中的事件、人物或现象，作全方位、多侧面的报道。有人认为它是深度报道的一种。

6. 集纳

此类通讯善于将同一主题而又相对独立的小故事、片段事实组合起来，"集纳"而成篇。

7. 侧记

侧记通常是从某一侧面反映新闻事件或新闻人物，取材自由，往往能抓住特点，紧扣读者的兴趣点，回答读者普遍关心的问题。

8. 巡礼

巡礼是观光记、参观记的一种形式。作者往往是边走边看，并把见闻写出来。

四、通讯的特点

(一) 真实性

作为新闻文体，真实性是通讯的基本特征。通讯虽然可以采用多种表现方法，但其本质仍然是记录事实的记叙文，因此在通讯写作中严禁虚构与篡改所报道的事实。

(二) 客观性

通讯的表现形式可以灵活多样，但作者对新闻事实的态度要以客观的立场呈现。虽然通讯文体通常报道有价值、有意义的正面事实，附带一定的宣传功能，但绝不能为了宣传效果而采用美化、夸张的叙述与描写。在通讯中，发表议论也应站在客观立场上，不能带入作者的个人情感与利益考量。

(三) 时效性

与消息相比，通讯文体对时效性的要求不那么严格，但通讯作为新闻的一种，时效性仍是其重要特点。如果采写所用时间过长，就会失去新闻最基本的"新"的价值。

(四) 形象性

与消息相比，通讯内容的翔实，不仅仅在于它的内容更详细、信息更丰富，还在于其具有较强的形象性。通讯通过叙述与描写、抒情、议论相结合的形式，带给读者更为立体丰富的形象感受。

(五) 议论性

通讯可以比消息更自由地使用议论，从而使内容更有方向感与深度，但切记议论要客观，且不能过多，否则就不再是以反映事件和人物为主要任务的通讯，而成为新闻评论了。

五、通讯的内容与写法

(一) 纵式结构方式

一般的通讯往往按单纯的时间发展顺序、事物发展的顺序，或递进、因果等逻辑关系来组织结构，或者依据作者对所报道事物认识发展的顺序、采访过程的先后顺序来安排层次，这些方式都属于纵式结构。大部分题材不复杂的通讯都采用纵式结构方式。

(二) 横式结构方式

对于一些题材相对复杂的通讯，可按空间转换或事物性质来安排结构。横式结构又分为以下四种。

一是空间并列式结构，按照空间关系，并列地安排结构形式。

二是性质并列式结构，按新闻事实各个侧面之间的关系来安排结构方式。

三是群相并列式结构，按不同人物及其事迹组织安排结构方式。

四是对比并列式结构，把正或反的人物、事件并列安排到结构中去，在对比中反映主题。

(三) 纵横结合式结构方式

对于题材更加复杂的通讯，可采用纵横结合式结构方式。这种方式多用于事件复杂而时间跨度大、空间跨度广的通讯。

六、通讯的写作要求

(一) 主题明确

在通讯写作中，应先明确主题。有了明确的主题，取舍材料就有了标准，起笔、过渡、高潮、结尾也就有了依据，不会沦为空泛的叙述。

(二) 材料精当

在确定了主题之后，就要按照主题思想的要求，去整理材料、选取材料。要挑选出最能反映事物本质、最有意义、最有吸引力的材料，并把这些材料恰当地运用到通讯中。

(三) 人物、事件相辅相成

在通讯中，内容通常翔实具体，人物也比较生动形象，但一定要注意人与事的关系，写人离不开事，写事是为了写人，否则人物会显得空洞，事件也会显得呆板、单薄。

(四) 角度新颖

通讯的表现方式灵活多样，在写作中要充分发挥这一文体的优势。除叙述外，可以进行描写、议论，穿插人物对话，甚至抒情。在叙述角度方面，既可以用第三人称，也可以用第一人称，如访问记、印象记或书信体、日记体等。通讯所报道的新闻事实，也可以从各个不同的角度去观察、去记录。

例文1

"外婆"的礼物

• "那次回乡,我发现不少老人,既没有稳定的生活来源,也没有精神寄托,整日孤零零地坐在门前,守望着连绵的群山……"张新斌心想,怎样才能帮到这些老人呢?

• 2016年,张新斌创新实施"百位外婆创业计划",通过爱心认购,由捐赠者为老人赠送鸡苗,然后老人向捐赠者返销鸡蛋。这样,老人们不但有事可干,而且有了一笔可观的收入。

• 2021年,旬阳大山造物网络科技有限公司被中共中央、国务院授予"全国脱贫攻坚先进集体"称号。

3月8日晚,王磊送走餐厅最后一位客人后赶忙打开微信,给远在旬阳的张新斌发了一条信息:你送的500盒"外婆的礼物"存货不多了,赶紧再送一批哦!

王磊是西安高新区一家餐厅的负责人,他口中的"外婆的礼物"其实是来自陕南旬阳大山里的土鸡蛋。这些土鸡蛋看似平平无奇,缘何被王磊称作"外婆的礼物"呢?记者采访后才知道,原来在这些鸡蛋的背后,有着一个暖暖的故事。

故事要从给王磊送鸡蛋的张新斌讲起。

2013年,在西安闯荡多年的"80后"小伙张新斌回老家旬阳市城关镇木厂村探亲。这个典型的陕南村庄,和他离开时一样,每年都有大批青壮年劳动力外出务工,村里只留下一些老人和孩子。有的老人守着三分薄地,种些简单的作物,勉强维持日常生活;有的老人由于没有固定收入,经济拮据,遇到头疼脑热连买药钱都拿不出……这让张新斌深受触动。

"那次回乡,我发现不少老人,既没有稳定的生活来源,也没有精神寄托,整日孤零零地坐在门前,守望着连绵的群山。"张新斌谈及那次回乡的感受,至今让他难以忘怀,"我是农民的孩子,特别能体会他们的感受。一些老人由于没有存款和收入,自己有事的时候每月百十来元的养老金根本解决不了问题,不得不伸手找儿女们要;遇到儿女们有困难,老人想分担也无能为力。"

于是,他萌生了帮助留守老人的念头,并很快成立了守望大山公益组织。

最初,这个组织主要以捐钱捐物的形式帮助老人。同时,张新斌还定期组织城里的朋友到旬阳山里,开展帮扶活动。

"传统公益确实发挥了很大作用。每次志愿者去看望老人,冷清的家一下子变得热闹起来,老人发自内心地开心。"张新斌说,但有一次他们给一位老人送钱送物品时,老人再三拒收现金,而且要求他们临走时带上他家的土鸡蛋。这件事让张新斌意识到,捐钱捐物固然能够帮助老人们解燃眉之急,但是从长远看,这并不能从根本上改善他们的生活现状,还会给他们造成心理负担。所以,公益活动不能光是"授人以鱼",更要"授人以渔"。

2016年，一个崭新的计划——"百位外婆创业计划"诞生了。张新斌为此专门成立了旬阳大山造物网络科技有限公司，采用以买代捐的公益模式，通过爱心认购，由捐赠者给山里的老人们赠送鸡苗，让老人把鸡养大后，再向捐赠者返销鸡蛋。这种方式既让老人们有了持续增收的能力，还让捐赠者能够得到原生态山货。因为这些鸡蛋都是老人们劳动的成果，所以张新斌给这些鸡蛋起了一个温馨的名字——"外婆的礼物"。

这项计划的实施，已使旬阳市1278位老人从中受益，年人均收入5000元，在脱贫攻坚中充分展现了社会公益力量的担当。2021年，旬阳大山造物网络科技有限公司被中共中央、国务院授予"全国脱贫攻坚先进集体"称号。

当前，在巩固拓展脱贫攻坚成果同乡村振兴有效衔接的过程中，社会公益发挥着更加积极的作用，越来越多农村留守老人借助公益的力量，参与到共同富裕的奋斗中。

"去年，我家养了300只鸡。这是个相对轻松的活儿，鸡舍、鸡饲料都是企业给我们准备好的，我们就负责养好鸡。"家住城关镇西沟村4组的赵祥举和老伴参与创业计划后，每年仅养鸡增收就达3万元。

除了土鸡蛋，大山里的腊肉、黄花菜、竹笋等土特产也都成为"外婆的礼物"，经由电商渠道销往全国各地。如今，"百位外婆创业计划"的影响力逐步扩大，很多老人将养鸡作为一项稳定增收的产业进行发展。每年还不断有新增的"外婆"加入这项创业计划。

3月18日，阳光和煦。吃罢午饭，张新斌带着公司的两名员工驱车前往城关镇殿湾村。和往常一样，他们这次深入山区的目的，就是继续寻找有创业想法的"外婆"。他们到来之前，村干部已经帮公司对村里留守老人的家庭情况进行了摸底。张新斌来这儿，要做的是进一步"洽谈"工作。

车停在了半山腰的一户人家门前，大门半掩着。3人绕向屋后，村民何邦娣和老伴张开明正在地里劳作。

"外婆，种的啥？"

"早上挖了些黄姜，这刚点了些四季豆和豇豆。走，到屋喝茶。"

进屋坐定，热情的老两口便取杯沏茶。

张新斌说："外婆，看你身体还好，今年给你发些鸡苗子，你们来给我养，咋样？"

"不晓得顾不顾得过来哟！"女主人笑着回答。

"我们给你们免费发鸡苗。一只鸡我们给你们发10斤玉米，将来鸡产蛋了一只鸡要先给我们还10枚鸡蛋，之后鸡产的蛋我们按一个鸡蛋1.2元回收。"张新斌一边给男主人点烟一边说，"鸡苗和饲料都给你们免费发，你们啥也不操心，就只管养鸡。除了鸡蛋，年底不下蛋的鸡我们也收购。"

"坎上王家去年也养了20只鸡，一年下来挣了4000多元，要不我们先养20只试试？"张开明对何邦娣说。

"这坡上适合养鸡，回头我们来帮你收拾一下，你们可以先养40只试试。"张新斌建议。

……

一个下午，张新斌成功"签约"4位老人，顺便还收购了一批鸡蛋。晚上8时，王磊给张新斌发来微信：新鲜的土鸡蛋收到了。

现在，"百位外婆创业计划"的帮助对象已经从旬阳的留守老人拓展到了岚皋、紫阳等地。据了解，从2016年至今，"外婆的礼物"累计筹款超过350万元，参与人数达40万人，仅仅在西安就有106家企业、单位与"百位外婆创业计划"有合作，带动秦巴山区销售农产品5000多万元。

(作者：陈嘉 编辑：陈艳、肖杨 刊播单位：陕西日报)

例文2

从"第一"到"第一"，7本火车驾驶证见证"中国速度"

70年前的今天，在李国方的记忆里是模糊的，但在中国铁路史上，却无比清晰。

那是1952年7月1日，新中国成立后建成的第一条铁路——成渝铁路通车，他的父亲李鸿升拉响了首班列车的第一声汽笛。3岁的他，被大哥抱去现场观看。

此后70年间，李国方和他的儿子，先后也成了火车司机。祖孙三代司机收藏的7本火车驾驶证成了"传家宝"，它们见证了中国铁路从时速40公里到350公里的飞跃，也见证了中国铁路多个"第一"的进阶之路。

新中国第一条铁路通车：一声汽笛，圆老百姓半世纪铁路梦

泛黄的驾驶证上，手写的名字"李鸿升"笔力遒劲。他是新中国第一代蒸汽机车司机，2本驾驶证至今保存完好。

"成渝铁路的第一辆火车就是蒸汽机车，车号是3859。车头挂着毛主席画像，插着鲜艳的红旗，庄严的党徽在车头上闪闪发光……"

儿时，李国方一次次听父亲讲起通车那天的故事——天蒙蒙亮，重庆菜园坝已是人山人海。10点整，时任铁道部部长的滕代远笑着剪断火车前方的红绸。

"呜——"李鸿升抬手抓住汽笛阀手柄，长长的汽笛声响起。在山城人民巨浪般的欢呼声中，火车缓缓驶出重庆火车站，气势磅礴地驰骋在新中国第一条铁路上。

"成渝铁路，西南地区人民苦盼了半个世纪。"李国方难忘父亲谈起这条铁路时严肃的神情。

20世纪初，清政府筹办川汉铁路，西段是成渝铁路，但将筑路权卖给列强。1935年，国民政府决定修筑成渝铁路。但直到1949年，一寸钢轨未铺。

新中国成立之初，百废待兴，工业基础十分薄弱。在极其艰难的条件下，党和政府仍下定决心修建成渝铁路，带动西南地区经济社会发展。

1950年，成渝铁路开工。十余万军民，集结成筑路大军。

现年90岁的孙贻苏是成渝铁路的修建者，他至今难忘，修路条件艰苦，可大家浑身却有使不完的劲儿，"没有鞋子就打光脚板，没有先进工具，就用手握钢钎一点一点砸开石头。"

"修路所用的木材、钢铁等物资紧缺。"李国方指着自己珍藏的影像资料感叹，这些木材都是铁路沿线老百姓捐献的，有人甚至捐出了自己的寿材。

两年后，505公里的成渝铁路建成通车。这是新中国成立以来，完全由中国人民自主建设的第一条铁路。

从此，成渝两地通行时间从7天水路缩短到13小时。

千年"蜀道难"历史改写：一路高歌，改革春风吹遍中国大地

"开蒸汽火车不仅要技术，也要力气。"1980年，31岁的李国方也成为成渝铁路上一名蒸汽机车司机。

驾驶室内三个人，一人负责操纵机车行驶，一人铲煤，一人瞭望和监控。"铲煤最累，一铲子下去，得将几十斤煤铲进锅炉。驾驶位就在锅炉旁，夏天得忍受五十多摄氏度的高温，衣服全湿透；冬天要探头瞭望信号灯，窗户必须敞开，冷风呼呼往里灌。"李国方回忆道。

因铲煤浑身沾满粉尘，那时司机们调侃自己："远看像要饭的，近看像挖炭的，仔细一看是机务段的。"

此后，成渝铁路迎来内燃机车。李国方拿到内燃机车驾驶证后很是欣喜，"再也不用像蒸汽机车那样费力铲煤了。"

26年火车司机生涯，李国方经历了蒸汽机车到内燃机车，再到电力机车的技术变迁，攒下了3本驾驶证，也见证了川渝地区"一路通、百业活"的经济腾飞。

"巴蜀大地物产丰富、人口稠密。"李国方驾驶货运列车时亲眼看到，荣昌的煤点燃万家灯火，内江的糖、自贡的盐销往全国……1200多种从前不能外运的西南特产，被大量运往华东、华北等地区。

成渝铁路激活了成都、重庆及沿线10多个城市的"一池春水"。数据显示，至20世纪90年代初，沿线地区年人均工农业总产值从通车前的183.2元提高到3218元，增长了17.56倍。

时光飞逝，除了成渝铁路，沪蓉线成遂渝段、成渝客专陆续开通，成渝双城融入全国高速铁路网。

除了奔驰在广袤的神州大地，成渝两地的火车还一路向西，载着电子产品、机械零部件、汽车等开往欧洲。

2011年3月19日，首趟中欧班列从重庆团结村始发，揭开了我国开行中欧班列的序幕。

2021年1月，成渝两地的中欧班列统一为中欧班列(成渝号)。2022年6月30日，中欧班列(成渝号)第20000列纪念专列，从重庆和成都同时发出，分别驰往德国杜伊斯堡和波兰罗兹。

成渝铁路及与之接轨的国内国际大通道，让成渝地区双城经济圈积极融入"国际国内双循环"大格局中，并与国家"一带一路"倡议无缝连接。

多项高铁指标世界第一：70载巨变，书写中华民族崛起奇迹

2020年12月24日，重庆沙坪坝站。

已经开了20多年火车、拥有2本火车驾驶证的李治刚，拉响嘹亮的风笛。如爷爷李鸿升当年一样，李治刚也成了一名首发司机。不过他开的是最先进的"复兴号"，62分钟后，便抵达成都东站。

"从蒸汽机车时速40公里左右，到今天的时速350公里。我们圆了爷爷那辈人的'铁路贴地飞行梦'。"李治刚说。

让李治刚感慨的不单单是速度的提升，还有"高铁强国"的崛起。

2017年，具有完全自主知识产权的中国标准动车组"复兴号"投入运营后，标志着我国高铁技术装备开始领跑世界。

李治刚坐在驾驶室内，再也不用像爷爷和父亲一样，要探头出去瞭望信号灯。靠着先进的GSM-R无线通信传输列车控制信息，他就能准确判断前方路况。

据中国国家铁路集团数据，截至目前，中国高铁运营里程突破4万公里，稳居世界第一，铁路电气化率、客运周转量、运输密度指标也位居世界第一，商业运营速度世界最快，运营网络通达水平世界最高。

预计到2025年，全国铁路运营里程将达到17万公里左右，其中高铁5万公里。

变化不仅在数字里，还藏在细节中——从纸质车票到电子票，从窗口排长队买票到互联网购票，从人工检票到自助验证刷脸乘车，从推车卖货到网上订餐……

70年，从新中国第一条铁路通车，到中国高铁多项指标世界第一，祖孙三代成渝铁路司机，见证着中国大地上跨越时空的"沧桑巨变"，也见证着勤劳勇敢的中国人民，在共产党领导下书写的历史奇迹。

(作者：连肖、佘振芳、李文科 编辑：张一叶、康延芳、李露 刊播单位：重庆华龙网新重庆客户端)

第七节　拂意处切莫放手
——申请书

天高云淡，金风送爽，S大校园里依旧绿意葱葱、生机盎然。应晓文历经三度寒暑，成长为一名出色的大学生，被选为新生班级学生导员，辅助辅导员老师管理班级事务。

晓文很快熟悉了大一新生班级情况。今天，应晓文要和魏星聊一聊他最近遇到的问题。魏星，学习刻苦，成绩优异，来自偏远山区，有申请贫困助学金的打算，但不知道申请的步骤和流程。应晓文对这位小学弟是非常钦佩的，他身上既有不怕困难的坚韧，更有奔赴梦想的乐观。应晓文感慨国家助学金对有需求的大学生润物细无声的帮助，更感慨国家对青年人才的珍惜。想到这，晓文加快步伐，仿佛去赴一场希冀与梦想之约。

见到魏星，应晓文从背包里拿出一堆材料，有《国家助学金管理办法》以及打印的相关材料，还有一本《应用文写作》教材，笑着说："魏星同学，暂时的困难未尝不是人生的一种历练。学办已经讨论过了，你的情况属实，符合申请条件，可以申请助学金。我把材料帮你带过来了，我们一起看看然后填写一下。""谢谢学姐，谢谢！"小学弟脸上挂着兴奋的笑容。晓文帮魏星研究材料，帮助他如何写好一篇申请，魏星神色凝重，目光中透着奋进的铮铮铁骨。

一、申请书的含义

申请书是个人或集体因某种需要，向相关组织、单位、领导表达愿望、提出请求时所使用的一种专用书信。

呈递申请书的主要目的是表达诉求，希望获得对方的认可和同意。申请书与请示有相似之处，但也有明显不同。

第一，请示属于行政机关公文，申请书属于专用书信。

第二，请示的写作主体和写作对象都必须是机关或部门，不能是个人。而申请书的适用范围更广，写作主体和写作对象可以是组织、机构，也可以是个人，不局限于本部门、本系统。

第三，请示属于"请求示意"，用于下级遇到难题时，提出多套解决方案，希望领导指示应该如何去做。而申请书属于"请求同意"，用于作者知道如何去做，但不能擅自行动，而向相应机关或个人提出请求，经批准同意方可执行的情况。

二、申请书的分类

申请书种类繁多，使用范围广泛，从内容上大体可以分为以下三类。

一是要求解决问题的申请书，例如住房申请书、休学申请书、进修申请书、转正申请书、助学贷款申请书等。

二是要求加入社会组织的申请书，例如入党申请书、入会申请书。

三是要求获取某种权利的申请书，例如商标注册申请书、领养子女申请书。

三、申请书的内容与写法

(一) 标题

申请书的标题一般有两种写法：一是直接写"申请书"；一种是由申请内容和文种构成，例如"入学申请书""开业申请书"。

(二) 称呼

在标题之下另起一行顶格书写接受申请的组织、机关、单位、个人，例如"建设银行沈阳分行""大连市工商局""敬爱的党组织""尊敬的学院领导"。

(三) 正文

称呼下一行空两格开始书写正文，这是申请书的主要部分，一般由申请事项、申请理由、申请人的态度三部分构成。

1. 申请事项

在申请书的正文，应开门见山地直接提出申请事项，明确、清晰地写出自己的具体请求和愿望。申请事项是申请的目的所在，在全文中起着主题的作用。

2. 申请理由

根据事实充分阐述申请理由，理由申请应清楚合理、突出重点，不需刻意渲染，也不需面面俱到。如果申请的理由比较多，可以分条列点阐述。

申请事项和申请理由可根据具体情况安排顺序，既可以先表明申请事项，也可以先阐述申请理由。

3. 申请人的态度

在申请书的正文，申请人应表明自己的态度、决心、愿望，例如"希望单位能够考虑我的实际情况，予以批准""以上申请，请批准"。

(四) 结尾

申请书的结尾可以使用敬意语、感谢语、祝颂语，这是对接受申请部门的一种礼貌。例如"此致敬礼""敬祝""请接受我衷心的感谢"。

(五) 落款

在结尾的下方偏右的位置，署上申请人的姓名。申请者名称前可以加上"申请人：""申请者："等字样。署名下方标明申请的具体日期。

四、申请书的写作要求

(一) 申请事项合理明确

申请事项应是必需且可能实现的；可有可无或根本不具备实现基础的，则不能提出申请。

(二) 申请理由实事求是

申请理由应实事求是，摆明事实，讲清困难，不讲空话套话，避免表述模糊不清或修饰夸张。

(三) 语言表达简洁谦和

申请书一般写给组织或领导，措辞应严肃、庄重、朴实、清楚，不能拖泥带水，切忌用命令式口吻。

📇 **例文1**

成立摄影协会申请书

学院团总支：

　　我及其他8名发起人向学院团总支申请成立摄影协会。

　　摄影协会是我校大学生自愿组成、依法登记、具有公益性服务性的非营利性团体，隶属学院团委及学生会。

　　本社有其他社团所没有的特色和优势。第一，我们以摄影作品传递资讯内容，资讯内容鲜活、生动，比一般文字宣传更直接形象、更具吸引力；第二，摄影以其快捷的方式取胜，资讯内容包罗万象，不受空间、时间的限制，把瞬间的美好化为永恒的记忆，是传递资讯的最佳工具；第三，摄影作品配以资讯内容描写，效果更佳。我们力图以摄影结合文字说明，关注学院最新动态、宣传学院新生事物等，做精神文明建设的排头兵。成立摄影协会能够为全校同学提供一个新的锻炼平台，对提高专业学习能力和摄影技术水平具有极大促进作用，同时还能提升同学们的社会沟通能力和团队协作能力，为进入职场做好前期准备。

　　如果学院能够批准成立摄影学会，我们一定遵守学院相关规章制度，相互协作，发挥专业特长，为建设更美好的校园做出最大的努力。

　　恳请领导予以批准！

　　附件：1. 摄影协会发起人情况
　　　　　2. 摄影协会章程(试行)

申请人：刘刚

20××年×月×日

(资料来源：耿云巧，马俊霞. 应用文书写作[M]. 北京：人民邮电出版社，2015. 有改动)

📇 **例文2**

助学贷款申请书

尊敬的学生处老师：

　　您好！

　　我是S大学的社会工作专业学生魏星(身份证号：210×××××××××××××××)，学号为M2351720。因家庭经济困难，父母无力支撑我完成学业，特此申请国家助学贷款。

　　一、家庭经济状况

　　我来自辽西北××县的一个普通农村家庭，家中主要经济来源为父母务农的收入。

近年来，由于农作物价格波动及自然灾害等因素，家庭收入难以稳定，同时家中还有两个妹妹正在就读高中，教育支出成为家庭的沉重负担。尽管父母已竭尽全力支持我的学业，但目前的经济状况已无法满足我大学期间的学费和生活费用。

二、学业表现与成就

自入学以来，我始终保持着对学习的热情和专注。进入大学第一学期，我的平均绩点为4.5。我积极参与各类学术活动和社会实践，努力提升自己的综合素质，先后获得"S大学2023年军训标兵""辽宁省中华经典诵写讲大赛二等奖"等荣誉。同时，我也深知教育的重要性，对于能够获得助学贷款以继续我的学业充满感激。

三、还款计划与承诺

我清楚助学贷款的性质，并承诺在毕业后按照约定的还款计划及时偿还贷款。我将通过勤工俭学、兼职工作等方式减轻经济负担，确保按时履行还款义务。同时，我也将更加珍惜学习机会，努力提升自己的能力，以便将来更好地回馈社会。

请您审阅我的申请材料，并考虑我的申请。如有需要，我随时愿意提供更多信息或安排面谈。非常感谢您的关注和支持！

此致

敬礼！

附件：1. 家庭经济状况证明材料

　　　2. 在校学习成绩单

　　　3. 获奖证书

申请人：魏星

2024年10月16日

 例文3

入党申请书

敬爱的党组织：

今天我怀着十分激动的心情，郑重地向党组织提出：我志愿加入中国共产党。这句话在我心中久久埋藏，也是我长久以来的追求和向往。

我出生在一个共产党员的家庭，爸爸、妈妈都是共产党员。从小，他们的言传身教就给我留下了很深的印记，那就是：没有共产党，就没有今天强大的祖国。

我对党的认识，是逐步加深的。少年时代，在父母和老师的指导下，幼小的心灵萌发了对中国共产党的敬慕和向往；中学时代，是我人生观初步形成时期，开始接受了马列主义、毛泽东思想；上大学后，我向党组织递交入党申请书，希望在党组织的培养教育下，逐步树立共产主义的世界观、价值观和人生观。

　　在学习上，我认真刻苦，课上认真听讲，课后及时复习，并主动向老师请教，认真查阅专业资料，深入地去探索自己所学的专业。我不断追求、不断苦练，探索文学的真谛。抓住每一次练笔的机会，锻炼自己，丰富自己，培养自己，提升自己，在创作中磨练自己，向前辈学习，更重要的是从中获取了经验，得到了锻炼，使自己的文化内涵获得提升。

　　在生活上，我积极乐观，生活简朴，和同学们相处融洽，互相帮助，时时处处以党员的标准严格要求自己。同时，积极协助老师做一些力所能及的工作，在学院领导和同学们的教育和帮助下，从一名普通的大学生成长为优秀的当代大学生干部，争取早日站到党旗下。

　　在大学这座大熔炉里，我的思想在经历恐慌和冲击之后有了新的提高。我觉得一个人独善其身并不够，还应该积极地用自己的言行去影响他人。一个优秀的人懂得最大程度地发挥自身的潜力，不仅体现在对自己的学业兢兢业业、对周围的人关心爱护，还体现在能切实、灵活地带动大家关心他人、集体和国家的利益。做到这一点对我很有挑战，而一个共产党员所负的责任正是这样，既要乐于为他人服务，又要引导人们都来关心国家大事。我想，身为一个共产党员，我会在维护集体利益、坚持原则的同时做到与周围的人融洽相处；身为一个共产党员，我会时时告诉自己要更加严格要求自己，更深刻地增强自己的社会责任意识和克服困难的决心。

　　今天，我虽然向党组织提出了入党申请，但我深知，在我身上还有许多缺点和不足，因此，我希望党组织从严要求我，以便使我更快进步。今后，我要用党员标准严格要求自己，自觉地接受党员和群众的帮助与监督，努力克服自己的缺点和不足，争取早日入党。

　　在此，我恳请党组织给予我严格的考察和培养，我将以实际行动证明我的忠诚和担当，为实现中华民族伟大复兴的中国梦而不懈努力！

　　此致

敬礼！

申请人：××

××年××月××日

 例文4

员工转正申请书

尊敬的部门领导：

　　您好！

　　首先，感谢您在百忙之中阅读我的转正申请。我是××生物科技有限公司的一名试用员工，自2024年3月加入公司以来，一直在市场部担任行政助理一职。在过去的试用期中，我在领导和同事的指导和帮助下顺利地完成各项工作。在此，我正式向公司提出转正申请，希望能成为公司的正式员工。

在试用期间，我始终以积极的态度投入工作，认真履行职责，努力适应公司的工作环境和企业文化。我深知作为一名员工，要不断学习、进步，以满足公司的发展需求。因此，我利用业余时间学习了与工作相关的知识和技能，不断提升自己的专业素养。同时，我也积极参与团队合作，与同事们共同完成了多项市场推广任务，取得了一定的成绩。

在工作中，我始终坚持认真负责、勤奋敬业的原则，尽职尽责地完成各项工作任务。我注重细节，追求卓越，力求在每一个环节都做到最好。同时，我也注重与同事之间的沟通与协作，积极寻求合作机会，共同推动工作顺利开展。

回顾试用期间的工作表现，我认为自己已经具备了成为一名正式员工的条件和能力。我将继续保持积极的态度和饱满的热情，为公司的发展贡献自己的力量。

最后，再次感谢公司给予我的机会和信任。我期待着能够成为公司的一名正式员工，与同事们一起共同创造更加美好的未来。

此致

敬礼！

申请人：××

××××年××月××日

第八节　知行合一，格物而致知
——学术、毕业论文

寒假过后，冰雪渐融，春风料峭中应晓文开启了最后一个学期的大学生活。

应晓文看着旁边低年级的同学们，感叹道："只剩下半年时间就毕业啦，以前老盼着毕业，现在舍不得毕业！"

魏星听后问道："那你现在是不是很清闲了，忙着找工作，参加招聘会？"

晓文笑着说："你肯定没看到我的最新动态，我微信个性签名都变成'三之日于耜，四之日举趾'了！我要闭关，写论文了！"

"这对你来说应该不难吧？你本来就是非常厉害的笔杆子！"

晓文回答道："最开始我也想着能轻松应对，可等真正到了准备的时候才发现，论文写作和以往的文学写作、应用文写作完全不同。写毕业论文时，先要有一个好的选题，因为好的选题决定了论文的整体方向，决定了是否有研究价值；之后要大量地收集和阅读资料，这种资料不是简单的互联网资料，而是学术范围内的科研资料，收集时要掌握前人的研究成果和最新研究动态；之后进行严密地、有逻辑地论证，最后才能得出结论。"

"而且，毕业论文的意义非凡，这是代表你四年学习的成果，别忘了这篇论文全名是学士学位论文，这一万字，体现学术认知，体现了你的内在逻辑，还展现了你的基本功！"

应晓文微信签名其实是为了自我鼓励，可以预见大四这半年一定是手忙脚乱的半年，找工作，招聘会；写论文，答辩会，还要给自己留一点时间做青春的感伤，流水一样的青春，真的要结束了！

一、学术论文

学术论文是某一学术课题在实验性、理论性或预测性上具有新的科学研究成果或创新见解的科学记录，或是某种已知原理应用于实际而取得新进展的科学总结，用以学术会议上宣读、交流、讨论或学术刊物上发表，或用作其他用途的书面文件。

(一) 学术论文的特点

1. 学术性

学术性是指研究、探讨的内容具有专门性和系统性，即以科学领域里某一专业性问题作为研究对象进行科学研究。从内容上看，学术论文是作者运用系统的专业知识去论证或解决专业性很强的学术问题的文章。从语言表达上看，学术论文运用专业术语和专业性图表符号表达内容，阅读对象常为业内同行，不要求大众化，而是要把学术问题表达得简洁、准确、规范，因此，专业术语用得很多。

2. 科学性

学术论文的科学性主要体现在三个方面：在立论上，不得带有个人好恶或偏见，不得主观臆造，必须切实地从客观实际出发，从中引出符合实际的结论；在论据上，尽可能多地获得资料，以确凿有力的论据作为立论的依据；在论证时，必须经过周密的思考，严谨地证明论题。

3. 创造性

科学研究是对新知识的探求，创造性是科学研究的生命。学术论文的创造性体现在具有独到的见解或提出新的观点、新的理论。这是因为科学的本性就是"革命的和非正统的"，"科学方法主要是发现新现象、制定新理论的一种手段，旧的科学理论就必然会不断地为新理论推翻"。因此，没有创造性的学术论文就没有科学价值。

4. 理论性

学术论文在形式上属于议论文，但它与一般议论文不同，必须要有自己的理论系统，使感性认识上升到理性认识，是对大量事实材料的分析研究，不能只是材料的罗列。一般来说，学术论文具有论证色彩，或具有论辩色彩。论文的内容必须符合历史唯物主义和唯物辩证法。

(二) 学术论文的分类

学术论文可以按照不同的标准划分类别。

1. 按研究的学科划分

按研究的学科,可将学术论文分为自然科学论文和社会科学论文。每类又可按各自的门类细分,如社会科学论文又可细分为文学、历史、哲学、教育、政治等学科论文。

2. 按研究的内容划分

按研究的内容,可将学术论文分为理论研究论文和应用研究论文。理论研究论文侧重于对学科的基本概念和基本原理的研究;应用研究论文侧重于将各学科的知识转化为专业技术和生产技术,直接服务于社会。

3. 按写作的目的划分

按写作目的,可将学术论文分为交流性论文和考核性论文。交流性论文,目的在于专业工作者进行学术探讨,发表各家之言,显示各学科发展的新态势;考核性论文,目的在于检验学术水平,成为相关专业人员升迁晋级的重要依据。

(三) 学术论文的结构

学术论文各构成要素的排序为题名、作者、摘要、关键词、英文题名、英文摘要、英文关键词、正文、致谢、参考文献和附录,其中部分组成(例如附录)可有可无。

1. 题名

题名应简明、具体、确切,能概括论文的特定内容,有助于选定关键词,符合编制题录、索引和检索的有关原则。

2. 作者

作者署名置于题名下方,团体作者的执笔人,也可标注于篇首页脚位置。有时,作者姓名亦可标注于正文末尾。

3. 目录

目录是论文中主要段落的简表。短篇论文不必列目录。

4. 摘要

摘要是文章主要内容的摘录,要求短、精、完整。摘要字数不宜超过三百字。

5. 关键词

关键词是从论文的题名、提要和正文中选取出来的,对表述论文的中心内容有实质意义的词汇。关键词是用作计算机系统标引论文内容特征的词语,便于信息系统汇集,以供读者检索。每篇论文一般选取3～8个词汇作为关键词。关键词另起一行,排在"摘要"的左下方。关键词的选择方法:在完成论文写作后,从其题名、层次标题和正文(出现频率较高且比较关键的词)中选出来。

6. 正文

正文分为引言和论文正文两部分。引言又称前言、序言和导言,用在论文的开头。

引言一般要概括地写出写作意图，说明选题的目的和意义，并指出论文写作的范围。引言要短小精悍、紧扣主题。论文正文是论文的主体，包括论点、论据、论证过程和结论，整体结构是提出问题、分析问题、解决问题，最后得出结论。为了做到层次分明、脉络清晰，常常将正文部分分成几个大的段落，这些段落即为文章的逻辑段，一个逻辑段又可包含几个小逻辑段，一个小逻辑段还可包含几个自然段。论文的层次不宜过多，一般不超过5级。

7. 致谢

一项科研成果或技术创新往往不是独自一人可以完成的，还需要各方面的人力、财力、物力的支持和帮助。因此，在许多论文的末尾都列有"致谢"，主要对论文完成期间得到的帮助表示感谢，这是学术界谦逊和有礼貌的一种表现。

8. 参考文献

参考文献是研究和写作论文过程中参考或引证的主要文献资料。参考文献应另起一页，标注方式按照GB7714—2015《信息与文献参考文献著录规则》著录。参考文献可以反映论文作者的科学态度，使论文具有真实、广泛的科学依据，也反映出该论文的起点和深度。各条参考文献应按其在正文中出现的先后，用阿拉伯数字连续排序。

9. 注释

注释不同于参考文献。参考文献是作者写作论著时所参考的文献书目，集中列于文末；而注释是作者对正文中某一项内容作进一步解释或补充说明的文字，列于对应页下，用①②……标识序号。

(四) 学术论文写作的步骤

1. 选定论题

选定论题意义重大，它关系到能否完成研究任务。如果论题过大，可能会因多种因素影响而难以完成；如果论题过小，可能达不到研究的水平。选定论题的基础是选择研究主题，即确定研究对象，选择所要解决的问题。狭义地说，选择论题是指选定写文章或者创作的题目；广义地说，选择论题是指选择科研领域，确定科研方向。

2. 搜集资料

按照确定的选题和内容，通过各种方法搜集大量资料，可以为科学研究提供可靠的依据。有了丰富的资料，才能研究客观事物的历史发展和现实状况，揭示影响因素、发展趋势和规律，并预测未来可能出现的变化。科学研究需要的大量资料不仅有数量要求，还要有质量要求。只有搜集的资料是真实的，才能为研究成果的真实性提供可靠的依据。

3. 拟定提纲

拟定提纲是论文写作的关键。专业研究人员都有这样的难题：写完之后发现文章前后内容重复或逻辑冲突；在一项科研任务行将结束时，脑子里装着许多材料，有价值的观点已经形成，提起笔时却无从下手。而拟定提纲不失为一个好的解决方法，它让作者有一个整体的写作思路、整体框架，让写作有的放矢。

4. 撰写初稿

论文的初稿要按照论文的组成部分和拟定的提纲分层次撰写，原则上要按照论文的逻辑顺序完成论文引论、本论和结论的拟稿工作以及主要参考文献的列示工作。撰写初稿时，尽量提高初稿的质量，切实做到以论为纲、观点与材料统一、逻辑思维严谨、论文层次清晰、文字表达精炼。

5. 修改初稿

修改初稿是提高认识和提高论文质量，以便更好地完成科研任务的一个重要程序。修改初稿的步骤有以下几个：第一，通读初稿，找出存在的问题和不足；第二，修改与调整结构；第三，进行内容上的修改、补充与调整；第四，进行语言修饰，逐一审读和修饰论文内容的字、词、符号、图表和段落关系，以使其符合论文的规范要求。

6. 论文定稿

论文在按照拟定提纲的要求反复修改、补充与核对后方可定稿。作者判断定稿的标准是论文的观点(即中心论点、基本观点和具体论点)正确，论据(即理论和实践依据)合理，结构(即文章体系)严谨，文字通顺，资料真实。论文定稿后，还要认真做好誊正、校对和署名等技术性工作。

(五) 学术论文的发表

1. 发表论文的过程

学术论文发表一般经过投稿、审稿、用稿通知、办理相关费用、出刊、邮递样刊这几个步骤。一般作者先了解各个期刊信息，选定期刊后，找到投稿方式，最后投稿。稿件有书面稿件和电子稿件两种。

2. 发表论文审核时间

一般普通刊物(省级、国家级)审核时间为一周，高质量杂志的审核时间为14～20天。核心期刊审核时间一般为四个月，须经过初审、复审、终审三道程序。

3. 发表论文有效问题

国家规定，学术论文必须发表在正规的CN期刊正刊上。有CN号的期刊才是正规期刊，一本期刊对应一个刊号，期刊的信息可以从新闻出版总署的查询系统里检索。

4. 期刊的级别问题

国家从来没有对期刊进行过级别划分，但各单位一般根据期刊的主管单位的级别把期刊划分为省级期刊和国家级期刊。省级期刊主管单位是省级单位，国家级期刊主管单位是国家部门或直属部门。

二、毕业论文

毕业论文是高等学校毕业生完成学业前写作并提交的具有一定学术价值和学术水平的文章，是大学生从理论基础知识学习到从事科学研究与创新活动的最初尝试。毕业论文作为教学活动的重要组成部分，是高等学校对学生整个学习过程的一个综合性考查。毕业论文泛指专科毕业论文、本科毕业论文(学士学位论文)、硕士研究生毕业论文(硕士学位论文)、博士研究生毕业论文(博士学位论文)等。

(一) 毕业论文的准备过程

一篇较好的毕业论文通常是一篇较长的有文献资料佐证的学术论文，需要长时间的探索和积淀。

1. 毕业论文选题

毕业论文选题应与自己所学专业相关，应符合专业培养目标和教学要求，以学生所学专业课的内容为主，不应脱离专业范围，要具有一定的深度、广度和综合性。毕业论文选题有三个原则：一是价值性，选题要有科研价值、有社会需求；二是创新性，选题应是对新领域的探索、空白的填补、通说的纠正、前说的补充；三是可行性，要考虑到个人条件、实践性调查条件、资料占有条件、指导教师条件等多重因素。

总之，要根据自己所具备的能力选择大小合理、深浅适度的选课。选题太小，不利于展开理论上的探讨；选题太大，则不利于抓住重点展开论述。选择课题前，可先大量阅读这个方面的学术文章，了解别人在这方面的见解，经过一定的阅读便会在这方面积累足够的知识，自己的见解也就慢慢形成了。

2. 毕业论文材料的搜集与整理

毕业论文不同于一般的论文，专业的毕业论文是对某一学科领域的科研成果的描述与反映，没有研究，写作就无法进行。研究的前提是必须掌握尽可能多的文献信息资料。毕业生读的书越多、查找的资料越全面，产生创造性思考的可能性就越大，论文的专业水平就越高，论文的质量就越高。因此，大学生在写作毕业论文时，应先要学会如何检索文献资料，懂得文献查找的方法与技巧。

文献资料的查找也就是文献资料的检索，它是现代科技人员获取文献和信息的主要手段之一，同时也是大学生写作毕业论文获取资料的主要方法。当今，资料的首选是电子期刊库。电子期刊数据库不但检索种类齐全，而且查找速度快。

下面简单介绍几种目前用得较多的电子期刊数据库。

(1) 中国知识基础设施工程网(CNKI数据库)。它是由清华同方光盘股份有限公司和清华大学中国学术期刊(光盘版)电子杂志联合建设的综合性文献数据库，包括期刊、报纸、博硕士毕业论文等，收录了自1994年以来的国内公开出版的6000多种期刊，网址是http://www.cnki.net。

(2) 万方数据资源系统。它是由中国科技信息研究所、万方数据集团公司开发的建立在Internet上的大型中文网络信息资源系统，网址为http://www.wanfangdata.com.cn或http://www.chinainfo.gov.cn。

(3) 中国科技期刊数据库。它是由重庆维普咨询公司开发的一种综合性数据库，也是国内图书情报界的一大知名数据库。它收录了近千种中文期刊和报纸以及外文期刊，网址为http://cqvip.com。

电子期刊文献资料的查找可以分为两个层次：基本查找和追踪查找。基本查找适用于文献的题目或内容一般无从知道，只知道该文献大致属于哪一个学科或者属于某一方面，或者只知道某些关键词；追踪查找适用于大致知道文献的题名、出处或者作者等相关信息。

对于搜集到的材料，先通过目录或索引，找出与毕业论文题目相关或紧密相连的章节；再通过泛读，大致了解本论题有关的研究现状和前景，避免重复别人的工作；最后，概括出与毕业论文题目有关的研究现状，整理出毕业论文提纲或思路。

(二) 毕业论文的开题报告

开题报告是论文写作最重要的一个过程。开题报告包括以下几个方面的内容。

1. 论文名称

论文名称就是课题的名称，名称要准确、规范、简洁，一般不要超过20个字。

2. 论文研究的目的、意义

在这部分，可以先从现实需要方面去论述，指出现实当中这个学术问题亟待研究，指出本论文研究的实际作用；然后写论文的理论和学术价值。这部分主要介绍研究的有关背景、为什么要研究该课题、研究的价值和要解决的问题等内容。

3. 本课题国内外研究历史和现状(文献综述)

毕业生要掌握研究课题的广度、深度、已取得的成果，寻找有待研究的问题，从而确定本课题研究的平台、研究的特色或突破点。

4. 论文研究的指导思想

指导思想就是在宏观上应坚持什么方向，符合什么要求等，这个方向或要求可以来源于哲学、政治理论，也可以来源于政府的教育发展规划，还可以来源于有关研究问题的指导性意见等。

5. 论文写作的目标

论文写作的目标也就是课题要达到的具体目的、要解决哪些具体问题。确定目标时，要紧扣课题。

6. 论文的基本内容

基本内容一般包括对论文名称的界说，主要包括研究对象、研究问题、研究方法的介绍，还包括本论文写作有关的理论、名词、术语、概念的界说。

7. 论文写作的方法

论文的写作方法有观察法、调查法、实验法、经验总结法、个案法、比较研究法、文献资料法等。

8. 论文写作的步骤

论文写作的步骤也就是论文写作在时间和顺序上的安排。

(三) 毕业论文的写作

1. 拟写论文提纲

拟写论文提纲是论文写作过程中的重要一步，是论文进入正式写作阶段的标志。首先，要对学术论文的基本型(常用格式)有概括了解，并根据自己掌握的资料考虑论文的构成形式。初学论文写作者可以参考杂志上发表的论文，做到心中有数。其次，要对掌握的资料做进一步的研究，通盘考虑对众多材料的取舍和运用，做到论点突出，论据可靠，论证有力，各部分内容衔接得体。最后，要考虑论文提纲的详略程度。

论文提纲可分为粗纲和细纲两种，前者只是提示各部分要点，不涉及材料和论文的展开。但对初学论文写作者来说，最好拟一个比较详细的写作提纲，这样不仅能够提出论文各部分要点，还能对其中涉及的材料和材料的详略安排以及各部分之间的相互关系等有所反映。

2. 正文各要素的写法

(1) 摘要与关键词。毕业论文的摘要一般为300字左右，位于作者署名之后，正文之前。关键词的选取要结合标题和正文内容，一般选取3~5个。

(2) 引论。引论常写作"引言""引论""绪论"，引论的内容一般是包括选题背景、课题来源、本课题在国内外的研究进展状况，已有的研究成果、存在的问题、选题的意义、讨论的问题。根据内容的需要，引论还介绍本文分几部分、从哪些方面进行讨论，以及指导思想、论证方法等。

(3) 正论。正论常分几部分来写，分别标示"一""二""三"等，有的加小标题，或以分论点的形式出现，以凸显论述的观点或主要内容。这部分是对研究过程的分析、归纳、概括，体现出分析的方法与思路，力求论证充分有力。正论还要体现出明确的指导思想。

(4) 结论。结论一般用"结语""小结""余论"等标示。在毕业论文中，结论是对整个研究工作的归纳、综合或概括，也可以提出进一步研究的建议。

在写毕业论文时，有以下几点需要注意：一是注意段落与章节之间的逻辑性。对于理论方面的毕业论文，还应当注意理论论证的严密性和知识的系统性，同时论述要以论题为核心展开。二是论文的阐述宜客观，一般采用第三人称叙述，尽量避免使用第一人称。三是文章内容的叙述要详略得当，避免重复。对于有新意、有争论的观点，则要讲透，绝不能吝惜笔墨。

(5) 致谢。致谢部分简述自己撰写毕业论文的体会，并对指导老师以及有关人员表示感谢。

(6) 注释与参考文献。注释是指在论文写作过程中，作者对某些内容或数据进行补充说明的文字。这些注释可以是关于研究方法的解释、引用文献的基本信息、统计数据的来源说明，或者是对论文中某些观点的进一步阐述，最常见的就是标注引用文献的来源、作者、出版年份等信息。注释通常采用脚注(列于对应页的底部)或尾注(列于文章的结尾)的形式。

参考文献是指在撰写论文过程中引用的所有书籍、期刊文章、报告、网页、会议论文等各类文献资源的列表。这些文献为论文提供了理论基础、研究方法、数据支持或观点对比，是学术研究不可或缺的一部分。正确引用和列出参考文献对于确保学术诚信和知识产权保护至关重要。参考文献的写作格式要遵循国家标准化管理委员会制定的《参考文献著录规则(GB/T 7714—2015)》。

(四) 论文答辩

首先，要熟悉毕业论文内容。参加论文答辩同学，必须对自己所著的毕业论文内容有深刻的理解和全面的认识。这是为回答毕业论文答辩委员会成员就有关毕业论文的深度及相关知识面而可能提出的论文答辩问题所做的准备。所谓"深刻的理解"是对毕业论文有横向的把握。

其次，要紧扣主题。对于毕业论文答辩委员会成员来说，他们不可能对每一篇毕业论文内容都有全面的了解，因此，整个论文答辩过程围绕主题进行，扣题显得非常重要。另外，评委们一般也容易就论文题目所涉及的问题进行提问，如果能自始至终地以论文题目为中心展开论述，就会使评委思维明朗，对你的毕业论文给予肯定。

最后，要语速适中。毕业生一般都是首次参加论文答辩，说话速度往往越来越快，以致毕业答辩委员会成员听不清楚，影响了毕业答辩成绩。故答辩的学生在论文答辩过程中的语速要有急有缓、有轻有重。

第九节　国考之路——申论

又是一年毕业季，校园里处处是身穿学士服照相的毕业生，带着几分离别的伤感和几分对未来的期待，应晓文和小伙伴们即将走出大学校门。毕业就要就业，站在人生十字路口，或迷茫彷徨或踌躇满志。好在应晓文大学四年一直在考虑就业的问题。这几年S市的经济蓬勃发展，晓文对家乡的未来充满信心，父母也希望她能留在身边。综合考量，应晓文想和谢达作一样考取本市的公务员，在家乡的大舞台上实现个人价值。谢达作对应晓文的选择极为赞成，用心把自己整理好的考公材料和备考心得送给了晓文。

一、申论的含义

申论是我国公务员资格考试中，通过对设定资料的阅读，回答有关问题，考查应试者阅读理解、综合分析、提出和解决问题、文字表达、政策的贯彻执行等能力的一种考试形式。作为一种应试文体，申论最早出现于2000年中央、国家机关公务员录用考试之中。经过多年的改进与完善，申论现已成为国家公务员录用考试的一门基本科目，日益受到人们的重视。

"申论"一词从字面来理解，"申"为引申、申述，"论"为议论、论证，"申论"则指对特定材料进行分析、概括，展开论述，提出自己的观点、对策。

从考试大纲规定及历年实际出题情况来看，申论考试为应试者提供了一系列反映特定实际问题的文字材料，要求考生仔细阅读这些材料，概括出它们反映的主要问题，并提出解决此问题的实际方案，最后对自己的观点进行比较详细的阐述和论证。

申论形式上是测试考生写作水平的一种考试方式，但与传统的中高考写作有所不同。传统的中高考作文只是要求考生根据给定题目或材料写作，侧重考核的是语言文字的运用能力。考生在写作中只要根据给定题目或材料完成一篇作文，并且观点有一定的方向性，能够表明考生对待事物的认识或看法即可。可见，中高考作文考查的重点是考生对语言文字的掌握情况以及升入上一级学校的学习能力。而申论侧重对应试者综合分析能力、提出问题能力，尤其是解决实际问题能力的考查。申论考试是为选拔国家机关工作人员服务的，具有较强的现实针对性。

二、申论的特点

作为一种专用于选拔录用国家公务员的应试文体，申论不同于明清时期的八股取士，它是对传统写作的进一步拓展，在写作内容上更具现实针对性，在形式上更为灵活。与传统的写作相比，申论具有鲜明的特点。

(一) 资料的广泛性

申论是为了选拔国家公务员而进行的测试，因此十分注重对考生的分析、判断、解决问题等综合能力素质的考核。为体现这一要求，申论所给定的背景资料涵盖了政治、经济、法律、教育等诸多方面的内容，涉及范围极其广泛，所给资料既有理论性质，又有官方文件；既有背景素材，又有评论文章。

申论背景材料所反映的问题大部分已有定论，也有一些问题尚无定论或存在争议，需要考生自己去理解、分析和判断，并得出结论。一些难以定论的问题，特别是一些争议激烈的前沿问题，一般不会成为背景材料。

(二) 测试的针对性

申论考试是模拟公务员日常工作性质的能力测试。作为公务员，对社会生活的方方面面都应当有所认识和思考，并且具备较高的思想水平和较强的分析问题、解决问题的能力。因此，申论考试所提供的一般都是具有较强社会性的背景材料，能够测查考生处理公务员日常事务的潜能。

申论测试考查的目的明确，针对性很强，主要考查考生阅读、分析、概括、解决问题的能力。这些能力主要通过对背景材料的分析、概括、论述体现出来，从所提出的方案是否具有针对性和可行性体现出来。从这一角度看，考查的目的与测试的命题是密切相关的有机整体：目的具有针对性，试题也具有针对性；试题为测试的目的服务，目的则是试题设计的指导思想。

(三) 作答的灵活性

申论测试除了给定材料外，其答卷一般由四部分组成：概括部分、分析部分、对策部分和综合部分。就文体而言，作答涉及记叙文、说明文、议论文等文体，表达方式也比较灵活。申论测试既考查了文体的写作能力，也考查了分析问题、解决问题的能力，测试形式非常灵活、实用。

考生回答问题的空间虽然受到了给定资料、文字容量等的限制，但考生可以根据自己对资料的理解，按照自己习惯或喜欢的方式作答。

(四) 答案的相对性

申论测试没有也不可能有一个确切、固定、唯一的标准答案。从资料背景来看，都是有关当前政治、经济、法律、教育等的社会问题，有的尚未定论，有的已有定论，无论是提出对策或是对对策进行论证，都不会有一个标准答案。

申论测试没有确定的答案，也给了考生发挥的空间，考生完全可以充分地展现自己的能力和水平，也有利于选拔者挑选到满意的人才。

(五) 对策的前瞻性

申论测试注重考查考生综合运用所掌握的知识解决实际问题的能力。社会在不断地发展变化，申论的命题也会与这种发展趋势相适应，在资料的选择上会体现出一定的不可知特点，可能涉及公众较为关注的、尚未达到公众认同的、社会发展方向中某些悬而未决的问题。

申论对策的提出要适应这种变化，有针对性地解决实际问题，所提对策既要切实可行，又要具有前瞻性，要从长远、发展的角度解决问题。

三、申论考试

申论考试的试卷比较规范，总体上分为三大部分：注意事项、给定材料、作答要求。

1. 注意事项

注意事项部分主要说明答卷的要求、时间，提出指导性建议。例如：

(1) 本试卷由给定资料与作答要求两部分构成。考试时限为150分钟。其中，阅读给定资料参考时限为40分钟，作答参考时限为110分钟。满分100分。

(2) 请在答题卡上指定的位置填写自己的姓名、报考部门、填涂准考证号。考生应在答题卡指定的位置作答，未在指定位置作答的，不得分。

(3) 监考人员宣布考试结束时，考生应该立即停止作答，将试卷、答题卡和草稿纸都留在桌上，待监考人员允许离开后，方可离开。

2. 给定材料

给定材料是申论试卷的主体，也是考生作答的依据。所给材料一般由数段组成，每段材料之间没有必然的逻辑关系，其长度一般为5000～10000字。

从给定材料内容来看，通常围绕近几年来社会的热点问题，选取来自官方、民间、媒体、学者或国内外经验等方面的认识或看法，也包括一些具体事例。

3. 作答要求

作答要求也称申论要求，是考生答题的题目。近年的申论考试设置的问题一般为：给定材料进行理解、分析、整理、归纳、概括、综合，并用限定的篇幅概括出所给背景材料的主题；用限定的篇幅对主要问题提出见解，提出具有可操作性的解决方案；用限定的篇幅对见解、方案展开论证。例如：

改革开放30年来，我国农业现代化建设取得了巨大成绩，但也面临许多问题。请概述"给定材料"反映的我国当前农业发展面临的主要问题。(20分)

要求：紧扣给定资料，全面，有条理，不必写成文章，不超过200字。

申论考试虽然要求考生具有比较丰富的常识，但不会对某种专业知识特别倾斜。由于考生来自各个行业，所学专业不同，申论考试中让考生处理加工的材料大都具有普遍性和非专业性。

申论考试所给的材料涉及面很广，但试题具有较强的针对性、合理性。也就是说，问题的解决方案一般都具有可行性，申论考试不会引导考生漫无边际地遐想。不管问题多么复杂，涉及面多么广，大众的见解多么莫衷一是，最终都会有可行的解决方案。这样的命题思路是由公务员录用考试性质决定的。

四、材料阅读与综合分析

(一) 材料阅读

材料阅读，是指对给定材料进行阅读分析，以把握给定材料内容的整个过程。材料阅读是申论应试的基础性环节，是概括要点、提出对策的前提。只有读通且弄懂全部材料，才能把握给定材料所反映的问题，区分问题的主次轻重，概括出主要问题。

材料阅读的基本要求是全面理解和掌握材料的内容。首先，把众多事实材料分门别类；其次总结归纳出其中的内在联系，将具体问题上升为反映普遍现象的观点；最后联系给定材料以外的其他事物进行思考与分析。

1. 材料阅读的基本原则

(1) 整体原则。在阅读材料过程中必须把握整体性原则，即整体把握给定材料的主题和层次，找出给定材料的真实内涵。只有全面掌握给定材料的内容，才会找到不同段落之间表述的关联性，进而掌握材料的主旨，挖掘出材料反映的本质。

(2) 重点原则。重点原则，具体来说，就是要对给定材料进行深入分析，概括出所给材料每个段落的基本观点，兼顾整体和局部两个角度，找到材料强调的重点。

(3) 过滤原则。过滤原则就是要求从总体上概括材料的"寓意"。给定资料中某些段落与材料的主题关联性不大，或是一些铺垫性的资料，或是描述性的语言，具有一定的迷惑性，所以考生在阅读材料时，必须学会对材料的筛选和过滤，抓住关键问题和信息，力争把那些迷惑、多余、无关的信息过滤掉。若只抓给定材料的"只言片语"，往往容易断章取义，偏离主题。

(4) 普遍原则。普遍原则就是要求不能偏离材料的基本倾向和基调，从普遍认识的角度把握材料，写出主流意识或社会普遍认同的思想方向。

(5) 时效原则。申论的给定材料内容丰富且无序，集合了政府、专家、媒体等多方面的观点，而且材料的内容相对专业，文字量较大，材料与材料之间无必然的逻辑关系，这对材料阅读提出了十分严格的时间要求。考生要在保证阅读质量的前提下提高速度。要想提高速度，平时的训练固然必不可少，但是更要注意选择合适的方法，要善于分清主次，求同存异，把握各个资料之间的关系，挖掘资料更深处的思想内涵。

2. 材料阅读的步骤与方法

(1) 材料阅读的步骤。阅读材料要认真细致，不要过于强调阅读速度，否则只会囫囵吞枣，对材料一知半解甚至理解出现偏差。材料阅读可采用三步阅读法：第一步通读，即找出哪些是重点段落，哪些是次重点段落，哪些是枝节；第二步细读，即细读重点段落与次重点段落，在细读的过程中简单概括段落大意，标出重点段落中的关键词句；第三步精读，即精读自己圈定的重点段落、关键词句，从这些重点段落、关键词句中分析、归纳出主题。

(2) 材料阅读的方法。首先，应总体上把握材料内容，厘清给定材料反映的主要问题。可按照如下模式对材料进行思考：第一，材料的性质是什么？即分析材料属于哪个类别，是来自民间还是政府，是政府的倾向、专家的观点还是媒体的声音。第二，材料反映的主要倾向是什么？即找到材料反映的基本观点、命题者对材料涉及问题的基本态度。第三，材料的主要内容是什么？即在整体上把握材料的主要内容的基础上，找到材料反映的最主要的问题。从这三点出发，对材料有个总体把握，分析出问题出在哪里，问题的关键是什么。其次，要透过材料反映的现象抓住本质。阅读就是要透过现象看本质，而不是简单地就事论事。再次，要善于概括材料的要点。概括要点是承上启下的重要环节，一方面，它是阅读材料环节的小结；另一方面，它会直接影响对策的针对性。概括要点应力求全面、准确、深刻。最后，要突出主旨，就是要抓住材料的中心思想，突出重点。

(二) 材料的综合分析

综合分析是指在准确理解材料主要内容的基础上，全面分析问题所涉及的各个方面，再把握材料主旨和精神，形成并提出自己的观点、思路或解决方案，准确流畅地用文字形式表达出来。

1. 材料综合分析的基本原则

(1) 把握矛盾普遍性原理，即承认矛盾的普遍性与客观性，敢于承认矛盾，揭露矛盾，这是综合分析的前提。

矛盾普遍性原理的基本内容：首先，矛盾存在于一切事物中。世界上任何事物都有矛盾，不包含矛盾的事物是不存在的。无论是在自然界、人类社会，还是在人们的思维领域，矛盾都是普遍存在的。其次，矛盾贯穿于每一事物发展过程的始终。一切事物从产生到灭亡，时时刻刻都存在着矛盾。总之，矛盾存在于一切事物中，并且贯穿于事物发展过程的始终，即矛盾无处不在，矛盾无时不有，这就是矛盾的普遍性。

(2) 要善于全面分析矛盾，坚持两分法，防止片面性。两分法是全面看问题的观点，既看事物的这一面，又看事物的那一面；既要分析两方面之间的对立，又要分析两方面之间的统一。坚持两分法、两点论，才能正确地分析矛盾，有效地解决矛盾。

(3) 坚持一分为二的基本观点。矛盾既对立又统一，对立统一规律即矛盾规律，是唯物辩证法的实质和核心，是唯物辩证法的最根本的规律，是矛盾的两种基本属性。所谓的对立，是指矛盾双方互相排斥，互相争斗。所谓的统一，有两种情形：一是矛盾的双方在一定条件下互相依存，一方的存在以另一方的存在为前提，双方共处于一个统一体中；二是矛盾双方依据一定的条件，向自己相反的方向转化。

2. 材料综合分析的基本方法

申论材料综合分析主要有四种基本方法。

(1) 问题与原因分析法，即根据问题的表现，找出相应对策。

运用问题与原因分析法时，首先查找具体的问题表现；其次从这些问题出发，寻找形成问题的原因；最后根据问题的表现形式及具体原因找出相应的对策。其具体步骤如下：第一步，界定问题。针对作答要求中的问题，界定其所指向的特定问题。第二步，在给定材料中查找相关问题的阐述。根据问题在给定材料中寻找与此有关的段落，找到关于问题的表达，综合形成关于某个问题的具体表现方面的条理性陈述。第三步，寻找问题的内外原因。原因分析是申论考试答题中最重要的，在分析问题类题目中这一方法尤其重要。一般来说，考生可通过推理得出形成问题的某些原因，一般有直接原因、间接原因、内因和外因等。第四步，概括问题的实质，形成答案。

(2) 供需分析法，即通过对问题的供给和需求进行分析，找出问题的实质和关键。

社会在发展过程中，供给与需求之间必须保持适度的均衡，一旦失衡，问题不可避免。无论是工业生产、商品流通还是现实生活,都存在供给与需求的矛盾,供需分析就是从供给与分析两个方面寻找到问题产生的原因与解决问题的方法。

(3) 可行性与合理性分析法,指对题目所提出的问题、观点、措施,进行可行性、合理性方面的分析,并据此提出自己观点的分析方法。

运用可行性与合理性分析法时,需要考生具有一定的常识判断与行政管理方面的知识。可行性是指具体的对策或解决问题的具体措施是否具有可操作性,即对策能否落实,能否切实解决材料中反映的实际问题。合理性是指具体的对策或解决问题的具体措施是否符合国家的基本方针、政策,是否符合民情、民意,是否与给定材料所指向的基本方向一致。

(4) 概括与对比分析法,即从问题出发,概括给定材料中的相关内容,运用对比分析的方法进行逻辑推理,最后得出结论。

概括与对比分析法可按如下步骤进行:第一步,弄清题干内容,找准问题。这个环节实质是审题的过程,这是概括与对比分析法的基础,就是精确理解问题的意思。第二步,针对问题,概括材料。根据问题的指向,概括材料表达的基本观点。所谓"材料表达的基本观点"指具体的某段材料表达的观点,即问题指向的相关段落的主旨。第三步,对比研究,分析综合。就是在准确地概括材料的基础上,对材料局部表达的含义对比分析,形成对材料的整体理解。这里的对比分析应权衡不同材料表达的基本观点,寻找问题产生的原因与表现,问题解决的思路与办法。第四步,总结成文。总结成文就是按一定的逻辑关系把问题产生的原因、解决问题的对策用文字表达出来。在这个环节里,提出问题、分析问题、解决问题是最基本的思维模式。

五、申论写作

申论写作是一个人的知识基础、能力水准、思想水平、文字表达的全面展示,要求写作者充分利用给定资料,切中主要问题,全面阐明、论证自己的见解。申论写作是申论考试的核心环节。

(一) 指导思想和站位角度

1. 指导思想

选择申论写作论证角度时,要从小处着眼,从大处着手,从具体事实或现象入手,在有限的篇幅内提出具有普遍意义或具有针对性的观点或对策。因此,写作时,要贴近现实生活,为社会所关注,符合社会普遍的价值观念,所持观点要新颖,不落俗套,有创新,在解决问题的对策和处理意见方面可以具体阐述。

2. 站位角度

考生应从全局的高度思考问题,密切联系给定材料,提出的具体对策要切实可行、针对性强。

(二) 谋篇与布局

谋篇与布局是申论写作首先要考虑的问题。谋篇与布局就是根据文章各部分的地位和作用，合理地确定它们在整体结构中的位置，把材料组织得严密周详，无懈可击。一篇好的文章，层次要明确，条理要清楚，让人一目了然。在谋篇布局的时候，应确定中心思想与材料之间、整体与部分之间、部分与部分之间的内在逻辑联系，精心安排好各部分、各要素在整个结构中的位置。由于文章的内容不同，作者的角度各异，文章的结构形式也必然是多种多样的。不过，结构严谨、逻辑清晰，是申论写作的基本要求。

(三) 撰写方法

申论写作可分为标题、开头、主体、结尾几部分。

1. 标题

申论考试大都是自拟题目，但要解决的主要问题由给定材料限定。在拟定题目论证问题时，必须充分利用给定材料，紧紧抓住主题或主要问题，突出主旨进行论证，不应天马行空，自说自论。

标题是一篇文章的旗帜。一个醒目的标题，往往给人一种先声夺人的气势，吸引读者的注意，引起读者进一步阅读和评论的兴趣。一个好的申论题目必须旗帜鲜明，必须准确精当、生动贴切地表明作者对主要问题的基本立场。

确定文章标题时应注意以下几点：首先，文章标题必须与文章内容相契合，不能让人看后不知所云，甚至发生歧义。其次，文章标题应当简明、精练、生动、贴切，不仅读起来铿锵有力、朗朗上口，还言简意赅地点出作者的鲜明态度和文章所要论述的基本内容。最后，文章的标题应当体现丰富的意蕴和哲理，不能大而无当、空泛乏味。

2. 开头

俗话说万事开关难，申论写作也是一样。一篇好的申论文章应该是"凤头""豹尾""猪肚"。所谓"凤头"，就是指文章要有一个好的起笔。申论的开头一般可采用以下几种方式。

(1) 开门见山，直接提出主题，表达自己的观点，即"开门见山，落笔扣题"。可以引用领导人的权威论述来开头，如"习近平总书记在××代表大会上指出……"，这样就占领了理论与道义的制高点，将全文的指导思想提升到一定的高度，起到先声夺人的作用，随后引入问题，进入正文；也可以运用震撼性的事例或名言警句、历史典故开篇，引出话题，阐述自己的观点，增添文章的亮色；还可以采用设问开篇，即自问自答，所设问题是申论最核心的问题，然后在回答中直接点明申论的中心论点，增强文章气势，突出主题。

(2) 设喻开篇，即在申论开头用比喻的方式提出基本观点。这样的开头形象生动，说理明确易懂，容易使人接受。

(3) 对比开篇。对比开篇通常把优与劣、好与坏、善与恶、美与丑这样的事物并列提出，鲜明地揭示矛盾的两个方面，在比较中强调个人所持的观点。

3. 主体

这部分的内容可按照提出问题、分析问题与提出解决问题的对策的思路来安排。

主体部分中提出解决问题的对策是写作的重点。提出解决问题的对策，是对给定材料加工、处理后，有针对性地寻找解决问题的思路与办法，克服问题，找问题产生的原因，使对策合理、具体，便于落实。提出对策的前提是准确地概括出给定材料反映的主要问题，因此，吃透材料后，才能进行合理的构思，才能有针对性地提出解决问题的对策。在这个过程中，理性思维起着至关重要的作用。

提出解决问题的对策时，应注意把握以下几点。

(1) 主次分明，重点突出。紧紧抓住材料所反映的主要问题，突出重点，按照一定的解决问题的逻辑关系与次序安排对策的内容，不能不分主次，胡子眉毛一把抓。

(2) 合乎情理，顺应法规。提出的对策要合情、合理、合法。所谓合情、合理、合法，是指解决方案要合一定之规，这一定之规中既包括社会伦理道德规范，又包括国家的法律法规，还包括党和国家的路线、方针、政策。在解决具体问题时，一定要具体问题具体分析，不能生搬硬套。

(3) 明确身份，设定角色。申论写作与一般作文的重要区别就是命题者预先给考生设定了公务员的身份。这就要求考生在根据主要问题提出对策方案时，必须明确自己的这个虚拟身份，即自己处在一个什么样的职位上提出方案。

(4) 依托材料，针对性强。提出的解决方案既要具有合理性，还要具有针对性。这种针对性包括两方面含义：其一，对策方案应该与给定材料的倾向性相吻合。申论给定的材料都反映了某种社会问题，并设定了解决问题的倾向，考生所提供的对策方案必须结合给定材料涉及的范围和条件，与这种倾向性相一致。其二，对策方案要紧紧围绕提出的主要问题，切中要害。如果说概括材料是提出问题，提出对策就是解决问题。提出的对策方案是直接针对前面概括材料时提出的问题的。所以，一般说来，前面概括了几个方面或层次的问题，这一部分就应当体现几个方面或层次的对策。当遇到给定材料反映的问题比较复杂时，要根据题目给定的角色进行认真筛选，抓住核心问题，切忌平均用力，甚至本末倒置。

(5) 措施明确，方便落实，即对策具有可操作性。所提对策如果不具有可操作性，就失掉了对策设计的意义。一般而言，具有可操作性的对策有几方面含义：其一，对策要明确执行主体，制定出来的方案由谁去执行。也就是说，"问题"要有明确的"归口"，要有直接解决问题的政府部门或职能机构去处理与落实。其二，对策要明确执行步骤，明确制订出来的对策怎样执行。也就是说，不能只列出大的方向，而是要有解决问题的具体步骤、办法，能够付诸实施。其三，对策要明确执行的时效，明确制订出来的对策方案何时实施、在什么条件下实施。其四，对策要明确执行的条件，明确制订出来的对策在什么条件下实施。也就是说，对策的提出必须充分考虑到解决问题所需要的主客观条件，如果提出的对策方案在现实中不具备实施的主客观条件，也只能是一纸空文。

4. 结尾

申论的结尾应该是"豹尾"，响亮有力。其实跟文章的开头一样，申论结尾的首句也可以引用格言警句、历史典故，或者是理论上的论述，从而深化文章的主旨，达到一种余音绕梁、令人回味的效果。申论的结尾有以下几种方法。

(1) 总结深化，即对文章的观点进行总结概括，以达到点明主旨、深化主题的目的，这是最常规的一种结尾方式。

(2) 发出倡导、号召，展望未来，即展现对策实施后取得的效果，畅想未来，升华文章的主题。例如可以采用呼吁、感叹、反问等句式加重语气，号召全民上下团结一心，为建设和谐的社会努力奋斗，增强文章的艺术感染力。

(3) 首尾呼应，即结尾要与文章的开头相呼应，并且要与文章的题目相关联，这样可以避免偏题、跑题、主旨不明确等情况的发生。

六、申论的语言特点

申论属于公务文体，其语言与公文相似，写作以叙述、说明和议论为主要表达方式。概括起来，申论语言有庄重、准确、严谨、精练等特点。

(一) 庄重

语言庄重的具体表现为不用冷僻字，较少使用外来词汇，多使用专业词语；语法严谨，讲求格式，多用陈述句式和祈使句式，行文中力避方言俚语，力避个人用语风格。例如：

一是完善准入机制。按照"公开、公平、公正"的原则，严格执行三级审核、两级公示制度，确保住房保障资源真正用于需要保障的对象。

二是完善动态监管机制。依托"数字房产"信息管理平台，与社保、税务、银行、证券等机构的信息管理平台合作，积极探索建立资格审核协查机制，实行动态监管。

三是完善退出机制。为促进房源合理配置和流动，强化退出机制的刚性和力度，对年审未通过而需要退出住房保障体系的对象实行逐步退出，并引导和鼓励退出家庭通过自行买房或租房实现"住有所居"。

(二) 准确

准确，即用最确切、最恰当的词、句来表达某个概念和某种判断，使之准确无误地反映客观实际及作者的认知。例如：

耕地是粮食生产的命根子。从数量看，2023年全国耕地总量连续第三年净增加，完成新建和改造提升高标准农田8611万亩；从质量看，我国耕地质量总体进入持续改善、稳中有升的阶段。也要清醒认识到，我国人均耕地数量少、质量总体不高、后备资源不足，耕地保护任重道远。

(三) 严谨

严谨，就是要注意语法规范，用词规范，语序顺畅，句子完整。例如：

要保数量，落实新一轮国土空间规划明确的耕地和永久基本农田保护任务，改革完善耕地占补平衡制度，坚持"以补定占"，将省域内稳定利用耕地净增加量作为下年度非农建设允许占用耕地规模上限，用"长牙齿"的硬措施守住18亿亩耕地红线。

要提质量，以高标准农田建设为抓手提升耕地质量，优先把东北黑土地区、平原地区、具备水利灌溉条件地区的耕地建成高标准农田，适当提高中央和省级投资补助水平，取消各地对产粮大县资金配套要求，强化高标准农田建设全过程监管，确保建一块、成一块。同时，健全补充耕地质量验收制度，加大黑土地保护工程推进力度，实施耕地有机质提升行动。

要管用途，坚决整治乱占、破坏耕地违法行为，严厉打击非法占用农用地犯罪和耕地非法取土，持续整治"大棚房"。分类稳妥开展违规占用耕地整改复耕，细化明确耕地"非粮化"整改范围，合理安排恢复时序。因地制宜推进撂荒地利用，宜粮则粮、宜经则经，对确无人耕种的，支持农村集体经济组织多途径种好用好。

(四) 精练

精练，就是语言简洁。例如：

耕地保护是一个系统工程。中央一号文件提出严格落实耕地保护制度，强调"健全耕地数量、质量、生态'三位一体'保护制度体系"。

2023年国家公务员考试《申论》
试题及答案解析(地市卷)

2023年辽宁省公务员考试
《申论》试题(A卷)

章节训练

1. 应晓文同学为了更好地备战英语六级考试，制订了暑期英语学习计划，下面截取了计划的目标和实施步骤部分，请你指出不足之处，并改正。

2024年暑期英语学习计划

为了提高自己的英语听说读写能力，更好地备战六级考试，拟订2024年度暑期英语学习计划如下：

一、学习目标

多背单词，阅读和听力有明显进步

二、实施步骤

1. 扩大单词量。

2. 多听多练，提高听力水平。

3. 每周阅读《CHINA DAILY》。

4. 坚持阅读英文原著。

2. 学习了计划一节后，同学们展开了关于计划目标设定的讨论，有的同学说计划目标要拔高一些，因为人有惰性；有的同学则说计划目标要"小"一些，以免实现不了挨批评。你如何看待计划目标的制订，并说明理由。

3. 俗话说"计划没有变化快"，既然变化是永恒的，那为什么要制订相对"稳定"的计划？请你结合计划这一文种的特点，说明你的观点。

4. 应晓文要做S大的大学生就业心态调查，需要设计一份调查问卷。应晓文设计了40道选择题，1道开放题(你的就业心态是什么)。同组的同学认为开放题太少了，不能调查出深层次的问题。你认为应晓文设计的题量和题型是否合理？请说明理由。

5. 下面两个问法哪个适合出现在调查问卷中，请你说出理由。

(1) 人们都说A牌比B牌好，您是否也这样认为？

(2) 您认为A牌和B牌哪个好？

6. 有的同学说，个人的收入属于隐私，相关题目一定不能出现在调查问卷中。你是否同意他的说法，为什么？

7. 南湖大学学生会想要策划一场以"全民健身"为主题的校园活动，请你拟写一份活动策划书。

8. "活动策划是思路的体现，在撰写活动策划的时候要突出新意，表达出大概意思即可"。这种说法是否正确，为什么？

9. "总结就是分析和思考过去，总结过去的心得，因此在写作总结的时候，要注重个人感受"。这种说法是否正确？请说明理由。

10. 下面是应晓文总结提纲中的主体部分，请指出存在问题。

(1) 参与迎新生工作(9月份)

(2) 开展"奔跑吧青春"征文活动(9月份)

(3) 开展"书香绕寝室"活动(10月份)

(4) 举办了第六届读书节活动(11月份)

(5) 进行"诚信考试"的宣誓活动(12月份)

11. 修改下列标题。

(1) 2024年××大学毕业生实习工作计划

(2) 宏大公司销售计划

(3) 后勤集团2024年评优工作小结

(4) 学生会总结

(5) 李强2024年学习总结

12. "三分之一时间写标题,三分之一时间写导语,三分之一时间写主体。"为什么标题在消息写作中的地位如此之重?

13. 分析材料,并回答问题。

"医生,我妻子晕倒了,快来!"前晚10时54分,长沙市第四医院急救站医生李良义,接到长沙市120急救中心转来的呼救信息:××小区有患者出现意识障碍。可急救车赶到现场时,对方电话却因为信号不好无人接听。医生挨户敲门寻找,终于救下煤气中毒夫妇。

(1) 简述这段消息导语写作的作用。

(2) 简述这段导语写作的特别之处。

14. "通讯要报导有价值有意义的正面事实,还带有宣传功能,为了达到这样的效果,可进行虚构或者美化。"你如何看待这样的观点,并说明理由。

15. S大学商学院的谢达作同学在国家级大创比赛中获得了一等奖,今天收到消息后大家都很激动,学校想明天在学校公众号和下周出版的校刊上宣传此事。如果你来负责此次稿件撰写,你会使用消息还是通讯,为什么?

16. 申请书是向上级表达诉求的文体,请示也是向上请求指示,请你对比两者之间的异同。

17. 开学初,很多同学都在申请入党,你也很想试一试,那行动起来,写一篇入党申请书吧!

18. 小张是汉语言文学专业的大四学生,准备撰写毕业论文。选题的时候,小张选了自己最感兴趣的心理学作为论文研究题目,他的导师不同意开题。请问,导师这种做法是否合理,为什么?

19. "申论写作是个人想法的总结和表达,是主观的体现,所以写作的时候要突出个性化。"这种说法有没有道理,为什么?

第四章 | 职场风云篇

第一节 焦虑的毕业季
——求职文书

　　看到学校要举办大型就业洽谈会的消息，应晓文的学弟魏星有点坐不住了，虽然还在读大三，但看着学哥学姐面对就业的焦虑，他也想提前试试水。于是他准备了一份简历和求职信，看看自己能不能被用人单位录用。

　　进入招聘会，魏星恰好看到一家心仪的单位，他费尽力气挤到展台前问道："老师您好，我符合招聘条件，您看我可以参加面试吗？"招聘的工作人员说："你带简历了吗？""带了带了，这是我的简历，请您过目。""好的，放在这吧。"魏星赶紧说："老师，我向您介绍一下我自己吧……"话没说完，招聘人员打断了魏星："你把材料放在这吧，回去我们都会看的，现场这么多人我们也记不住。好，下一位。"魏星觉得自己受到了冷落，失落地离开了。

　　从招聘会出来，魏星恰巧遇到去图书馆的应晓文，和学姐感叹自己空有一身本领，可惜没遇见伯乐。应晓文安慰他道："招聘会上，一个热门岗位会有几百人参与竞争，会收到数千份求职材料。人家就是孙悟空也没时间一个一个聊啊，那都是面试环节的事儿啦！你需要做的就是在求职材料里，全面地介绍自己，把自己的优势介绍清楚。所以，求职的纸质材料非常关键，这也是我改了好多遍求职文书得出的经验，你这才是万里长征第一步！"

　　魏星恍然大悟："晓文姐，求职信是敲门砖啊，是另一个我，是想让别人看见的我啊！"晓文说："对啦，求职信也好，简历也好，都需要饱满和充实。大学学习不仅要学习好，还要开启自己的职业规划，选好自己的职业赛道，多参加创业大赛，多参加社会实践，这是从另一个维度对就业的准备。用人单位很看重这些，实践越多，说明你越能和社会融入；实践安排得有规划性，说明你对自己的未来有明确的方向。你才大三，时间来得及，但一定认真学习一下怎么写求职文书。对啦，你下学期实习，我帮你想个去处，我的一位学长要自主创业，正缺人手呢！"

　　魏星眼睛一亮："好嘞，晓文姐，我这就去学习求职文书怎么写，保证不给你丢脸。"

　　个人求职文书是指求职者根据自己的条件和意向，以个人名义向有可能聘用自己的单位进行自我推荐时提交的文字材料，包括求职信、个人简历、证明材料三部分。

一、求职信

(一) 求职信的含义

求职信是无业、待业、从业人员为谋求工作，向用人单位介绍自己的基本情况、专业特长，以便得到用人单位接纳和聘用的一种文书。求职信可以充分反映求职者的优势和特长，增进用人单位对求职者的了解。它既是求职者找到好工作的"敲门砖"，也是用人单位考核应聘者的"试金石"。

(二) 求职信的分类

1. 按照求职者的身份分类

按求职者身份，求职信分为毕业生求职信、待业人员求职信、在职者求职信。

(1) 毕业生求职信。对于刚毕业的学生，他们需要通过求职信向潜在雇主介绍自己的教育背景和工作经验。

(2) 待业人员求职信。对于待业人员，他们需要通过求职信来寻找新的工作机会。

(3) 在职者求职信。对于已经有工作但想要寻求其他机会的在岗人员，他们需要通过求职信来寻求晋升机会。

2. 按照求职目标情况分类

按有无具体求职目标，求职信分为有明确单位的求职信和广泛性的求职信。

(1) 有明确单位的求职信。求职者已经有了求职目标单位，他们可以通过求职信直接投递给这个单位，以期获得一份心仪的工作。

(2) 广泛性的求职信。求职者没有目标单位，他们可以将自己的求职信发给所有可能感兴趣的单位。

(三) 求职信的特点

1. 自荐性

求职信行文的主要目的就是向用人单位推荐自己，以期得到心仪的工作。求职者投递求职信之前，用人单位对求职者一无所知。求职者通过一封信，将自身的优势、取得成绩等作为主要内容，详细、客观、明确、充分地表达出来，给用人单位留下清晰而深刻的印象，以便获得面试机会。求职信相当于求职者的市场宣传文案，要用有限的文字描述出自己的"卖点"。

2. 竞争性

随着人才市场的逐渐成熟、就业形势的日趋严峻，要想在激烈的竞争中取胜，在众多求职者中脱颖而出，求职者既要明确表达个人优势，又要目标准确，充满自信，因为求职就是竞争。求职者要想在竞争的夹缝中取胜，必定要出类拔萃，不同一般。这一点要在求职信中得到充分体现，做到信如其人，让读信人(往往是公司或单位的负责人)见信如见人，获悉求职者的独特性和优势，这样求职者在竞争中方可占上风。

3. 求实性

求职信是让用人单位全方位地了解自己的文件，其所涉及的内容必须是真实可信的，要实事求是。求职信也是求职者向用人单位展示自己的文件，但展示自己并不等于自夸，过于夸大会引起别人反感；也不要谦虚过度，谦虚过度则给人平庸无能的印象。所以在求职信中，求职者既要展示自己的优势，同时做到措辞适当，言语有度。

(四) 求职信的内容与写法

求职信主要包括标题、称呼、问候语、正文、结束语、附件说明、落款、联系方式等内容。简而言之，求职信要说清楚三点：我是谁、我应聘什么职位、为什么我可以胜任这份工作。

1. 标题

标题一般为"求职信"，应写在第一行的中间。

2. 称呼

称呼顶格写在标题下一行。求职信的称呼可以是单位，例如"××贸易公司""××学校""××公司人事处"，也可以直呼具体负责人的职务，例如"尊敬的××公司人力资源部部长"，还可以是单位具体负责人，一般是姓氏加职务，例如"王经理""赵部长"。写称呼时，要使用单位的全称或规范简称，以示庄重、严肃。如果是发给具体的负责人，最好直接写上姓氏和职务；如果是群发，可以用"尊敬的贵单位领导"这样的概括性称呼，称呼要得当。

3. 问候语

问候语在称呼下一行空两格书写，结尾用感叹号，常用的问候语有"您好""近好"。问候语表示了对收信人的尊敬。

4. 正文

正文在称呼下一行空两格处写起。这部分是求职信写作的重点和核心。求职者要抱着用人单位只有两秒钟停留在求职信的心态进行写作，用准确、简要的文字将本人情况及自荐的依据和理由充分、具体地表述出来，以便用人单位信服，进而做出考核录用的决定。求职信正文主要包括以下几方面内容。

(1) 求职的缘由。正文首先要交代求职的缘由，即说明自己是通过何种途径、何种方式获得该用人单位招聘信息的，为什么向该单位求职。最好在正文明确指出求职岗位，这样既能增强求职的针对性和目的性，又能体现出求职者对用人单位的尊重。这一段陈述应该简单而不突兀，要解决"我应聘什么职位"这个问题。

(2) 求职者的基本情况。这部分要交代清楚求职者的一些基本信息，诸如姓名、性别、年龄、籍贯、政治面貌、文化程度等，给用人单位一个初步的、完整的印象。注意不能采用表格进行罗列，而应将这些要素有机地融于一段完整的文字中，以免给人以生硬、断层之感,要把最重要、与应聘岗位最有关的信息写清楚。例如应聘某金融岗位,可以说"我是某校应届毕业生某某,即将于今年七月毕业,专业是财务管理专业",陈述简单又集中,重点突出"我是谁"。

(3) 求职者的优势和特长。这部分要针对用人单位的招聘信息或者所了解到的用人单位的要求,详尽、具体地叙写个人的专业特长、业务技能、取得的突出成绩等。如求职文案编辑,可以这样写:"我所学的专业是汉语言文学专业,我爱好文学,曾在《青年报》上发表过两篇散文。"求职者要知道自己的优势和特长,这些优势和特长尽量与用人单位的需求相匹配,用这部分内容展示自己可以胜任这份工作。

求职信与简历起着不同的作用,许多简历中的具体内容不应在求职信中重复出现,如工作经历、个人目标等。简历是告诉用人单位你的经历和技能,而求职信是告诉用人单位"为什么我可以胜任这份工作"。

(4) 求职者的愿望和决心。这部分要用简明有力的语言,恰到好处地表达对用人单位的成就、历史、地位、产品或领导的尊崇,同时表达很想加入的意愿。用人单位需要的是愿意与其共同成长进步、真心实意为公司发展做出贡献的员工,表忠心在某种程度上也是加深印象的好策略。这部分通常以"希望能得到面试的机会"等语句作为结尾。

5. 结束语

求职信的最后往往要写上一两句祝颂的话或敬语,一般是正文后,另起一行空两格书写,如"祝您鹏程万里,工作顺遂";也可在正文后写"此致",另起一行顶格写"敬礼";或者正文后另起一行,空两格写"此致",另起一行顶格写"敬礼","敬礼"后加感叹号。

6. 附件说明

附件说明是能够证明个人经历或成绩的材料的目录。常见的材料有成绩单、获奖证书、代表作品、实习证明。本目录与后面附件材料的名称与顺序要一一对应。

7. 落款

在文章的右下方,写上求职者的姓名,在署名下一行,写上成文日期,常用阿拉伯数字标注年月日。

8. 联系方式

一般在落款的下方注明电话号码、电子邮箱、微信或QQ号。

二、个人简历

个人简历是对个人生活、学习、工作经历有重点地进行概述的一种文书,常以表格的形式呈现。这种文书是对个人全面而简洁的介绍,是一个人整体形象的缩影。在求职过程中,个人简历是一项必备内容,是用人单位迅速了解一个人、评价一个人的依据。

(一) 个人简历的类型

1. 时间型简历

按个人学习、工作、参加培训的时间顺序列举个人经历的简历，称为时间型简历。这种简历清晰、简洁，便于阅读，适用于个人经历较为丰富且有相关工作经历证明个人能力正在不断提升的求职者。

2. 能力型简历

经过对个人优势与特长的分析，将个人的工作技能与专长分为几个部分，并在每部分中相应列举个人的工作经历、取得成绩、学历或培训经历的简历，称为能力型简历。这种简历重点突出，适用于个人工作经历或学习经历出现中断，以及所应聘工作与所学专业或经历关联较少的求职者。

3. 表格型简历

用表格的方式列出个人的姓名、性别、年龄、学业情况、工作经历、求职意向等内容的简历，称为表格型简历。这种简历内容全面，一目了然，适用于个人工作经历较少的应届毕业生。

(二) 个人简历的特点

1. 逻辑性

个人简历不是对个人经历的详细介绍，而是选取个人经历中最能展示能力、突出特点、符合应聘单位人才需求的经历加以介绍，这就是简历的逻辑性，即十六字原则：结论先行，以上统下；归类分组，逻辑递进。

结论先行、以上统下，就是先把总括性、结论性的表述写在前面；归类分组、逻辑递进，就是将具有相同结构的内容进行归类分组，并且在纵向的结构上，做到层层递进。

2. 数据化

简历最核心的功能就是要把自己的履历讲清楚，通过数据化的履历来证明自己的能力和优势，从而获得用人单位的赏识与认可。撰写简历时，要把相关的工作经历、在校经历以及所获奖项，尽量以量化的形式展现出来。

3. 真实性

简历的信息务必真实准确，没有弄虚作假，切忌假大空。简历上的每一句话都可能在面试时被提及，所以简历内容不用面面俱到，但要真实准确。

(三) 个人简历的内容与写法

一份优秀的简历是找到一份好工作的敲门砖，一份简洁、层次分明、逻辑清晰、故事性强的简历往往能够使求职者获得大量的面试机会。简历要覆盖基本信息、求职意向、工作经历、项目经验、自我评价、职业技能、教育经历等。毕业生的个人简历主要包括以下几个方面内容。

1. 标题

常以"个人简历"或"简历"为标题，也可直接以姓名为标题。

2. 基本情况

基本情况的内容应该简单、直观、清晰，主要包括个人姓名、性别、年龄、民族、籍贯、政治面貌、学校、专业、婚姻状况、健康状况、身高、住址、联系方式等内容。如果应聘国企或者事业单位，则写上籍贯、政治面貌、民族等信息。

3. 学业情况

写明毕业学校、所学专业、起止时间，并列出所学主要课程及成绩，标明学历、学位。教育经历一般从大学写起，高中以下教育经历可略过。作为应届毕业生，学业情况可以从以下几个角度填写：成绩排名；辅修和第二学位；与应聘岗位相符的专业课程。

这部分的整体编辑原则是突出重点，即突出和职位的匹配度。

4. 工作经历

在这部分，要写明工作过的单位、起止时间、职称职位、工作性质，以及个人在工作中的突出才能、典型事迹等。

应届毕业生一般没有正式的工作经历，因此在这部分要重点写自己的实习、实践或者学生社团的经历。如果应届毕业生有多段实习、实践经历，要选择跟应聘职位有关系的、含金量高的、实习时间比较长的来写，要有取舍，不要全部列上。

编辑这部分时，要注意以下两点：按照倒叙方式将每段经历逐段撰写；写清楚起止时间、工作单位名称、职位职务、负责的工作、取得的成绩，以及有否获得晋升、表彰、奖励等。这部分的撰写核心是突出自己的业绩，展现自己的能力，体现自己的优势。

5. 求职意向

在这部分，要写明个人期望的求职方向，如希望的工种、职位以及个人的奋斗目标等，或说明个人具备哪方面技能，适合从事何种类型的工作。

(四) 个人简历和求职信的区别

求职信与简历既相互关联又大有不同。两者都是对一个人过往经历和知识技能的简要描述，但有以下区别。

1. 简历更加客观直接，求职信可融合个人情感

在简历中，求职者要客观地介绍自己：你是谁，有哪些特点；而在求职信中，求职者可表达自己的主观意愿和感情色彩，如为什么自己强烈希望加入这家用人单位。

2. 简历便于快速浏览，求职信便于深入了解

简历一般是按照各个模块将求职者的履历进行归类，分别放置；而求职信直接将求

职者与岗位所匹配的核心能力进行集中化详细描述，进行重点展示，针对的是某个用人单位的某个岗位，不求全而求精。

三、附件材料

附件材料是指能够证明学习能力和工作经历的相关材料。由于需要投递多份简历，求职者在求职材料中提供相关材料的复印件即可。附件材料包括毕业证、学位证、英语水平等级证书、计算机水平等级证书、成绩单、获奖证书、公开发表的文章作品或较满意的个人作品、实习证明、推荐信等。

四、求职文书的写作要求

(一) 充分挖掘，客观评价

求职文书以介绍自己、评价自己的方式向用人单位推荐自己，因此对求职者基本情况的叙写，必须充分体现个人特点，深入挖掘自身专长，站在用人单位角度写出求职者能够胜任工作的职场能力、性格特点，能为用人单位创造的价值，并明确、有条理地呈现出来。同时，不能为了获得工作就夸大其词，应从实际出发，实事求是。另外，有关求职者才能、专长和成绩等的表述，务必适度得体，不能夸大更不允许凭空编造。

(二) 突出重点，针对性强

求职文书要重点叙写能够反映求职者工作能力、工作水平，以及符合用人单位要求的材料，切忌平均用墨，主次不分。针对性强主要表现为以下两点：第一，针对不同岗位、不同单位性质撰写不同简历。很多求职者在求职时目的不清、目标不明，投递通用简历，大大降低了应聘的成功概率。求职者可以撰写多份不同职业方向的简历，进行有针对性的投递。例如在应聘编辑岗位的简历中突出文字能力；在应聘语文教师的简历中突出从业经历；在应聘活动执行岗位的简历中突出沟通能力和团队协作能力。第二，针对岗位性质，突显个人特点。投递给国企的简历一定要写得中规中矩、大气庄重；投递给创意产业企业的简历就可以风格新颖、特色鲜明。

(三) 避免空洞，多用实例

当用人单位面对如雪片一样的求职材料时，不可避免地产生审美疲劳。求职者想在众多简历中脱颖而出、印象深刻，就要避免千篇一律、千人一面的形式，要将自己的能力和专长与具体的事实、事迹结合，用具有信服力的事实和数据说话。例如"学习成绩突出"不如写"三次获得奖学金"，"领导力强，具有团队凝聚力"不如写"任职期间带领团队获得了优秀团队称号"，"富有创新精神"不如写"参加创新创业大赛获三等奖"，"吃苦耐劳、持之以恒"不如写"三年坚持晨跑从未间断"。

(四) 态度诚恳、谦虚谨慎

求职是希望用人单位能聘任自己，所以要用热切和中肯的态度，引起用人单位对求职者的好感，进而博得对方的信任和认可。避免使用过于强硬和催促的话语，如"请一定回复""伯乐必将选择我"。

例文1

求职信

尊敬的人力资源部领导：

　　您好！

　　我从贵公司网站上获悉公司正在招聘会计人员，我认为自己的条件符合贵公司要求，为此不揣冒昧，向您呈上求职信。

　　我叫王欣逸，女，汉族，中共党员，2002年5月出生于××省××市，是南湖大学商学院会计学专业的一名应届毕业生，将于2024年6月份毕业。本人已经顺利通过大学英语六级考试，具备基本的翻译能力和简单的口语交际能力，熟练使用Office、WPS等办公自动化软件和用友财务软件。

　　在大学四年的学习中，我始终保持着对知识的渴望和追求。各门课程的成绩均为优秀，GPA3.71(4.00)，还曾获得校一等奖学金(年级前5%)、两次校三等奖学金(年级前10%)、第三届大学生科学技术创作竞赛一等奖。在会计学方面，我深入学习了高级财务会计、成本会计、审计学等课程，选修了金融市场与机构、投资学等课程。除了学习专业课程，我还自学了一些与会计、金融相关的软件技能，如Excel高级功能、财务软件等。

　　为了不断提升自己的能力，我还积极参与各种实践活动和实习项目。我曾在一家知名会计师事务所实习，参与了多个审计项目，负责协助审计师完成现场工作，包括收集和整理财务资料、编制审计工作底稿等。通过这次实习，我不仅提高了自己的专业技能，还学会了如何在团队中发挥自己的优势。

　　我还具备良好的沟通能力和团队合作精神。我曾担任院学生会学习部部长、副班长，现任商学院团总支组织部部长。我多次组织系部、班级联欢会等活动，受到老师、同学的一致好评。我始终相信，与人沟通、协作是解决问题的关键。在与同学交往时，我始终遵循"耐心+细致"的原则，善于倾听他人的意见和需求。我相信这些能力将使我更好地适应贵公司的工作环境。

　　手捧菲薄求职之书，心怀自信诚挚之念，我期待着成为贵公司的一员。如有机会加入团队，我必将竭尽所能为公司建设贡献力量。

　　如蒙赐复，不胜感激！

　　此致

敬礼！

附件：1. 个人简历

　　　2. 学习成绩单

　　　3. 大学英语六级证书复印件

　　　4. 各项获奖证书复印件

　　　5. 实习证明

求职者：王欣逸

2024年4月10日

通信地址：××省××市××区××路×号

邮编：××××××

手机：1512345××××

电子邮箱：1234×××@126.com

例文2

王欣逸

基本信息		
姓　　名：王欣逸	出生年月：2002年5月	
性　　别：女	政治面貌：中共党员	
电　　话：××××××××	毕业院校：南湖大学商学院	
邮　　箱：1234××@126.com	主修专业：会计学	
籍　　贯：××市××区	学　　历：本科学历	
求职意向：会计		

教育背景
2020.09—2024.06　　　　南湖大学商学院会计学专业　　　本科
GPA　　3.71(4.00)
获得校一等奖学金(年级前5%)、两次校三等奖学金(年级前10%)
第三届大学生科学技术创作竞赛一等奖
主修课程：会计学原理、管理学、经济法、经济统计学原理、会计学原理、公司法、管理信息系统、国际贸易、运筹学、组织行为、金融学、财务会计、财务管理、投资学、管理会计、财务报告分析、高级财务管理、成本会计、审计学、税收会计、高级财务管理、会计信息系统、货币银行学等。

专业实习
××会计事务所　　2023.07—2023.11
参与了多个审计项目
负责协助审计师完成现场工作(收集和整理财务资料、编制审计工作底稿)

职业技能
通过国家CET-4、CET-6，具备较强的英语听说读写能力
熟练操作Excel、Word、PPT等
熟悉用友财务软件
校园活动
曾任学生会学习部部长、副班长
现任商学院团总支组织部部长
获得中华经典诵写讲比赛省级二等奖
获得校园十佳歌手称号
获得校运动会女子800米第三名

第二节　合理部署，让成功稳操胜券
——会议策划书

在应晓文的建议下，大三学生魏星和同学来到TD国际家具股份有限公司顶岗实习，他们内心忐忑又充满期待。魏星被安排在公司办公室，负责协助起草各种文件。一天，办公室钱主任对魏星说："三个月以后，公司想举办一场大型市场发展研讨会。这可以增加企业间的交流，也是答谢老客户、吸引新客户的好机会，由你来起草一份会议策划书吧！要想得全面一些。"面对新任务，魏星感到压力很大，他知道这类会议的复杂性和重要性。他跑到公司相关部门搜集资料，了解会务市场的现状，合理设计了会议环节，细心安排经费的使用。经过十余天的精心准备，多方求证，反复修改，终于向钱主任交出了会议策划书。钱主任看了魏星交上来的初稿后非常满意，表扬了他的细心和周到。

一、会议策划书的含义

会议策划书是在会议召开之前对构成会议的各个要素做出系统周密的书面安排的会议文书，属于计划类公务文书。会议策划书一般是为大中型或重要的会议所做的预设方案。单位内部召开的小规模的一般例行会议可以通过简易会议计划或会议通知来预先安排好会议事务。

会议策划书涵盖会议的目的、规模、时间、地点设施、议程、日程、组织形式、会议文件、经费、后勤服务等内容，以保证会议顺利进行，取得预期效果。有些会议的召开还需要上级机关的审核批准，会议策划书可作为上级核准的重要依据。有些会议策划书也可发挥通知的作用，向联办或与会单位通报筹备情况，以便相关单位做好准备。

二、会议策划书的特点

(一) 综合性

制定会议策划书时，需要考虑到各种因素，包括会议的目的、规模、时间、地点、参与人员、预算等。这些因素相互关联，会议策划者需要综合考量，才能制定出合理的策划方案。

(二) 灵活性

会议策划书需要根据实际情况进行调整，因此需要具有灵活性，要准备各种突发情况预案。若是室外会议，要考虑到特殊天气情况等。

(三) 团队合作性

会议策划需要多个部门和人员之间的协作。比如，需要与场地管理方、餐饮服务方、媒体宣传方等进行协调，确保会议的顺利进行。一场成功的会议是一个团队的胜利，而不是一个组织者的胜利。

(四) 创新性

会议策划书需要具备一定的创新性，展现新颖的想法和创意，力求使会议更加吸引人、有趣、有意义。比如，可以采用互动式的会议形式，或者利用新技术进行会议直播等。好的会议策划书一定在某些方面有所突破，有新意、有创意。

三、会议策划书的分类

按照会议性质，会议策划书可分为以下三种。

(一) 代表会议策划书

代表会议一般参加人数较多，召开时间较长，会议程序严格，而且对不同级别的代表有不同的部署，其会议策划书比较复杂。

(二) 工作会议策划书

工作会议虽然不像代表会议在程序和规格上要求那样严格，但在材料的准备工作上要求较高。

(三) 表彰奖励性会议策划书

表彰奖励性会议除会议本身的策划，因涉及奖旗、奖状、奖品之类，在财务和物资方面还需要做好准备，其会议策划书比较复杂。

四、会议策划书的内容与写法

会议策划书通常由标题、开头、主体、结尾、落款五部分组成。

(一) 标题

规范的会议策划书标题由召开单位或范围、会议名称、文种名称"三要素"构成，有时可以省略会议召开单位。常用的策划书文种名称有方案、筹备方案、筹备接待方案、计划、策划方案等。

(二) 开头

在开头之前，有的会议策划书要写明方案的送达机关。属于要送上级机关批示的，就写送达上级机关名称；属于要下级知晓、发给与会机关或个人的，则写下级机关名称。开头部分一般写明召开会议的缘由、根据、会议名称、会议时间、地点、会期等，对会议的基本要素进行说明，引出下文，大致相当于一般专题方案中"指导方针""总体设想"部分。

(三) 主体

会议策划书的主体部分是其核心部分，一般包括以下几方面内容。

1. 会议目的与背景

会议策划书的开头首先要明确会议的目的和背景。会议目的应该清晰具体，反映出此次会议所要达到的目标和期望的成果。阐述会议背景有助于参会人员了解会议的重要性和紧迫性，为会议的顺利召开提供有力的支持。

2. 会议主题与议程

会议主题是会议的核心内容，应简洁明了地概括会议的主要议题。议程则是会议的具体安排，包括各个环节的顺序、时间分配以及主持人、发言人等信息。在策划书中，应详细列出议程安排，确保会议进程有条不紊。

3. 参会人员与规模

明确参会人员的类型和规模，有助于会务人员更好地安排会议场地、设施以及服务。参会人员可以包括公司内部员工、合作伙伴、行业专家等，根据会议性质确定合适的参会人员范围。同时，预计参会规模有助于会务人员提前做好场地布置、座位安排等工作。

4. 会议时间与地点

在策划书中，应明确会议的具体时间和地点。会议时间应考虑参会人员的日程安排和会议议程的紧凑性，避免与其他重要活动冲突。会议地点应选择交通便利、设施完备的场地。

5. 会议预算与费用

会议预算是策划书中的重要部分，它涉及会议的各项费用支出。在策划书中，应详细列出预算明细，包括场地租赁费、设备租赁费、餐饮费、交通费等。同时，根据预算情况，合理安排各项支出，确保会议顺利进行。

6. 宣传与推广方案

为了提高会议的知名度和影响力，策划书中应包含宣传与推广方案。这包括确定宣传渠道、制定宣传内容、安排宣传时间等。通过有效的宣传和推广，可以吸引更多的人员参会，提升会议的品牌价值。

7. 会议物料与设备

会议所需的物料和设备也是策划书中需要关注的内容。这包括会议背景板、座位牌、音响设备、投影设备等。在策划书中，应列出所需的物料和设备清单，并明确采购或租赁的方式，确保会议现场的布置和设施完备。

8. 安全与应急措施

为了确保会议的安全和顺利进行，策划书中应包含相应的安全与应急措施。这包括制定安全预案、配备安保人员、准备急救设备等。同时，针对可能出现的突发情况，提前制定应对措施，确保会议现场的秩序和安全。

(四) 结尾

结尾部分的写作要根据会议方案的性质而定，属于下级机关请示上级机关的策划书，可写上类似请示报告结尾的用语，如"以上会议方案，当否，请批示"。

(五) 落款

会议策划书的落款一般写明方案的制发文机关、签署日期，并加盖公章。

五、会议策划书的写作要求

(一) 科学安排，考虑全面

会议策划书是开展会议的依据，要涵盖会议的有关规定、各种程序、各方面可能遇到的情况，力求总揽全局、全面统筹。

(二) 明确要求，安排细致

大中型会议涉及人员多，头绪繁，内容杂，在设计会议筹备方案时应周密考虑，妥善安排有关事项。如对材料撰拟与分发、会标制作与悬挂、座位排制作与摆放、安全保卫、医疗服务等都做明确的安排，对会议衔接时间计算准确，周密计划，精心安排。

(三) 留有余地，灵活机动

会议策划既要把任务、时间尽可能计算准确，同时又要为相关活动留有弹性空间，防止安排太紧、太满而造成被动。

(四) 层次分明，逻辑清晰

写作时合理安排各条款间的逻辑顺序，既要条款分明，又要顺序合理。

👤 例文1

摩托车经销商大会策划文案

为提升品牌影响力，维护各地市场健康发展，拉动销售业绩，也为了增加各地营销商联系，促进经销商之间的沟通和交流，公司决定近期召开经销商大会。大会相关内容公示如下。

一、活动目的

1. 通过分析行业形势，总结上半年的营销工作，找出工作得失，统一思想认识，明确下半年的工作方向。

2. 展示和推介等离子摩托新车型，使代理商对等离子摩托车的产品线和产品品质有一个新的认识，增强代理商销售等离子摩托车的信心和决心。

3. 宣布下半年等离子摩托车的相关政策和宣贯下半年等离子摩托的推广方案，提高代理商推广等离子摩托车的积极性，使其掌握推广等离子摩托车的方法。

二、会议主题

冬天，让我们感动

三、会议时间

2024年3月27日—3月29日

四、会议地点

君临大酒店

五、参加人员

1. 代理商总经理：55人

2. 代理商财务主管：20人

3. 公司高层领导：15人

4. 销售公司：20人

5. 工作人员：10人

合计：120人

六、会议内容

1. 董事长分析行业形势，提出公司下半年工作思路，介绍销售公司新的领导班子

2. 销售公司总经理作下半年营销工作规划，并宣布下半年销售政策

3. 余助理总结上半年营销工作及下半年营销推广大纲

4. 奚总经理介绍下半年售后服务活动方案

5. 分组讨论

6. 代理商现场订购等离子摩托车

7. 销售公司总经理公布获奖代理商

七、人员分工(略)

八、经费预算(略)

××公司销售部

××年××月××日

(资料来源：百度文库，有改动)

例文2

教师节表彰大会策划方案

在第40个教师节临之际，为弘扬先进、树立典型，集中展现新时代学院广大教师教书育人、敬业奉献的新形象新风貌，进一步营造尊师重教的浓厚氛围，弘扬尊师重教的良好风尚，激励广大教师不忘初心、牢记使命，深入落实立德树人根本任务，推动学院教育事业高质量发展，经研究决定9月10日举行××环境工程学院2024年教师节庆祝表彰大会。

一、会议时间

2024年9月10日10：00—11：30

二、会议地点

大学生活动中心

三、会议主题

尊师重教，牢记使命

四、主持人

学院党委副书记张同志

五、参加人员

全体教职工、学生代表

六、会议议程

1. 宣读表彰决定

(1) 黄同志宣读近年荣获省级优秀教师、优秀教育工作者名单。

(2) 马同志宣读《××环境工程学院关于2024年青年教师教学技能竞赛表彰的决定》、刘同志宣读《××环境工程学院关于表彰2023—2024年"教学质量评估"优秀教师的决定》。

(3) 官同志宣读学院从事教育工作30年教职工名单。

2. 颁奖

(1) 耿同志为2024年青年教师教学技能竞赛获奖教师颁发证书。

(2) 学院院长张同志为学院从事教育工作30年教职工颁发证书。

(3) 新进教师入职宣誓(领誓员××省教学名师宋教授)

(4) 教师代表宋老师发言(环境科学系)

(5) 学生代表王同学发言(环境工程系)

(6) 学院党委书记朱同志讲话

七、会议组织及要求

1. 本次教师节庆祝表彰大会由学院办公室牵头，学生处、教务处等相关部门做好会议筹备各项工作。

2. 请与会教职工着正装，佩戴校徽，10：00前入场。

八、人员分工

1. 学生工作办公室主任：确认领导和教师的出席情况

2. 学生会

文体部：负责会场布置，音响、大屏幕的使用，现场音乐的选用及播放

宣传部：负责校对发言稿

行政部：负责会场布置及人员引领

学习部：负责会场座位安排、名牌制作，讲话稿的打印分发

生活部：制作证书、绶带

九、经费预算

证书制作费、绶带制作费、座位名牌制作费、饮用水采购费、材料打印费，明细见附件。

××××

××年××月××日

(资料来源：瑞文网，有改动)

第三节　从前车马很慢，书信很远
——事务通知

魏星同学的实习生活忙碌而充实，职场的节奏和大学生活完全不同，领导分配任务时只是说明要点，更多的细节需要自己不断补充和完善。如果说大学生活需要有一颗向上的心和燃烧的热情，那职场工作需要的是理性的分析和自我的调整。办公室很多文件都是以群发微信或者邮件的形式传达的，这样更加高效快捷，但也极大考验了魏星的文字功底和反应速度，要准确快速地传达领导的想法，让每一个员工都能准确领会文件精

神。魏星知道，自己工作的价值是让别人的工作更快捷。魏星明白了很多，在职场，细节决定成败。半个多月，魏星传达的事务通知有60多个，这让魏星对事务通知有了新的认识，更是清晰地知道了这类通知和公文写作中通知的异同。

一、事务通知的含义

事务通知是指机关、企事业单位用于传达日常事务性工作的应用文书。事务通知行文的范围非常广泛，小到通知开会，大到通知招标、应诉答辩等。

事务通知与党政机关公文通知中的告知类通知相似，但存在明显不同，一般不具备强制性，多用于系统内或单位内布置工作、知照事项、召集会议等。事务通知虽然也以书面形式发出，但形式灵活，写作体例上没有特别严格的格式要求，受文对象可以是机关、企事业单位，也可以是某个系统或单位内需要一体周知的相关人员。事务通知有时直接在单位内部告示栏写出(张贴)而不再另外行文。

二、事务通知的特点

(一) 具体性

事务通知是针对工作中出现的问题和情况做出具体安排的通知，多是服务性的通知。如调整机构、启用印章、变更作息时间、安排节假日值班等，内容单一、具体。

(二) 简洁性

事务通知通常要求下级机关办理，或者需要有关单位周知，或者需要有关部门协助共同执行一些事项，要求语言简洁，表述清晰，以求最快、最直接的方式通知到相关单位和人员。

(三) 灵活性

事务通知的内容广泛，具有灵活性，既可以内部发文，也可以张贴公开，写作形式也较为灵活，格式要求比行政机关公文要简单很多。

三、事务通知的内容与写法

事务通知通常由标题、受文者、正文、落款四部分组成。

(一) 标题

事务通知的标题应该写在首行的正中，字体醒目，一般只写"通知"二字，也可以根据不同的情况写"重要通知""紧急通知"等字样。

(二) 受文者

正常情况下通知的受文对象是机关，但事务通知有时可直接写给被通知的对象，受文者可以是机关、企事业单位，也可以是个人，还可以是写被通知者的单位名称加姓名职务或职称等，如"各有关单位""北京大学王××教授"等，其后加上冒号。如果正文中明确了通知对象，也可以忽略不写，直起正文。

(三) 正文

事务通知的正文内容因事而异，突出简洁明了。例如：我公司已迁至北京市鼓楼西大街甲××号办公，新开户银行：北京市地安门分理处，账号××××，原来的开户银行及账号7月1日撤销。"

告知开会的通知，要写清楚开会的时间、地点、参会人员、会议内容或议程、会议要求及联系人；布置工作的通知，要写清楚工作的目的、意义、工作内容和工作要求。

事务通知一般采用条款式行文，简明扼要，使受文者一目了然，迅速了解通知内容。

(四) 落款

落款写在正文右下方，分两行，一行署名，一行写日期。

🔲 例文1

罚款通知

本机关于2024年3月14日发出5号《行政处罚决定书》，要求你单位于2023年11月30日前将罚款缴至×××(地点)。现要求你单位立即缴纳罚款，并根据《中华人民共和国行政处罚法》五十一条第一款的规定，每日按罚款数额的0.3%加处罚款。

××××

2024年3月14日(公章)

(资料来源：瑞文网)

🔲 例文2

体检通知

各位居民：

为促进健康村创立工作顺利开展，让广大居民及时了解自我的健康状况，现为居民提供一次免费体检，具体通知如下：

1. 体检时间：6月12日—6月13日上午8：00—10：30

2. 体检地点：社区综合活动室(即警务室旁)

3. 需带资料：本人身份证

4. 请各位居民合理安排时间参加体检，以免造成拥挤

5. 体检项目

(1) 7岁至34岁人员：一般体格检查、肝功能、血液常规检查。

(2) 35岁至64岁人员：一般体格检查、肝功能、血液常规检查、血糖、甘油三酯、总胆固醇、尿酸。

(3) 65岁及以上人员：一般体格检查、肝功能、血液常规检查、肾功能、血糖、血脂四项、尿酸、心电图、尿液常规检查。

6. 注意事项

(1) 检查前三天请注意饮食，不宜饮酒和剧烈运动。

(2) 体检当天要空腹8小时以上。

(3) 慢性疾病不能擅自停止服药。

(4) 避开生理期，女性月经期前后不宜进行血常规和肝功能检查。

(5) 体检5天后在社区领取体检报告。

社区居委会

2024年5月6日

(资料来源：百度文库)

第四节　是天上虹，揉碎在辞藻间
——开幕词

　　公司三周年庆典的准备活动在有条不紊地进行着。在此期间，魏星觉得自己就像一个旋转的陀螺，一会儿去看会议场地，一会儿联系公司的客户。魏星一下子明白钱主任为什么对自己的要求这样高，工作和学习真的不一样。公司庆典活动需要高层领导讲话，魏星主动去问钱主任，是否需要先把开幕词写好，让领导过目。钱主任一听，高兴地笑了："很好，会提前想问题了！"魏星这样做是有底气的，因为他以前在学校期间帮助老师写过运动会的开幕词，他了解开幕词的整体要求和注意事项。魏星心想：这么大的活动一定要做到万无一失，写稿子前还是好好复习一下《应用文写作》吧！

一、开幕词的含义

　　开幕词是党政机关、社会团体、企事业单位的领导人在会议或活动开幕时所作的讲话，通常要阐明会议或活动的性质、宗旨、任务、要求和议程安排等，集中体现了大会或活动的指导思想，起着定调的作用，对引导会议或活动朝着既定的正确方向顺利进行、保证会议或活动的圆满成功有着重要意义。

二、开幕词的特点

(一) 简明性

开幕词一般篇幅较短，要准确而高效地表达观点，吸引听众的兴趣，并让他们对该活动保持高度关注。开幕词需要简单明了地传达信息，用简洁有力的语言概括活动的主要内容和目标。

(二) 正式性

在开幕词中使用适当的敬语和正式的措辞，可以展示主持人或主要负责人的自信和权威，体现出严肃和威严的仪式感。

(三) 亲切性

开幕词的语言要亲切友好，以获得听众的共鸣和认同。适当的幽默和感性的表达方式可以增加开幕词的亲和力，使观众在活动之前就充满期待和愉悦。

(四) 引导性

开幕词一般要阐述会议或活动的宗旨、目的、意义、任务等，这对整个会议或活动的成功举行起着引导作用。

三、开幕词的分类

按内容可以分为侧重性开幕词和一般性开幕词两种。

(一) 侧重性开幕词

侧重性开幕词对会议召开的历史背景、重大意义或会议的中心议题等，作重点阐述，其他问题一带而过。例如《中国共产党第二十次全国代表大会开幕词》。

(二) 一般性开幕词

一般性开幕词只对会议的目的、议程、基本精神、来宾等作简要概述。例如《我们的文学应该站在世界的前列——中国作家协会第四次会员代表大会开幕词》。

四、开幕词的内容与写法

开幕词一般由标题、署名、日期、称呼、正文五部分组成。

(一) 标题

开幕词的标题一般由事由和文种构成，如《中国共产党第十九次全国人民代表大会开幕词》；有的标题由致词人、事由和文种构成，其形式是《×××同志在××××会上的开幕词》；有的采用复式标题，主标题揭示会议的宗旨、中心内容，副标题与前两种标题的构成形式相同，如《我们的文学应该站在世界的前列——中国作家协会第四次会员代表大会开幕词》；也有的只写"开幕词"三个字。

(二) 署名

在标题正下方居中位置署上致开幕词的领导的姓名，但在致辞时不用念出来。

(三) 日期

开幕词的宣读时间一般写在署名下一行正中位置，用圆括号括起来；也可写在文末落款处。日期使用阿拉伯数字，年月日齐全。

(四) 称呼

一般根据会议的性质及与会者的身份确定称呼，在日期下另起一行顶格写。如果是党的会议，称呼比较简单，就是"同志们"三个字，后加冒号；如果是国际会议，要按照国际惯例来排列顺序，较常见的是"各位嘉宾，女士们、先生们"，后加冒号。

(五) 正文

开幕词的正文一般由开头、主体、结尾三部分构成。

1. 开头

在开头部分，一般开门见山地宣布会议开幕，也可以对会议的规模及与会者的身份等作简要介绍，如"参加这次大会的代表有×××人，其中有来自……"，接着对会议的召开及对与会人员表示祝贺。需要说明的是，开头部分即使只有一句话，也要单独列为一个自然段，将其与主体部分分开。

2. 主体

主体是开幕词的核心部分，通常包括三项内容：阐明会议的意义，通过对以往工作情况的概括总结和对当前形势的分析，说明会议是在什么形势下，为了解决什么问题和达到什么目的而召开的；阐明会议的指导思想，提出大会任务，说明会议主要议程和安排；为保证会议顺利举行，向与会者提出会议的要求。但写作中一定要郑重阐述会议的特点、意义、要求和希望，对会议本身的情况如议程等，要概括说明，点到为止；行文则要明快、流畅，评议要坚定有力，充满热情，能鼓舞听众。

3. 结尾

开幕词的结束语要简短、有力，并具有号召性和鼓动性，常以呼告语另起一段，如"预祝大会圆满成功"，或者是提出会议任务、要求和希望。

五、开幕词的写作要求

(一) 把握会议精神

写好开幕词，要掌握会议或活动的精神，了解会议或活动的全面情况，明确会议或活动要达到的预期目的。

(二) 主旨集中，突出中心

写开幕词时，要突出会议或活动的中心内容，把握会议或活动的主要特点，只对会议或活动的主题和有关重要问题做必要的说明，不可面面俱到。

例文1

建设开放包容、互联互通、共同发展的世界
——在第三届"一带一路"国际合作高峰论坛开幕式上的主旨演讲

中华人民共和国主席 习近平

尊敬的各位国家元首、政府首脑，各位国际组织负责人，各国代表，各位来宾，女士们，先生们，朋友们：

今天，我们在这里举行第三届"一带一路"国际合作高峰论坛开幕式。我谨代表中国政府和中国人民，并以我个人的名义，对各位嘉宾表示热烈欢迎！

今年是我提出共建"一带一路"倡议10周年。提出这一倡议的初心，是借鉴古丝绸之路，以互联互通为主线，同各国加强政策沟通、设施联通、贸易畅通、资金融通、民心相通，为世界经济增长注入新动能，为全球发展开辟新空间，为国际经济合作打造新平台。

10年来，我们坚守初心、携手同行，推动"一带一路"国际合作从无到有，蓬勃发展，取得丰硕成果。

"一带一路"合作从亚欧大陆延伸到非洲和拉美，150多个国家、30多个国际组织签署共建"一带一路"合作文件，举办3届"一带一路"国际合作高峰论坛，成立了20多个专业领域多边合作平台。

"一带一路"合作从"大写意"进入"工笔画"阶段，把规划图转化为实景图，一大批标志性项目和惠民生的"小而美"项目落地生根。

"一带一路"合作从硬联通扩展到软联通。共商共建共享、开放绿色廉洁、高标准惠民生可持续，成为高质量共建"一带一路"的重要指导原则。

10年来，我们致力于构建以经济走廊为引领，以大通道和信息高速公路为骨架，以铁路、公路、机场、港口、管网为依托，涵盖陆、海、天、网的全球互联互通网络，有效促进了各国商品、资金、技术、人员的大流通，推动绵亘千年的古丝绸之路在新时代焕发新活力。

奔行在铁路上的列车，驰骋在公路上的汽车，联通各国的空中航班，劈波斩浪的货轮，快捷方便的数字电商，成为新时代国际贸易的驼铃、帆影。

一座座水电站、风电站、光伏电站，一条条输油、输气管道，越来越智能通达的输电网络，让能源短缺不再是发展的瓶颈，让发展中国家绿色低碳发展的梦想得以点亮，成为新时代可持续发展的绿洲、灯塔。

现代化的机场和码头，通畅的道路，拔地而起的经贸产业合作园区，催生新的经济

走廊，激发新的增长动力，成为新时代的商贸大道、驿站。

精彩纷呈的文化年、艺术节、博览会、展览会，独具特色的鲁班工坊、"丝路一家亲"、"光明行"等人文交流项目，不断深化的民间组织、智库、媒体、青年交流，奏响新时代的丝路乐章。

共建"一带一路"坚持共商共建共享，跨越不同文明、文化、社会制度、发展阶段差异，开辟了各国交往的新路径，搭建起国际合作的新框架，汇集着人类共同发展的最大公约数。

女士们、先生们、朋友们！

过去10年取得的成绩弥足珍贵，经验值得总结。

我们深刻认识到，人类是相互依存的命运共同体。世界好，中国才会好；中国好，世界会更好。通过共建"一带一路"，中国对外开放的大门越开越大，内陆地区从"后卫"变成"前锋"，沿海地区开放发展更上一层楼，中国市场同世界市场的联系更加紧密。中国已经是140多个国家和地区的主要贸易伙伴，是越来越多国家的主要投资来源国。无论是中国对外投资，还是外国对华投资，都彰显了友谊和合作，体现着信心和希望。

我们深刻认识到，只有合作共赢才能办成事、办好事、办大事。只要各国有合作的愿望、协调的行动，天堑可以变通途，"陆锁国"可以变成"陆联国"，发展的洼地可以变成繁荣的高地。经济发展快一些的国家，要拉一把暂时走在后面的伙伴。只要大家把彼此视为朋友和伙伴，相互尊重、相互支持、相互成就，赠人玫瑰则手有余香，成就别人也是帮助自己。把别人的发展视为威胁，把经济相互依存视为风险，不会让自己生活得更好、发展得更快。

我们深刻认识到，和平合作、开放包容、互学互鉴、互利共赢的丝路精神，是共建"一带一路"最重要的力量源泉。我曾经讲过，古丝绸之路之所以名垂青史，靠的不是战马和长矛，而是驼队和善意；不是坚船和利炮，而是宝船和友谊。共建"一带一路"注重的是众人拾柴火焰高、互帮互助走得远，崇尚的是自己过得好、也让别人过得好，践行的是互联互通、互利互惠，谋求的是共同发展、合作共赢。不搞意识形态对立，不搞地缘政治博弈，也不搞集团政治对抗，反对单边制裁，反对经济胁迫，也反对"脱钩断链"。

10年的历程证明，共建"一带一路"站在了历史正确一边，符合时代进步的逻辑，走的是人间正道。我们要有乱云飞渡仍从容的定力，本着对历史、对人民、对世界负责的态度，携手应对各种全球性风险和挑战，为子孙后代创造和平、发展、合作、共赢的美好未来。

女士们、先生们、朋友们！

当前，世界之变、时代之变、历史之变正以前所未有的方式展开。中国正在以中国式现代化全面推进强国建设、民族复兴伟业。我们追求的不是中国独善其身的现代化，而是期待同广大发展中国家在内的各国一道，共同实现现代化。世界现代化应该是和平发展的现代化、互利合作的现代化、共同繁荣的现代化。前行道路上，有顺境也会有逆流。我们要坚持目标导向、行动导向，咬定青山不放松，一张蓝图绘到底。中方愿同各方深化"一带一路"合作伙伴关系，推动共建"一带一路"进入高质量发展的新阶段，为实现世界各国的现代化作出不懈努力。

在这里，我愿宣布中国支持高质量共建"一带一路"的八项行动：

一、构建"一带一路"立体互联互通网络。中方将加快推进中欧班列高质量发展，参与跨里海国际运输走廊建设，办好中欧班列国际合作论坛，会同各方搭建以铁路、公路直达运输为支撑的亚欧大陆物流新通道。积极推进"丝路海运"港航贸一体化发展，加快陆海新通道、空中丝绸之路建设。

二、支持建设开放型世界经济。中方将创建"丝路电商"合作先行区，同更多国家商签自由贸易协定、投资保护协定。全面取消制造业领域外资准入限制措施。主动对照国际高标准经贸规则，深入推进跨境服务贸易和投资高水平开放，扩大数字产品等市场准入，深化国有企业、数字经济、知识产权、政府采购等领域改革。中方将每年举办"全球数字贸易博览会"。未来5年(2024—2028年)，中国货物贸易、服务贸易进出口额有望累计超过32万亿美元、5万亿美元。

三、开展务实合作。中方将统筹推进标志性工程和"小而美"民生项目。中国国家开发银行、中国进出口银行将各设立3500亿元人民币融资窗口，丝路基金新增资金800亿元人民币，以市场化、商业化方式支持共建"一带一路"项目。本届高峰论坛期间举行的企业家大会达成了972亿美元的项目合作协议。中方还将实施1000个小型民生援助项目，通过鲁班工坊等推进中外职业教育合作，并同各方加强对共建"一带一路"项目和人员安全保障。

四、促进绿色发展。中方将持续深化绿色基建、绿色能源、绿色交通等领域合作，加大对"一带一路"绿色发展国际联盟的支持，继续举办"一带一路"绿色创新大会，建设光伏产业对话交流机制和绿色低碳专家网络。落实"一带一路"绿色投资原则，到2030年为伙伴国开展10万人次培训。

五、推动科技创新。中方将继续实施"一带一路"科技创新行动计划，举办首届"一带一路"科技交流大会，未来5年把同各方共建的联合实验室扩大到100家，支持各国青年科学家来华短期工作。中方将在本届论坛上提出全球人工智能治理倡议，愿同各国加强交流和对话，共同促进全球人工智能健康有序安全发展。

六、支持民间交往。中方将举办"良渚论坛"，深化同共建"一带一路"国家的文明对话。在已经成立丝绸之路国际剧院、艺术节、博物馆、美术馆、图书馆联盟的基础上，成立丝绸之路旅游城市联盟。继续实施"丝绸之路"中国政府奖学金项目。

七、建设廉洁之路。中方将会同合作伙伴发布《"一带一路"廉洁建设成效与展望》，推出《"一带一路"廉洁建设高级原则》，建立"一带一路"企业廉洁合规评价体系，同国际组织合作开展"一带一路"廉洁研究和培训。

八、完善"一带一路"国际合作机制。中方将同共建"一带一路"各国加强能源、税收、金融、绿色发展、减灾、反腐败、智库、媒体、文化等领域的多边合作平台建设。继续举办"一带一路"国际合作高峰论坛，并成立高峰论坛秘书处。

女士们、先生们、朋友们！

十年栉风沐雨，十年春华秋实。共建"一带一路"源自中国，成果和机遇属于世界。让我们谨记人民期盼，勇扛历史重担，把准时代脉搏，继往开来、勇毅前行，深化"一带一路"国际合作，迎接共建"一带一路"更高质量、更高水平的新发展，推动实现世界各国的现代化，建设一个开放包容、互联互通、共同发展的世界，共同推动构建人类命运共同体！

祝第三届"一带一路"国际合作高峰论坛圆满成功！

谢谢大家。

2023年10月28日

（资料来源：人民网）

 例文2

××大学首届科技节开幕词

(2023年5月16日)

各位领导、各位来宾、老师们、同学们：

大家好！

在这南风送爽、夏意渐浓的美好季节里，我们迎来了××大学首届科技节。在这隆重的开幕式上，我代表我校全体师生对今天光临的领导、嘉宾表示最为热烈的欢迎！同时，对我校首届科技节的按时召开表示热烈的祝贺！

科技教育是新世纪的呼唤，是素质教育自身的要求体现。当前，世界局势风云变幻，竞争日益激烈。世界各国综合国力的竞争，归根结底是科学技术的竞争，是人才的竞争，是教育的竞争。只有创造有利于人才成长的良好环境和社会环境，使每一个受教育者都能充分发挥自身潜能，实现全面发展，才能培养出在新世纪激烈竞争中占有主动地位的科技人才。因此，我校举办本次科技节，把指导思想定位为营造爱科学、学科学、用科学的氛围，让同学们置身于科学殿堂，验证科学理论，提炼科学方法，体验和感悟科学态度和科学精神，培养创造精神和实践能力，从而进一步提高同学们的科学素养。

这些年，我校创设一切条件为学生提供创新的土壤，让他们的科技之花尽情绽放，我校学生的聪明才智得到了部分展现，在市、省及国家的各项科技创新大赛中，他们取得了很好的成绩，获得了丰硕的成果。这些成果让我们确信，发明创造离我们并不遥远，过程比结果更为重要，学习的最高境界就是创造。我们更加深信，有了合适的阳光、土壤，创造之花将开满我们的校园，先进的教育理念折射出来的光芒，将照耀着同学们的未来发展之路，也将给我校带来朝气蓬勃的生机和活力！

本届科技节经过两个月的精心策划，已构建出了一套完整可行的方案。整个科技节融知识性、趣味性、科学性于一体，内容丰富，形式多样，有科普知识讲座、趣味实验、科技作品评比等。本届科技节是我校科技教育得以顺利开展的新起点和新台阶，它将为我校学生搭建大展科技才能和科技风采的舞台，也将为我校校园文化建设增添新的内涵。

激情参与、尽情创造，放飞梦想与快乐。同学们，让我们热爱科学，勇于探索，创造未来，尽力展现自己的才智！

最后预祝××大学首届科技节圆满成功！

谢谢大家！

(资料来源：百度文库)

第五节　沾染了，墨色淌
——会议记录

魏星在TD国际家具股份有限公司顶岗实习一个多月了，繁杂、紧张、快节奏的办公室工作生活令魏星感到充实而愉快。这天快下班时，办公室钱主任推门进来说："魏星，明天上午有一个项目研发讨论会，需要你参加并做会议记录。"魏星点头会意，赶紧利用余下的时间快速查看明天的日程安排，又找出相关的会议记录本和《应用文写作》教材，做起了准备工作。第二天早晨，魏星提前来到办公室，准备好录音笔和会议记录本，认真记了起来……

会后，魏星拿着写好的会议记录给钱主任过目，钱主任看后，笑着说："可以归档了。"魏星长舒了一口气，脸上露出了紧张后轻松愉快的笑容。他暗自高兴着：《应用文写作》教材帮了我大忙，书里的知识一定要牢牢掌握，原来工作中经常会用到。

一、会议记录的含义

在举行会议时，把会议的组织情况和会议讨论发言的具体内容如实地记录下来，就是会议记录。

会议记录有"记"与"录"的区别，"记"又有略记与详记之分。略记是记会议的概要，记会议上重要的或主要的言论。详记则要求记录的项目必须完备，记录的言论必须详细完整。记下详细内容则要靠"录"，"录"有笔录、录音和录像等。对会议记录而言，录音、录像通常只是手段，最终还要将录下的内容还原成文字。笔录也常常需要借助录音和录像，以确保记录内容最大限度地再现会议情境。

二、会议记录的特点

(一) 真实性

会议记录者与其他文章的写作者有一个重要的区别，那就是他只有记录权没有改造权。会议是个什么样就记成什么样，与会者发言时说了些什么就记下什么，记录者不能进行加工、提炼，不能增添、删减，保证记录的情景再现性。

(二) 指导性

这一特性包含两层含义：一是会议本身的权威性；二是会议记录集中反映了会议的主要精神和决定事项。因而记录一经下发，将对有关单位和人员产生约束力，起着类似于指示、决定或决议等指挥性公文的作用。会议记录还可以作为与会同志向单位领导汇报、向群众传达的文字依据。

(三) 备考性

一些会议记录不是为了贯彻执行，而是向上汇报或向下通报情况，必要时可作查阅之用。

三、会议记录的分类

按照会议性质来分，会议记录大致有办公会议记录、专题会议记录、联席(协调)会议记录、专题会议记录等。

(一) 办公会议记录

办公会议记录是记述机关或企事业单位等对重要的、综合性工作进行讨论、研究、议决等事项的一种会议记录。办公会议记录一般有例行办公会议记录，即记述例行办公会议情况及其议决事项的会议记录；还有现场办公会议记录，即为解决某重大问题而召集有关方面和有关单位在现场研究、议决或协商的办公会议记录。

(二) 专题会议记录

专题会议记录是专门记述座谈会讨论、研究的情况与成果的一种会议记录，其主要特点是主题的集中性与观点意见的纷呈性相结合，既要归纳比较集中、统一的认识，又要将各种不同观点和倾向性意见表达出来。

(三) 联席(协调)会议记录

联席(协调)会议是没有隶属关系但有工作联系的单位或部门为了解决工作中遇到的没有规定或规定不够明确的问题，由一方或多方牵头而召开的会议。对这类会议召开的过程以及最终达成共识的记录，称为联席(协调)会议记录。

(四) 专题会议记录

专题会议记录，即记录研究部署、协调落实某一重要事项而召开会议的会议记录，其主要特点是主题相对集中，内容围绕专题展开，强调问题的解决与落实。

四、会议记录的格式

会议记录分为记录头、记录主体、审阅签名三个部分。

(一) 记录头

记录头包括以下几个项目：①会议名称，②会议主要议题，③会议时间，④会议地点，⑤会议主席(主持人)，⑥会议出席、列席和缺席人员情况，⑦会议记录人签名。

为了方便记录，提高效率，上述记录头内容通常事先印制在会议记录簿的首页上。如果用记录簿作记录，开头必须填写好记录头上的全部内容。记录头的格式排列可以参考以下式样：

会议记录

会议内容		编号	
会议时间		会议地点	
出席人		缺席人	
主持人		记录人	

(二) 记录主体

记录主体是实际记录部分，它是会议记录的主要部分。记录人员要按照会议发展的先后顺序，原汁原味地记录参会人员的发言内容。记录主体有两种形式：摘要记录和详细记录。

1. 摘要记录

所谓摘要，是指发言中基本观点和主要事实、结论。一般会议只要求有重点地、扼要地记录与会者的发言以及决议内容，不必"有闻必录"。

2. 详细记录

对特别重要的会议或者特别重要的发言，要详细记录，尽可能记下每个发言人的原话，不管重要与否，最好还能记下发言人发言时的语气、动作表情及与会者的反应。如果发言人是稿子念的，可以把稿子收作附件，并记下稿子之外的插话、补充解释的部分。

会议记录应该突出的重点有以下几个：会议中心议题以及围绕中心议题展开的有关活动；会议讨论、争论的焦点及其各方的主要见解；权威人士或代表人物的言论；会议开始时的定调性言论和结束前的总结性言论；会议已议决的或议而未决的事项；对会议产生较大影响的其他言论或活动。

(三) 审阅签名

记录主体的后面是审阅签名。凡重要的或涉及有关议定事项的会议，会议主持人均应在会议记录主体之后签名。签名时，如果主持人发现疑问，或者有与会者对某记录内容提出疑问，应朗读或一一传阅有疑问的内容，待疑问消除后主持人再签名。需要转发的会议讲话，应该在记录稿整理完毕之后送讲话人审阅。因故未能请讲话人审阅的，应注明"根据记录整理，未经讲话人审阅"字样。

在欧美等地，会议记录初稿完成后，有时候还需要拟定会议记录草稿征求意见函，最后把经过整理的会议记录发给所有的与会成员。

五、会议记录的写作技巧

会议记录的写作技巧，概括起来是一快、二要、三省、四代。

一快，即书写要快，记录得快。字要写得小一些、轻一点，多写连笔字。

二要，即择要而记。记录人员要围绕会议议题、会议主持人和主要与会者发言的中心思想、与会者的不同意见或有争议的问题、结论性意见、决定或决议等作记录。

三省，在记录中正确使用省略法，如使用简称、简化词语和统称，可省略词语和句子中的附加成分，省略较长的成语、俗语、熟悉的词组，待会后查补。

四代，即用较为简便的写法代替复杂的写法。可用姓代替全名，可用笔画少、易写的同音字代替笔画多、难写的字；可用一些数字和国际上通用的符号代替文字；可用汉语拼音代替生词和难字；可用外语符号代替某些词汇；等等。但在整理和印发会议记录时，均应按规范要求处理。

👤例文1

管委会会议记录

会议时间：20××年×月×日

会议地点：管委会会议室

会议主持人：李×(管委会主任)

会议出席者：杨×(管委会副主任)、周×(管委会副主任)、罗×(市建委副主任)、肖×(市工商局副局长)、陈×(市建委城建科科长)、秦×(居委会主任)

列席者：管委会全体干部

记录人：邹××(管委会办公室秘书)

讨论议题：

1. 如何整顿城市市场秩序

2. 如何治理违章建筑、违章作业，维护市容市貌

杨主任报告城市现状：我区过去在开发区党委领导下，各职能单位同心协力、齐抓共管，在创建文明卫生城市方面取得了一定成绩，相应的城市市场秩序有一定进步，市容街道也有所改观。可近几个月来，市场秩序倒退了，街道上小商贩逐渐多起来，水果摊、菜担、小百货，满街乱摆；一些建筑施工单位沿街违章搭棚，乱堆放材料，搬运泥土洒落大街……这些情况严重地破坏了市容市貌，使大街变得又乱又脏。社会各界对此

反映强烈。因此，今天请大家来研究：如何整顿市场秩序，如何治理违章建筑，违章作业、维护市容市貌。

主要议题发言记录：

肖×：个体商贩不按规定到指定市场经营，管理不得力、处理不坚决，我们有责任。这件事我们坚决抓落实：重新宣传市场有关规定，坐商归店、小贩归市、农民卖蔬菜副食到专门的农贸市场……也希望街道居委会配合，具体行动方案我们再考虑。

罗×：市场是到了非整不可的地步了，我们的方针、办法都有了，过去实行过，都是行之有效的，现在的问题是要有人抓，敢于抓，落到实处。只要大家齐心协力，问题是能够解决的。

秦×：整顿市场纪律我们居委会也有责任。我们一定发动群众配合好，制止乱摆摊、乱叫卖的现象。

李×：去年上半年创建文明卫生城市时，市上出了7号文件，其中规定施工单位不能乱摆战场。工棚、工场不得临街设置，更不准侵占人行道。沿街面施工要有安全防护措施……今年有的施工单位不顾市上文件，在人行道上搭工棚、堆器材。这种违章作业严重地影响了街道整齐、美观，也影响了行人安全。基建取出的泥土，拖斗车装得过多，外运时沿街散落，到处有泥沙，破坏了街道整洁。希望管委会召集施工单位开一次会，重申市政府7号文件，要求他们限期改正，否则按文件规定惩处。态度要明确、坚决。

陈×：对犯规者一是教育，二是奖惩。"不教而杀谓之虐"，我们先宣传教育，如果施工单位仍我行我素，不执行，那时按文件奖惩处理，他们也就无话可说。

周×：城市管理我们都有文件、有办法，现在是贵在执行，职能部门是主力军，着重抓，其他部门配合抓。居委会把居民特别是"执勤老人"(退休职工)都发动起来，按7号文件办事，我们市区就会文明、清洁，面貌改观……

与会人员经过充分讨论、协商，一致决定：

1. 由工商局牵头，管委会和其他部门配合，第一周宣传、第二周行动，监督实施，做到坐商归店，摊贩归点，农贸归市，彻底改变市场紊乱状况。

2. 由管委会牵头，城建委等单位配合对全区建筑工地进行一次检查，然后召开一次施工单位会议，对违章建筑、违章工场限期改正。一个月内改变面貌。过时不改者，坚决照章处理。

散会。

主持人：李×   记录人：邹××

(资料来源：第一范文网)

例文2

TD国际家具股份有限公司研发项目工作会议

时间：20××年5月1日上午8：30—10：30

地点：公司会议室

出席人：公司各部门主任

主持人：马骏(公司副总经理)

记录人：魏星

主要议题：设计研发前期出现的问题

发言记录：

主持人：今天主要讨论一下"设计研发"开展前期工作的问题。

技术部朱总：工艺是实现设计的重要手段，优化工艺可以提高生产效率、降低成本、提升产品质量，研发人员需要深入了解生产工艺，不断进行工艺改进和优化，并确保产品的稳定性和一致性。

材料部祁主任：材料是家具质量的基石，材料选择是研发过程中至关重要的环节，需要根据设计方案和产品定位，选择合适的材料，并确保材料的质量和稳定性。同时，还需要考虑材料的环保性能和可持续性，以满足市场和消费者的需求。

市场部唐主任：外观是产品的第一印象，外观设计也是家具研发的重要环节，需要结合市场需求和消费者偏好进行外观设计和创新，以吸引消费者的眼球，提高产品的附加值。同时，还需要考虑产品的实用性和美观性，以确保产品的整体品质。另外，舒适性是家具的基本属性之一，因此舒适性是家具研发过程中不可忽视的重要因素，要从人体工程学和人机交互的角度，对产品进行舒适性评估和优化，提高产品的舒适性和用户使用体验。

主持人：还需要考虑产品的适用性和个性化需求，以满足不同消费者的需求。另外，需要考虑结构的简洁性和美观性，以提高产品的整体品质。再有，材料部负责制定成本预算和控制方案，各部门初步的技术方案要在10天内完成，预计3个月完成整体设计工作，修改、敲定设计方案20个工作日，样品生产15个工作日，这批产品预定于元旦投放市场。

散会。

主持人：(签名)

记录人：(签名)

第六节 挥一挥衣袖，留下一片精彩
——闭幕词

经过半个多月的精心筹备，以及全公司员工的通力配合和付出，TD国际家具股份有限公司三周年的庆典终于开始了。参会的客户和公司领导对会务组非常满意，魏星觉得自己的努力没有白费，明白了一分耕耘一分收获。上午的忙碌让魏星对庆典的目的有了更深一层的认识，这真的是宣传公司的好机会，让客户加深对公司的了解和信任。魏星觉得以前写好的闭幕词应该再润色一下，这样才能把这场活动的意义说透。

TD国际家具股份有限公司三周年庆典大会闭幕词

各位嘉宾：

大家好！谢谢大家对TD国际家具的支持！

在此，我谨代表公司全体员工向为这次大会胜利召开而付出劳动和汗水的大会组委会表示衷心的感谢！

今天我们在这里举行TD国际家具股份有限公司周年庆典大会，其目的是感恩旧朋友，结识新朋友，既总结过去，也展望未来！

在过去的三年里，TD国际家具股份有限公司在各位的支持下取得长足的发展。今天的周年庆典更是见证了TD与朋友间的深厚情感。感谢各位员工为公司的付出！感谢客户对公司的信任！

在目前科技发展的大背景下，市场竞争越来越激烈，我们公司将通过建立服务责任体系和效益责任体系来落实责任，评优选能，争取在未来的几年里稳服务、促发展、控成本，做到打好基础、提升实力、争创效益、回馈社会。

昨日的成功，带来今日的欣喜；今日的努力，昭示明日的辉煌。我们将站在一个新的起点，放大已有优势、凸显潜在优势。让我们团结一心、加倍努力！百尺竿头，更进一步！

谢谢大家！

一、闭幕词的含义

闭幕词是国家各级机关、社会团体、企事业单位在会议即将结束时，由有关领导人对会议做出的概括性评价和总结性讲话。它是大会的结束语，主要内容是概述大会的议程、基本精神、主要成果和意义，说明大会提出的号召、要求等。

二、闭幕词的特点

(一) 总结性

闭幕词是会议即将结束时重要领导人的讲话。致辞人要对会议的内容、会议精神和议程进行简要的总结并做出恰当的评价，肯定会议的重要成果，强调会议的主要意义和深远影响。

(二) 概括性

闭幕词一般要求篇幅短小精悍，语言简洁明快，高度概括会议的进展情况、完成的议题、取得的成果、会议精神与重大意义。

(三) 号召性

为激励与会者实现会议提出的各项任务而奋斗，增强与会者贯彻会议精神的决心与信心，闭幕词的行文要充满热情，语言坚定，富有号召性和鼓动性。

三、闭幕词的内容与写法

开幕词一般由标题、署名、日期、称呼、正文五部分组成。

(一) 标题

闭幕词标题主要有两种写法：一种是用会议名称加文种类别(闭幕词)构成，例如《第十四届全运会闭幕词》；另一种是先用概括性的词句作为正标题，再用会议名称加文种类别作为副标题，例如《让阅读成为一种习惯——××学校第七届读书节闭幕词》。

(二) 署名

在标题正下方居中位置署上致闭幕词的领导姓名，但在致辞时不用念出来。

(三) 日期

闭幕词的时间一般写在署名下一行正中位置，要用圆括号括起来，在现场宣读时一般不需要读出来。

(四) 称呼

称呼是对与会者的统称，在日期下另起一行顶格写，其写法与开幕词相似。

(五) 正文

闭幕词的正文一般由开头、主体、结尾三部分构成。

1. 开头

闭幕词开头部分要简要说明会议所完成的预定任务的情况。

2. 主体

闭幕词主体部分要评述大会的议程，总结会议的重要意义。这部分要概述会议的进行情况，恰当地评价会议的收获、意义及影响，不能过于空泛笼统。

此部分要明确阐述会议通过的主要事项和基本精神，阐述的重要性和深远意义，向与会人员提出贯彻会议精神的基本要求等。

写作闭幕词时，要掌握会议情况，有针对性地对会议内容予以阐述和肯定，同时可以对会议未能展开的重要问题做出适当强调或补充。

闭幕词的行文要热情洋溢、简洁有力，起到激发斗志、增强信念的作用。

3. 结尾

闭幕词结尾部分可以提出号召与希望，也可以对会议有关的事项略加说明，最后宣布会议闭幕。

宣读闭幕词表示会议结束，因此，要与开幕词前后呼应、首尾衔接，彰显大会的圆满成功。

四、闭幕词和开幕词的区别

(一) 作用不同

闭幕词是会议的结束致辞，着重对会议的主要成果给予准确的评价和总结，重点放在总结大会的成绩和经验或强调大会精神对今后工作的指导作用；开幕词是大会序曲，重在阐明大会的任务，为会议打基础，定基调，产生指导、定向和"提神"的作用。

(二) 语言风格不同

闭幕词着重对会议的主要成果给予评价，总结成绩和经验，语言高度概括，精练简明；开幕词是对会议做整体的预期，语言富有感染力，鼓舞人心。

👤 **例文1**

××学院第二十届田径运动会闭幕词

校长 ××

(2024年5月20日)

全体运动员、裁判员，老师们、同学们：

大家下午好！经过两天的激烈角逐，学校第二十届田径运动会，在全体运动员、裁判员和师生员工的共同努力下，圆满完成了预定的各项比赛项目，就要胜利闭幕了。本届运动会大力弘扬了"更高、更快、更强"的奥运精神，在两天时间里，比赛进程井然有序，赛场气氛紧凑热烈，运动员以顽强的意志和拼搏的精神，完成了田径项目的各项赛事，赛出了高水平，取得了好成绩。

老师们、同学们，体育运动不仅是塑造自身健康体格的手段，同时也是凝聚人心、塑造人格、培养高尚品格的方式。在本届运动会赛场上，我们不仅感受到力量和勇气，还感受到温暖和感动，感受到鼓舞和振奋。运动员奋力拼搏、勇攀高峰，裁判员以身作则、坚持标准、公平公正，后勤人员坚守岗位、默默奉献、热情服务，同学们在观看比赛中呐喊助威、积极参与、主动服务，这一切充分展现出我校师生员工团结一心、顽强拼搏、奋发向上的精神风貌，昭示着学校欣欣向荣、不断发展的美好前景。

本届运动会取得了体育竞技水平和精神文明建设双丰收。我们相信，通过本届运动会，我们将进一步贯彻落实国家"阳光体育"工程计划，积极探索体育教学和体育运动的新方法、新途径，把开展丰富多彩、形式多样的课外体育活动纳入学校日常教育工作的有机组成部分，大力推进素质教育，促进全民健身活动的蓬勃开展。

我们也希望，广大师生员工把运动会中表现出来的团结一心、顽强拼搏、奋发向上的精神风貌融入我们的工作、学习和生活，为学校健康、和谐发展做出贡献。

最后我宣布，××学院第二十届田径运动会胜利闭幕！

谢谢大家！

(资料来源：百度文库)

例文2

中国工会第十八次全国代表大会闭幕词

徐留平

(2023年10月14日)

各位代表，同志们：

现在我受第十八届中华全国总工会主席王东明同志委托，致大会闭幕词。

在以习近平同志为核心的党中央坚强领导和亲切关怀下，在与会全体代表的共同努力下，中国工会第十八次全国代表大会圆满完成了各项议程，即将胜利闭幕。这次大会，是在我国迈上全面建设社会主义现代化国家新征程、向第二个百年奋斗目标进军的关键时刻召开的一次十分重要的大会，意义重大而深远。大会以习近平新时代中国特色社会主义思想为指导，全面贯彻党的二十大精神，深入贯彻习近平总书记关于工人阶级和工会工作的重要论述，审议并通过了全总十七届执委会报告、《中国工会章程(修正案)》、财务工作报告、经审工作报告，选举产生了中华全国总工会新一届领导机构，是一次高举旗帜、凝心聚力，继往开来、团结奋进的大会。大会的胜利召开，必将激励全国亿万职工群众和工会工作者，以昂扬向上的精神风貌和实干担当的奋斗姿态，在全面建设社会主义现代化国家、全面推进中华民族伟大复兴的历史进程中谱写工运事业和工会工作的崭新篇章！

(略)

这次大会选举产生了中华全国总工会新一届执行委员会，这是全体代表和全国亿万职工群众的信任和重托。在这里，我代表十八届执委会所有同志，对全体代表的信任和支持表示最衷心的感谢！我们将全力以赴、全心全意为党的事业和职工群众的利益服务，不辜负党中央和亿万职工群众的信任和期望！

各位代表，同志们！中华全国总工会第十八届执行委员会任期五年。党的二十大吹响了奋进新征程的时代号角，党的中心任务就是中国工人运动和工会工作的主题和方向，是中华全国总工会第十八届执行委员会必须全力肩负起的使命和责任。

我们要始终坚持党的全面领导，保持工会工作的正确政治方向。我们要坚持用习近平新时代中国特色社会主义思想凝心铸魂，深入贯彻习近平总书记关于工人阶级和工会工作的重要论述，团结动员广大职工紧密团结在以习近平同志为核心的党中央周围，坚定不移听党话、跟党走，深刻领悟"两个确立"的决定性意义，增强"四个意识"、坚定"四个自信"、做到"两个维护"，在思想上政治上行动上同以习近平同志为核心的党中央保持高度一致。

我们要始终坚持服从服务于党和国家工作大局，充分发挥工人阶级主力军作用。我们要紧紧围绕高质量发展首要任务，聚焦国家重大战略、重大工程、重大项目、重点产业，全心全意依靠工人阶级，充分调动职工积极性主动性，团结组织职工群众建功立业、创新创造，大力弘扬劳模精神、劳动精神、工匠精神，在强国建设、民族复兴伟业中汇聚万众一心、众志成城的磅礴力量。

我们要始终坚持履行维权服务基本职责，不断增强职工群众获得感、幸福感、安全感。我们要牢固树立以职工为中心的工作导向，聚焦"维护职工合法权益、竭诚服务职工群众"的主责主业，切实维护好、服务好亿万职工群众的劳动经济权益、民主政治权利和精神文化权益，大力推进产业工人队伍建设改革，着力解决好新就业形态劳动者、农民工、城市困难职工等重点群体的急难愁盼问题，真正让亿万职工群众深切感受到党的温暖、关怀和工会的服务，持续推动构建和谐劳动关系，坚决维护好劳动领域政治安全。

我们要始终坚持深化工会改革和建设，有效发挥工会作为党联系职工群众的桥梁纽带作用。我们要始终突出政治性、先进性、群众性，持续深化工会机关改革，创新工作体系、工作内容和工作方式，加强基础和基层工会建设，加快工会数字化建设步伐，全面强化工会系统党的建设，大力提高工会干部的素质能力，不断增强工会组织吸引力、凝聚力和战斗力。

这次大会闭幕后，代表们将奔赴各自的工作岗位。希望各位代表和各级工会组织及时向同级党委汇报大会精神，迅速在广大职工群众和各级工会工作者中掀起学习宣传贯彻大会精神的热潮，特别是要传达好、学习好、宣传好、贯彻好习近平总书记关于工人阶级和工会工作的重要论述、蔡奇书记代表党中央在工会十八大上的致辞精神，传达落实好王东明主席在大会上的报告和在全总十八届一次执委会上的讲话要求。我们要把贯彻落实工会十八大精神与全面贯彻习近平新时代中国特色社会主义思想、党的二十大精神、习近平总书记关于工人阶级和工会工作的重要论述结合起来，与党和国家中心工作结合起来，与本地区、本产业、本部门、本单位、本岗位实际结合起来，把智慧和力量凝聚到实现这次大会确定的目标任务要求上来，勇于担当、奋发有为，努力开创新时代工运事业和工会工作新局面。

各位代表、同志们，强国建设、民族复兴的宏伟目标令人鼓舞、催人奋进，工人阶级、工会组织的使命光荣、责任重大。让我们更加紧密地团结在以习近平同志为核心的党中央周围，全面学习贯彻习近平新时代中国特色社会主义思想，深入贯彻习近平总书记关于工人阶级和工会工作的重要论述，认真落实中国工会十八大精神，切实维护职工合法权益、竭诚服务职工群众，踔厉奋发、勇毅前行，团结动员亿万职工群众为全面建设社会主义现代化国家、全面推进中华民族伟大复兴团结奋斗！

(资料来源：徐留平.中国工会第十八次全国代表大会闭幕词[J].兵团工运，2023(5)：17-18.)

第七节　签字画押，是保护也是约束
——合同和协议

清晨，伴随咖啡壶里汩汩的声音，谢达作的情绪也放松下来。谢达作喜欢喝咖啡，喜欢咖啡馨香袅袅的味道，喜欢咖啡在唇齿之间微苦涩涩后的酣甜，那一刻生活里许多烦恼都消失殆尽，归于欢喜。就像他的人生经历，走出家乡，都市求学，体制内工作，评估辞职的成本与风险后，在远方亲属和业界前辈的支持下，他毅然步入了家私行业。几年间，家私行业经历了巨大变化，新的样式更是层出不穷，消费者的偏好也瞬息万变。谢达作吃过苦，挨过累，受过伤，如今已荣升到行业的领军人物。

此刻，置身于优雅高端的TD办公家具之中，谢达作透过办公间的长窗，仰望天空中飘移的云，又俯视公司大厦旁的街道，地面上行色匆匆的人们，仿佛向各自未知的世界游弋。

如今，他作为公司大区经理，带领着团队共同打造了"世家"系列家具，这也是TD国际家具股份有限公司今春欧洲市场工装家具营销战役的主打款式家具。"挑战现状，努力工作，讲求工作格调，实现自我价值"，谢达作和他的优秀团队成功地践行了这一工作方式。想到这里，谢达作心中顿时生发一种惊涛拍岸、执杖狂歌的豪情。这场新春开局商战，他向公司董事会主动请缨并且志在必得。谢达作的判断是合理的，因为营销部早晨刚刚呈递上来的是一叠漂亮的合同订单，有上游公司产品购销合同，有大客户全套家居配饰承揽合同，还有TD家具特许专卖加盟合同、TD媒体广告合同……这些合同签订后会成为TD早春破冰的业绩，是整个TD正常运行的有效保障，每一份合同都至关重要，谢达作都要逐一细读。

一、合同

《中华人民共和国民法典》(以下简称《民法典》)规定："合同是民事主体之间设立、变更、终止民事法律关系的协议。"根据《民法典》的规定，能够作为民事主体的有自然人、法人和非法人组织，民事主体既是权利主体，也是义务主体。

自然人是指具有生命和独立人格的个体。他们有自己独立的思维能力、行为能力和责任能力。法人是具有民事权利能力和民事行为能力，依法独立享有民事权利和承担民事义务的组织。法人包括企业法人、机关法人、事业单位法人和社会团体法人等。非法人组织是指不具有法人资格，但可以依法以自己的名义从事民事活动的组织。非法人组织包括个人独资企业、合伙企业、不具有法人资格的专业服务机构等。

合同是当事各方依据法律或政策在充分协商、达成一致后所签订的文书。签订合同是一种法律行为，可以监督当事各方共同承担义务。合同可以降低各种风险，从而保障当事各方的共同权益，更在当事各方真诚合作、实现管理科学化等方面起到积极作用。

(一) 合同的分类

合同可以按照不同的标准划分类别，具体情况有以下几种。

按合同的内容，可分为买卖合同，供用电、水、气、热力合同，赠与合同，借款合同，租赁合同，融资租赁合同，承揽合同，建筑工程合同，运输合同，技术合同，保管合同，仓储合同，委托合同，行纪合同，居间合同。

按合同的有效期限，可分为长期合同、中期合同、短期合同和一次性合同。

按合同的主体，可分为双边合同和多边合同。

按合同的写作形式，可分为条文式合同、表格式合同和条文表格式合同。

按合同的表现形式，可分为书面形式合同、口头形式合同、默示合同。口头形式合同和默示合同是日常生活中常见的合同形式，因其没有书面凭证，难以取证，极易引发争议。

(二) 合同的特点

1. 合法性

合法性是合同重要特点。合同的合法性包括三层含义：一是当事人必须具备合法的资格；二是合同的内容应当符合国家法律、行政法规的规定，不得扰乱社会经济秩序，损害社会公共利益；三是合同的形式要符合有关法律规定，书写要规范。

2. 制约性

合同一经签订，就具备了严格意义上的法律效力。当事人双方必须严格遵守合同的条款规定，任何一方不得擅自变更或解除合同。如果当事人违反了合同中的规定，就要承担相应的法律责任。

3. 平等性

合同是当事人基于平等的法律地位达成的，各方皆以法人的身份参与，是相对独立的经济单位。订立合同时，合同当事人应当遵循平等的原则，充分协商。合同各方的权利义务要公平合理、大体相当，责任风险共担、权利利益平分。一方不得将自己的意愿强加给另一方，更不能以命令、胁迫手段签订合同。

4. 一致性

签订合同是当事人之间经过探讨取得意愿一致的法律行为。合同以平等主体之间的一致为出发点，须经当事人之间依法在合同各项条款上自由自愿、公平合理地取得一致意见后，才能成立并共同遵守。合同订立的目的是设立、变更或终止债务债权关系，实现各自的利益，所以合同必须符合当事人各方的一致意愿；否则，均属无效合同。

(三) 合同的内容与写法

合同一般由标题、签约单位名称、正文和落款四部分组成。

1. 标题

合同的标题又称合同名称，用来表明合同的种类。合同的标题应写在第一行的中间，一般由合同性质称谓与文种组成，例如《水路运输合同》《旅游合同》。

2. 签约单位名称

在标题下方空两格，分行并列，写明签约合同双方单位全称和代表人姓名，并分别注明"甲方"与"乙方"，或"供方"与"需方"，或"买方"与"卖方"，以便后文引述。

3. 正文

合同的正文即合同的主体部分，由签约合同的依据或目的、主要条款两方面组成。

(1) 签约合同的依据或目的的表述要简明扼要，切忌详述或引述过多。

(2) 我国《民法典》明确规定，合同内容的主要条款包括标的，数量与质量，价款或酬金，履行的期限、地点及方式，违约责任。

标的。标的是指签约各方的权利与义务所指向的对象，包括财产和行为。它可以是客观实在物、物权、债权，也可以是劳务或工程项目等。合同的标的必须符合国家的法律、法令、法规及方针政策，以国家准许市场流通的种类物或特定物为限；否则，视为无效或非法合同。合同的标的要具体、明确、肯定，写明产品的型号、规格、牌号等，不能含混。

数量与质量。数量是衡量标的物的数值指标，它关系合同所产生的经济效果。数量的多少一般是以国家规定的度量衡为计算单位，基本的要求是数字准确。质量是对标的内在素质和外观形态的规定，是标的物的成分、效用、精度等质量指标的综合表现。凡有法定标准可依的，要指出遵循的是国家标准、部颁标准，还是企业标准；没有法定标准可依的，要明确双方合同的具体标准及检验方法。

价款或酬金。取得对方产品而支付的代价叫价款；获得对方的劳务或智力成果所支付的代价叫酬金。这两者又简称为价金，都以货币为表现形式，是合同标的代价。价金要明确数额，还要明确计算标准、规定支付方式，除国家允许使用现金支付外，必须通过银行办理转账结算。在经济合同中必须要写明付给价金的结算方式、结算银行账号、结算程序等。

履行的期限、地点及方式。履行的期限是当事人议定的履行合同的时间范围，即享有权利一方要求对方履行义务的期限，而不是指合同的有效期。履行的期限要明确写出起止年、月、日；履行的地点是一方当事人履行合同规定的义务和另一方当事人接受这一履行的地点；履行方式是指合同当事人一方履行义务的具体方法和途径。

违约责任。违约责任是指合同当事人违反合同约定时应当承担的法律责任，又称"罚责"。承担违约责任的方式主要是支付违约金、赔偿金。在该条款中必须明确具体地表述违约责任，这是维护合同双方当事人合法权益的有效措施。

4. 落款

合同的落款一般包括当事人签名盖章，必要时可写上单位地址、电话、当事人各方的开户银行账号、签证或监督机关审证意见，以及签订合同的年、月、日。

(四) 合同的写作要求

1. 内容要具体，条款要周详

合同是具有约束力的文书，内容必须具体，条款必须清楚周详，以便各方履行。

2. 表达要清晰，语言要准确

合同的表述主要采取说明法，根据不同的内容分出若干条款，逐条逐款地加以说明，务求清晰、分明。合同的语言要简洁准确，防止因语意含混引起歧义。

3. 文面要规范，段落要清晰

书写要按照合同的文面格式，同时要段落分明，标点准确，字迹清楚。合同中表示货款金额、物品数量的数字要大写。

4. 书写要认真，修改要同步

合同一经签订，不得随意修改或涂抹，如出现差错或遗漏，要在协约各方一致同意下，在多份合同上同时修改、补正，并在修补处加盖协约各方的印章。

二、协议

协议又称协议书，是国家机关、企事业单位、社会团体或个人之间，为完成某项合作或其他事情，经共同协商取得一致意见后订立的一种具有经济或其他关系的文书。

协议具有独特的作用。协议作为合同的基础，是先行文件。然而，尽管协议是一种法律文件，但并非所有协议都具备法律效力。《民法典》规定，协议必须具备以下条件才有效：行为人具有相应的民事行为能力；意思表示真实；不违反法律、行政法规的强制性规定，不违背公序良俗。在具体实践中，各方当事人常先拟定协议书，待条件成熟或手续齐备后，再依此签订正式合同。

(一) 协议的分类

协议有广义、狭义之分。狭义的协议即前面所述的协议书。以具体内容为标准，协议书可分为承包工程协议书、购销协议书、承揽加工协议书、财产保险协议书、赔偿协议书、调解协议书、经济技术合作协议书等；以适用时间为标准，可分为长期协议书、中期协议书、短期协议书；以形式为标准，协议书可分为表格式协议书、条款式协议书、叙述式协议书。广义的协议除狭义的协议书外，还包括合同、条约、公约、联合声明、字据等。

(二) 协议的特点

协议具有合法性、制约性、对等性、一致性，这与合同类似，但协议区别于合同，具有如下几个特点。

1. 适用范围较广

协议应用十分普遍，局限性小，具有强大的适用功能，在经济政治、生产建设、文化教育、社会治安，以至普通民事等领域都适用。凡不宜签订合同的合作形式，只要当事人协商一致，就可以签订协议。

2. 内容简明概括

协议一般只是对当事人共同合作的基本原则的阐述，对内容、条件、要求一般只做粗线条的约定，缺乏实施合作的具体条件和有关量化指标，其制作程序简单、使用方便。

3. 实效性长

合同一般用于买卖交易等经济合作，交易一旦实现，合同的效力便随之消失。而协议的有效时间较长，有的协议是各方当事人就生活事务的某些问题达成的一致性意见，具有永久性的功效。

4. 不一定有违约责任条款

用于非经济领域的协议，一般只规定各自应当履行的权利义务，而不设立违约责任条款。

(三) 协议的内容与写法

协议一般由标题、立约单位、正文、落款四部分组成。

1. 标题

协议的标题应写在第一行的中间，常见的写法有以下两种：一是由协议性质称谓和文种构成，例如《租房协议》《学校合作申请专利协议》；二是由文种构成简写标题，例如《协议》《协议书》。

2. 立约单位

立约单位的内容包括当事人的名称或姓名，其写法与合同类似。

3. 正文

协议的正文包括合作的意图、项目内容与规格指标、合作的方式、双方的权利和义务、准备阶段的技术工作、工作日程及双方履行的行为约束等。

4. 落款

在协议的落款，双方要签名、盖章，注明签署日期，必要时还应写上签订单位。

(四) 合同与协议的写作要求

合同与协议是两种相近的文体。在商业活动中，有时先有协议后有合同，所以写作时要求大体一致。

1. 遵守国家法律，符合相关政策

遵守国家法律，符合相关政策是撰写合同与协议的基本原则和根本前提。写作前，须了解国家法律和相关政策。写作时，须依照规定的法律程序进行，且所涉内容不能违反政策法律，否则不受国家法律保护。

2. 掌握对方情况，坚持协商一致

撰写合同与协议之前，一定要多方了解合作方的各种情况，只有这样才能保证合同与协议签订后的全面履行。撰写合同与协议时，各方务必建立平等协商、互利互惠、各尽义务的关系，这是现代商业社会等价交换原则的具体体现。

3. 条款全面详尽，撰写具体细致

写作合同与协议时，应将各项问题考虑全面，书写条款完备，无交叉、无矛盾、无疏漏，否则会导致经济纠纷，失去文书签订的意义。此外，合同和协议有所区别，在书写合同时，主要条款一定要细化，数据要量化，以便现实中具体操作履行。

4. 了解相关知识，语言清晰准确

写作合同与协议前，一定要详尽了解合作项目的背景和交易常识，缺乏相关专业技术知识易引起文书履行过程中的误解与纠纷，甚至上当受骗。撰写合同与协议时，语言须科学严谨、逻辑严密，无错别字、无纰漏、无歧义，正确使用标点符号，专业术语更须准确规范。

例文1

广州市花卉买卖合同

甲方(买方)：　　　　　　　　　　　　乙方(卖方)：

根据《中华人民共和国民法典》及相关法律法规，为明确双方权利义务，甲乙双方经充分协商，签订本合同。

一、花卉名称、品种、等级、数量、单价、金额、交货时间

花卉名称、品种、等级	数量	单价/元	金额/元	交货时间
合计人民币金额(大写)：				

数量单位：□千克□盆□枝□棵

二、质量要求

(一) 花卉品种的规格：＿＿＿＿＿＿。

(二) 等级要求：有国家标准的，执行国家标准；没有国家标准的，按双方约定标准。

(三) 双方约定标准：＿＿＿＿＿。

三、包装方式和要求

(一) 包装方式和要求：＿＿＿＿＿。

(二) 包装物由＿＿＿方提供，费用由＿＿＿方承担，由乙方按合同约定的要求进行包装。

四、货物交付和货款支付

(一) 交付方式按下列第＿＿＿项办理：

1. 实行送货的，乙方应送至＿＿＿。

2. 实行提货的，甲方应到＿＿＿提货。

3. 实行第三方物流(快递)承运的，由＿＿＿方确定承运方，乙方应在发货当日将发货单据证明知会甲方。

(二) 运输方式与费用承担：＿＿＿。

(三) 货款的支付按下列第＿＿＿项执行：

1. 交付之日，即时结清。

2. 甲方应于每批花卉交付之日起＿＿＿日内，结清该批货款。

3. 合同签订之日起＿＿＿日内，甲方支付乙方定金＿＿＿元；乙方交付该批花卉后，甲方应于每批花卉交付之日起＿＿＿日内结清该批货款，至最后一批花卉交清时，定金抵作货款。

4. 其他方式：＿＿＿＿＿。

五、验收

甲方应于收货当日自行验收花卉，验收内容：＿＿＿，

验收地点：＿＿＿。

或者委托检测机构对花卉的质量进行检测，检验标准为＿＿＿，

检验地点为＿＿＿，检测机构为＿＿＿。

甲方有权拒收不符合质量要求的花卉。

六、合同的变更

(一) 交货时如市场价格高于或低于合同约定价格的＿＿＿%，双方可对花卉价格进行重新协商。

(二) 因气候发生重大变化或不可抗力等因素造成无法按合同约定的时间交货的，双方可另行协商。

七、违约责任

(一) 交付的花卉质量不符合合同约定的，乙方应在____日内调换，无法按期调换的，应扣除不符合约定的花卉的相应价款，并按该价款的____%向甲方支付违约金；交付花卉的数量低于合同约定的，应在____天内补齐，无法在该期限补齐的，按所欠花卉价款的____%向甲方支付违约金；交付的数量超出合同约定的，超出部分，甲方有权选择是否接收，甲方同意接收的，则按合同约定的单价计算。

(二) 乙方延迟交货的，每延迟一日，应支付甲方约定批次价款额万分之五的违约金；甲方逾期提货的，每延迟一日，应支付该批次价款额万分之五的违约金。

(三) 甲方逾期提货或不能提货造成花卉变质等损失，甲方除赔偿乙方的损失外，还应承担违约责任。甲方逾期提货的，每迟延一日，应向乙方支付应提货货款万分之五的违约金；甲方不能提货的，应向乙方偿付不能提货部分货款____%的违约金。

(四) 甲方逾期支付货款的，每延迟一日，应支付延迟付款额万分之五的违约金。

(五) 因包装物质量不符合要求造成的损失由包装物提供方承担。

八、合同争议的解决

本合同在履行过程中发生的争议，由双方协商解决；协商不成的，按下列第____种方式解决：

(一) 提交中国广州仲裁委员会仲裁；

(二) 依法向人民法院起诉。

九、本合同自双方签字盖章之日起生效。合同一式二份，合同双方各执一份。

十、其他未尽事宜，由双方协商并达成书面补充协议，该补充协议与本合同具有同等法律效力。

甲方：(盖章)	乙方：(盖章)
法定代表人：	经营者(农户)：
委托代理人：	身份证号码：
经营地址：	地址(住所)：
电话：	电话：
邮箱：	邮箱：

(资料来源：国家市场监督管理总局合同示范文本库)

例文2

购销协议书

甲方(买方)：

乙方(卖方)：

根据《中华人民共和国民法典》的有关规定，为明确合同双方的权利义务，经过双方友好协商，现达成以下条款：

1. 产品名称、型号、数量、价格：_____。

2. 付款时间与方式

2.1 甲方于收到上述产品10日内全额支票支付乙方合同全部货款。

2.2 乙方于货款入账7日内提供甲方全额增值税发票。

3. 交货日期及交货地点

3.1 交货日期：合同生效后20日内乙方交付甲方上述产品。乙方收到甲方货款后，交付甲方产品。

3.2 交货地点：甲方指定地点。

4. 质量标准

4.1 乙方所提供产品的技术指标应符合国家或部颁标准所列。

4.2 在质保期内如果乙方提供的产品出现质量问题，乙方需要在____个工作日内给予相应处理。

5. 违约责任

5.1 除不可抗拒事件，任何一方不得违反本合同条款。

5.2 如发生交货日期延迟，乙方每延误一天交货需按货款总额的5%向甲方支付违约金；甲方不得拖欠乙方货款，如甲方没有按期支付，每延误一天需按货款总额的5%向乙方支付违约金。违约金最多不超过货款总金额的10%。

6. 争议的解决

凡因执行本合同所发生的争议，或与本合同有关的一切争议，双方应通过友好协商解决。如果协商不能解决，依照《中华人民共和国民法典》，由双方认可的仲裁部门解决或向人民法院起诉。

本合同一式贰份，甲乙双方各持壹份。合同附件与本合同具有同等法律效力。

本合同自甲乙双方签字盖章之日生效，传真件具有同等法律效力。

甲方：   乙方：

签字：   签字：

(盖章)   (盖章)

日期：   日期：

(资料来源：第一范文网)

第八节　晃漾炫目的烫金筹码
——广告文案

沉寂已久的TD国际家具股份有限公司经历了一个漫长的行业冬季，终于在政府的政策支持下开始复苏。谢达作走进广告部办公区就听到了讨论声，自从广告部与《时代风尚——新贵生活》杂志签订了广告合作的合同后，员工就好像注入了"强心剂"，活力满满。

这群在媒体、受众、公司之间冲锋陷阵的广告人，有非凡的创造力和出众的文案编写能力。谢达作看到广告部员工憔悴的脸色，意识到这帮年轻人又度过一个不眠之夜。谢达作有些心疼，宣布"即刻休息、下午再进行汇报"，折身就走。可这帮年轻人却把谢达作拽到椅子上，慷慨激昂地逐一汇报。听完他们的汇报，谢达作再也不敢小觑。摆在面前的广告文书结合TD国际家具股份有限公司旗下"世家"系列家具，针对美式家具类型，其设计组织结构清晰、创意独特新颖。在产品的生产技术趋于同化的今天，文案围绕TD新上线家具核心价值观和切实卖点，完美地实现了自我表达。作为有经验的市场开拓者，谢达作迅速做出判断，这几则广告文案会使公司旗下新产品和新服务精准地杀入目标市场，伴随着份额和销售水平的提升，TD依然会在家具业界新产品领域定义游戏规则。而这场较量，TD国际家具股份有限公司的广告文案就是一枚枚耀眼的烫金筹码……

一、广告文案的含义

广告文案又称广告文稿，是为配合市场营销需要，通过一定形式的媒介，以促销、盈利为目的的宣传、介绍商品和劳务的应用文体。广告文案在商业广告中是体现广告创作意图的语言文字部分。

广告是市场营销的有效组成部分。广告文案的作用主要是传播各种经济信息，沟通产销，促进生产和消费。此外，广告文案还有鼓励竞争、活跃经济，降低成本、增加利润，促进精神文明建设的作用。

二、广告文案的分类

广告文案可以按照不同的标准划分类别。

以广告传播媒体为标准，可分为报纸广告文案、杂志广告文案、广播广告文案、电视广告文案、网络广告文案、户外广告文案、直投媒体广告文案等。

以广告行文文体为标准，可分为记叙体广告文案、论说体广告文案、说明体广告文案、文艺体广告文案等。

以广告内容为标准，可分为消费物品类广告文案、生产资料类广告文案、服务娱乐类广告文案、信息产业类广告文案、企业形象类广告文案、社会公益类广告文案等。

以广告诉求方式为标准，可分为理性诉求型广告文案、情感诉求型广告文案、情理交融型广告文案等。

以广告直接目的为标准，可分为销售广告文案、观念广告文案、公关广告文案、求购广告文案等。

三、广告文案的特点

(一) 真实性

真实可信、实事求是，是撰写广告文案应遵循的原则。广告文案只有真实才能取信于消费者，才能维护消费者的正当权益，为发展生产、促进消费、活跃经济提供便利条件；否则，不仅不能实现广告宣传的目的，还将会受到经济处罚和法律制裁。

(二) 思想性

广告活动是一种经济现象，也是一种社会现象，是社会意识形态的组成部分，广告文案一经传播，其主题、语言、文字等会对受众心理产生潜移默化的作用，对社会风气产生一定的影响。因此，广告文案应具有鲜明、正确的思想性，要注重社会效果。

(三) 艺术性

广告是一门艺术，在创作广告文案时，要采用多种艺术形式，巧妙构思，富于创新，把真实性、思想性与艺术性结合起来，在给人以知识信息的同时，更应以较强的艺术风格感染受众，通过独特的艺术魅力陶冶受众的思想和情操。

四、广告文案的内容与写法

广告文案一般由标题、正文、广告口号、附文四部分组成。

(一) 标题

广告的标题应写在第一行的中间。广告标题是一个广告的题目，其作用在于吸引人们对广告文案的注意，引起人们对广告文案的阅读兴趣。只有当受众对广告标题产生兴趣时，才会阅读正文。

广告标题的设计形式多种多样，有情报式、问答式、祈使式、新闻式、口号式、暗示式、提醒式等。

广告标题可分为单一标题和复合标题两种。单一标题由单独的句子构成，例如《钻石恒久远，一颗永流传》《一切皆有可能》。复合标题由引题(又称眉题、首题)、正题(又称主标题)、副题(又称尾题)构成。引题居于标题之首，起到引出正题作用；正题是复合标题的核心，不可或缺；副题位于标题之尾，对正题内容起到补充或说明作用。复合标题有"正题——副题""引题——正题""引题——正题——副题"三种形式，例如：

春江水暖你先知(引题)

南方日报(正题)

每天三大张　天天有彩版　信息量大　可读性强(副题)

广告标题的语言简明扼要，易懂易记；语义清晰，新颖而富有个性，避免使用生词、新词、专业词汇、冷僻字词以及容易产生歧义的字词。标题的表现形式要独特，句式、表达方法要别出心裁，以吸引人们的注意力。

(二) 正文

广告文案正文是对产品及服务加以客观的、具体的说明，增加消费者的了解与认识，以理服人。不论采用何种题材式样，广告文案正文要抓住主要信息进行叙述，言简意赅，通俗易懂，生动有趣，实事求是，避免套话。出色的广告文案正文能够使消费者产生购买欲望。广告文案正文还能起到展现企业形象、构筑产品销售氛围的作用。

正文包括三方面内容：诉求重点、深入解释、行动号召。

1. 诉求重点

诉求重点是广告的核心内容。以树立企业形象为目的的广告，诉求重点常常是企业的优势或业绩；以塑造品牌形象为目的的广告，诉求重点集中于品牌特性；以推销产品为目的的广告，诉求重点集中于产品或服务的特性和对消费者的利益承诺。

2. 深入解释

正文必须提供更多、更全面的信息，使诉求重点更容易理解、更令人信服。如果广告的目的不在于传达具体的信息而是情感沟通，情感性的内容也需要深入展开，以增加感染力。

3. 行动号召

如果广告的目的是直接促销，而不是树立品牌形象，广告文案的正文还需要明确地号召消费者购买、使用、参与，并说明获得商品或服务的方法与利益。

(三) 广告口号

广告口号又称广告标语，是长期反复使用在广告中的特定宣传用语，是广告文案中最富有吸引力和感染力的部分。广告口号已成为广告活动中的战略性语言，是推广商品不可或缺的广告要素，便于消费者了解商品或服务的个性。

广告口号常见的形式有联想式、比喻式、许诺式、推理式、赞扬式、命令式等。广告口号的撰写要注意简洁明了、语意明确、独创有趣、便于记忆、易读上口、情感亲切、用词朴素。

(四) 附文

附文包括企业名称、地址、电话号码、传真号码、邮政编码等。以报纸、杂志、广播等为载体的广告文案，附文内容较为全面；以电视为载体的广告文案，通常只展示企业名称。

五、广告文案的特殊性

(一) 写作目的的特殊性

广告文案写作的目的不是写作主体为了表达自己的思想，抒发自己的情感。写作主体只不过是广告主的代言人，写作的目的是为广告主传递其广告信息，达成广告目标。

(二) 面向对象的特殊性

广告文案不是写给一般受众的，而是直接指向广告的诉求对象。产品的目标受众有时候并不等于广告的目标市场。目标市场指的是最有价值的消费群，而目标受众是指广告所要劝服的诉求对象，即产品的购买者。但是在绝大多数情况下，目标市场与目标受众是重合的。

(三) 主题与内容的特殊性

广告文案的主题不是源自写作主体的自由选择，而是广告所要传达的核心思想。广告文案的内容既不是记录写作主体根据自己意愿的所思、所想、所感，也不是广告客户提供的所有信息，而是围绕广告的主题，依据广告创意的要求，输出相关的产品信息或企业信息。

(四) 写作准备的特殊性

文案人员除了需要具备文、史、哲等一般知识，以及相关学科如社会学、心理学、传播学等知识外，还应该主动了解广告目标、广告产品、诉求对象、媒体特征及其组合策略等基本情况。

👤 例文1

万科地产广告文案

万科地产以"无限生活，用心建筑"为传播主题，推出了"珍视生活品质"系列广告，以谦卑而亲切的姿态，向用户描绘企业的价值观，如图4-1所示。

标题：再名贵的树，也不及你记忆中的那一棵

正文：越是现代，生命的原本美好越值得珍惜，

我们深信，

虽然不断粉饰翻新的名贵和虚华

更容易成为时尚的标签，

但令我们恒久眷恋和无限回味的一定是心中最初的那一片风景。

图4-1　万科地产广告文案

多年来，企业珍视和努力保留每一片土地上既有的人文财富，

以纯粹的审美趣味引领时代潮流，

正如你之所见。

广告口号：正如你之所见

附文：万科企业股份有限公司

(资料来源：百度文库)

例文2

左岸咖啡馆文案

他从波兰来

旅行的人

总带着脆弱的灵魂

他在找一架钢琴

我看见他走进咖啡馆

想送给E大调，练习曲

他只点了一杯卡贝拉索

但爱情是交响曲

这个时刻

人来人往正以练习曲的步调在我们之间进行

E大调练习曲

便成为离别曲

这是1849年之前的事

他是肖邦

我们都是旅人

相遇在左岸咖啡馆

广告标题：你我皆旅人

广告口号：左岸咖啡，我们相遇

附文：左岸咖啡文体路店，电话：×××××××××

(资料来源：设计之家)

第九节　酌词金兰语，设言解商意
——商务信函

在明媚春光里的早晨，谢达作细细品味过第一杯咖啡后，叫响了内线，翻看着秘书撰写的几份商务信函，叮嘱他一定要在上午发出函件。谢达作向秘书反复强调过函件的重要性：商务信函不同于商务文书，一封商务信函就是一次恰当的商企交流，可以解决复杂的商企沟通难题，并会给双方留下足够的情感空间，甚至创造出超乎产品本身的价值。

秘书还没有走出办公室，谢达作就已开始入神地批阅起商务信函，一天的工作随之开启……

一、商务信函的含义

商务信函是企事业单位之间为联系业务、洽谈生意或磋商与买卖相关的问题时使用的一种函件。

商务信函已成为现代商务活动常用的书信体裁，其作用可以使企事业单位之间在不直接见面的情况下，处理与交易相关的问题。

二、商务信函的分类

商务信函可以按照不同的标准划分类别。

以商务信函的功能为标准，可分为建立商务关系信函、询价商务信函、报价商务信函、订购商务信函、信用调查商务信函、装运商务信函、付款商务信函、索赔商务信函、理赔商务信函等。

以商务信函的文书形式为标准，可分为外贸商务信函、境内商务信函。

三、商务信函的特点

(一) 简洁性

在繁忙纷杂的现代商务中，从商贸往来各方的角度着想，商务信函应言简意赅，直接切入正题，避免复杂晦涩而毫无实际意义的语言，以增进商贸各方的关系往来。

(二) 准确性

商务信函体现了贸易活动的博弈过程，要使用正确的商务交往术语、标准的商务信函格式，清楚、连贯地阐明各方的立场和意见，这对实现自身的商业利益至关重要。

(三) 礼仪性

商务信函是商务谈判的重要形式，各方商务信函措辞及表达方式非常重要，尤其在国际贸易中，由于各国礼仪不尽相同，各方商务信函更要注意礼仪规范，减少分歧。守信准时也是礼仪的表现。

(四) 完整性

商务信函内容和格式的完整，一方面可以避免由歧义导致的经济纠纷，为企业赢得经济利益；另一方面可以体现对商业对手的尊重，可互增好感，为商业合作带来契机。

四、商务信函的内容与写法

商务信函一般由标题、发函字号、收函单位(或收函人)、正文、落款几部分组成。

(一) 标题

商务信函的标题应写在第一行的中间，常见的写法有两种：一是由发函单位、事由和文种构成，例如《AA公司订购服装商务信函》；二是由事由加文种构成，例如《询价商务信函》。

(二) 发函字号

发函字号是发文单位的代字加上该单位本年度所发函件的序号，一般写在标题正下方。常见的发函字号有两种形式：一是仿效行政公文发文字号的格式，如"琼纺财函〔2023〕8号"；二是采用直接编号的形式，如"第8号"，设置函号是为了便于收函双方对商函的处理、归档和备查。

(三) 收函单位(或收函人)

收函单位(或收函人)写在标题下面,须顶格书写,后附加冒号。

(四) 正文

商务信函的正文一般先写明发函缘由。如是复函,则简明扼要引述对方来函,然后针对洽商的问题发表自己的意见或看法,表明希望。最后附写祝颂语,例如常规结语"特此函达""顺祝商安"等。

(五) 落款

商务信函的落款写在正文右下方,由发函单位名称(加盖公章)及发函日期构成。

五、商务信函的写作要求

(一) 一事一函,叙事简明

商业信函为开展商务而作,目标明确。函文内容应围绕这一目标展开,做到一事一函,不要涉及其他事务,避免冲淡主题。商业信函往来涉及经济责任,所谈事项必须观点明确,交待清楚。例如答复对方订货要求时,必须将供应商品的规格、性能、供货日期、价格与折扣条件、交货方式、经济责任等交代清楚。回答对方询问也要有针对性,不能答非所问。

(二) 实事求是,谦恭有礼

要实事求是,不得蓄意欺骗对方,以谋求不正当利益;要尊重对方,讲究文明礼仪,若对方提出的要求暂不接受,应用委婉的语气加以解释,以求保持良好往来关系。

(三) 结构严谨,首尾圆合

写作时,首先把所要写的内容有条不紊地组织起来,可列提纲或打草稿,以免结构松散,首尾脱节。商业信函首尾写作有固定的规范格式,可在信函的开头直接进入主题,在信函的结尾可提出各种希望等,使信函结构完整。

👤 例文1

询价商务信函

第26号

××公司:

请贵方给我方寄来按照所附明细提供零件的报价一式三份。请按明细单所列各项在报价中注明品名全称、型号、技术规格、材质、价格和重量,并请注明可能的交货期和按立方米计算的总交货量。亦请分别注明包装费和运输费。

请贵方告知我方寄出报价的尽可能准确的日期。如贵方因故不能提出报价，请贵方尽快回信告知我方，我方将十分感谢。

预致谢意。

××公司(公章)

2023年8月24日

(资料来源：华律网合同范本库)

 例文2

商务信函

第56号

××市兴达贸易有限公司：

贵公司2024年6月8日函收悉。函中所述2024年5月12日《购买电脑桌合同》中，所收的35套黄花牌电脑桌部分出现接口破裂一事，深表歉意，此事已引起我方高度重视，现已就此事进行调查。

经有关部门查实：我厂生产的×××型黄花牌电脑桌，出厂时经质检部门检验全部为优质产品。函中所提的部分电脑桌出现接口破裂，是我方工人在出仓时搬运不慎造成的。对贵公司的损失，我公司再次深表歉意，并请贵公司尽快提供受损电脑桌的数量及破损程度，以及公证人证明和检验证明书，我方将以最快的速度按实际损失给予无条件赔偿。对此，我们将引以为戒，查找工作中存在的问题和不足，制定改正措施，杜绝此类事件的发生。希望能够得到贵公司谅解，继续保持良好的贸易往来关系。

特此函达。

××厂(印章)

2024年6月12日

(资料来源：百度文库)

章节训练

1.请根据以下材料，以魏星的名义写一封求职信。

佑康养老集团有限公司为拓展东北市场，扩大经营规模，现面向高校毕业生招聘以下人员：市场拓展人员5名、财务人员5名、行政助理2名、法务专员3名，设备检修人员1人，计算机系统维护1人，护理工5人。

要求：年龄在30周岁以下，大学本科学历，专业能力强，具备良好的沟通能力和语言表达能力，有团队合作和吃苦耐劳精神，能熟练运用办公软件，具有相关工作经验者优先。

2. 求职信的结尾用"错过我您将错过一个稀缺的人才"是否合理，为什么？

3. 写一份求职信，投给多个公司，能否提高成功概率，为什么？

4. 南湖大学商学院要举行优秀毕业生表彰大会，拟邀请20名应届优秀毕业生和5名优秀校友参加，请你策划该表彰大会，写出会议策划书。

5. "会议策划书的重点是创新，越新越好，不用考虑执行性。"这种说法是否合理，为什么？

6. 事务通知和党政机关公文的通知有什么区别？

7. 请指出下文中的错误，并改正。

通知

有需要办公务卡的老师，于4月24日带本人身份证到计财处会议室办理盛京银行公务卡，届时盛京银行会有专人来办理。过时不候。

校办公室

4月23日

关于艺海公司培训会议的通知

各部门领导：

为了使新员工能更清楚地了解公司的概况和规章制度，增强新员工的自信心和工作意识，使其尽快投入工作和融入艺海的企业文化。公司决定召开培训会议。

一、培训时间：2023年11月18日下午(星期二)。

二、培训地点：公司2楼。

三、培训内容：

1. 破冰游戏

2. 公司概况简介

3. 学习公司财务制度

4. 与艺海共成长(团建游戏)

四、2023年11月15日前将《新员工业务培训会参会人员信息表》的电子版发送至邮箱123456@126.com。

五、参加培训员工自备笔记簿、笔及《员工手册》，并准时参会，如因故确实不能参加者，请以书面形式请假，经部门负责人批准后，报送行政人事部。

艺海公司(印章)

2023年11月10日

8. 中秋佳节将至，公司为所有职工准备了中秋大礼包。请你代行政部门拟写一份领取中秋福利的通知。

9. 南湖大学马上召开春季运动会，请你撰写一篇运动会的开幕词。

10. "开幕词的写作要口语化，简明扼要，要具有一定的幽默性。"这种说法是否合理，为什么？

11. 南湖大学春季运动会胜利闭幕，请你撰写一篇运动会的闭幕词。

12. "闭幕词要重点展示会议取得的成果和经验，强调对以后工作的指导作用。"这种说法是否准确，为什么？

13. "只要签订双方达成一致，所有的物品和人力协助均可以成为合同的标的。"这种说法是否正确，为什么？

14. "甲乙双方签订了苹果采购合同，要求苹果是大号果，65元一箱。"这样写合同条款是否准确？说清楚理由。

15. "甲乙双方签订服装加工合同，约定在12月26日甲方支付乙方全部费用2100元"。签订此条款时，怎样写最为严谨？

16. "写作广告文案的目的是宣传，创作时只需要关注经济利益，不需要考虑社会影响。"这种说法是否合理？请说明理由。

17. 谈谈给你留下深刻印象的广告文案，并说明其让你印象深刻的原因。

18. 说说你对商务信函礼仪性的理解。

19. "商务信函是为商务而生，为提高效率，不需要一事一函。"这种说法是否合理？请说明理由。

第五章 | 社交风采篇

第一节　改变，一次奇迹就已足够
——竞聘报告

鲜衣怒马，学成归来。

两年前，谢达作作为大区经理，培养了TD国际家具股份有限公司里一支最具高效驱动力的团队，创造了公司前所未有的销售业绩，公司高层正欲提拔达作时，谢达作却提出要去欧洲攻读国际MBA，并阐明：伴随着社会飞速发展，企业必然要走国际化发展道路，TD国际家具股份有限公司欲立于世界家具强林，必须培养一批国际化管理精英。作为中层管理人员，自己应该去丰富管理经验、提升工作能力。公司高层权衡后，决定资助谢达作深造。

两年后，TD国际家具股份有限公司高举橄榄枝，张开怀抱迎接学成归来的达作。

当下，达作坐在昔日的大区经理室，看着熟悉的办公环境，如此温暖，如此亲切！刚刚公司高层领导热情地欢迎他的归来，建议达作在即将开始的岗位竞聘中竞聘公司营销总监。公司领导如此信任自己，达作又是震惊又是感动，也许自己的人生又将迎来一次新的挑战！

两年的辛苦求学不就是等待这样的机遇吗？改变，一次奇迹就已足够！谢达作奋笔疾书，头脑里盘算着怎样撰写一篇出色的营销总监竞聘报告。

一、竞聘报告的含义

竞聘报告又称竞聘策划书、竞聘演讲稿，是竞聘者在竞聘会议上向与会者发表的阐述自身竞聘条件、竞聘优势，对竞聘职务的认识，被聘任后的工作设想、打算等的工作文书。

二、竞聘报告的分类

竞聘报告可以按照职位、身份类属划分为机关干部竞聘报告、企业干部竞聘报告、事业干部竞聘报告、学生干部竞聘报告等。

三、竞聘报告的特点

(一) 竞争性

竞聘报告的首要特点是竞争性，这体现在候选人需要展示自己独特的优势，以在众多竞争者中脱颖而出。如何突显"人无我有、人有我优、人优我特"的竞争优势，是每一个竞聘者在写作竞聘报告时应该考虑的。

(二) 目的性

竞聘报告紧紧围绕所竞聘岗位的要求与职责展开写作，从工作实际出发，目的明确，重点突出。竞聘者既要展示才华，也要展示德行。竞聘报告写作往往不铺陈扬厉，使人了解即可。对于同一类工作业绩，一般选择其中一两个突出项加以介绍，达到突出重点的目的，而不必面面俱到。但阐述的个人能力和优势必须与岗位要求直接相关，全面但空泛的介绍只能使人产生厌烦之感。

(三) 自评性

竞聘报告中撰写者必须全面而公正地评价自己，包括阐述自身的竞聘条件、竞聘优势，对竞聘职务的认识，被聘任后的工作设想、打算等。写作竞聘报告也是自身再学习的过程，有利于总结、审视和评价自己的工作水平和任职能力，为以后的工作明确目标，找准方向。

(四) 生动性

竞聘的实质是为了打动招聘者，得到响应和支持，竞聘者内心应充满自信，用简练准确的行文把自己的思想表达出来，因而语言要求生动有力，具有吸引力与亲和力。

四、竞聘报告的内容与写法

(一) 标题

竞聘报告可以直接使用文种作为标题，例如《竞聘报告》，还可以使用所要竞聘职位加文种为标题，例如《营销总监竞聘报告》。

(二) 称谓

直接写出评委、听众的称呼即可，例如"尊敬的各位领导、同志们""亲爱的同学们"。

(三) 正文

1. 开头

竞聘报告通常以"大家好！感谢××给了我这次竞聘的机会"开篇，同时需明确指出竞聘岗位。

2. 介绍基本情况

基本情况包括自身基本条件、政治素质、业务能力和工作态度等方面。写作时，需针对竞聘岗位介绍学历、经历、政治素质、业务能力、已有的业绩等。切忌面面俱到。

3. 阐述竞聘优势和劣势

在介绍自身应聘条件后，竞聘者要客观公允地自我评价，既要展示自己的长处，又要简要介绍自身的不足，给评委留下一个真实诚信的印象。

4. 对竞聘职务的认识

要求竞聘者在专注研究职位新形势、新动态的前提下，做到思想观点新、思维角度新，得出具有一定高度的新认知、新结论，以打动评委。

5. 竞聘后的工作设想、打算

表明竞聘成功后的打算，简明扼要阐述观点，围绕以后工作中的热点、难点问题，提出明确的工作目标和切实可行的措施。

6. 结语

竞聘报告的结语多表明竞聘者对竞聘成败的态度、对竞聘上岗的信心、希望得到评委的支持等意向。

(四) 落款

一般在正文的右下方写明竞聘者姓名与成文日期。

五、竞聘报告的写作要求

(一) 目标明确，措施可行

根据竞聘职务的职能选取一个中心，围绕这个中心(即竞聘目的)来写作，做到目标明确，重点突出。针对假定履行竞聘职能时，拟写的措施一定要条理清楚，主次分明，且有可操作性。

(二) 选材实用，思路清晰

竞聘报告的材料实用性是指所选竞聘材料需符合实际，从自身实际情况出发，又要对自我竞争有利。材料在使用时，需脉络分明。竞聘演讲不同于一般演讲，要遵循竞聘报告的常规程序来进行，竞聘者的思路一定要清晰。

(三) 语言准确，情感真挚

竞聘报告一定要语言确凿精准，恰如其分地表情达意。一方面摆事实，所用的材料、数字务必真实、准确无误；另一方面讲道理，注意言语使用的分寸，以礼待人，情真意切。

例文1

竞聘报告

尊敬的各位领导，各位评委，各位同仁：

大家好！

首先，感谢局党组给我这次竞聘的机会。我长期从事办公室工作，我热爱办公室工作，所以，我竞聘的岗位是办公室副主任。

为了让大家了解我，现将我的情况汇报如下：我叫×××，××年出生，现年××岁，××学校××级毕业。××年至××年的20年间从事中小学和县教育局机关工作，先后在边境小学、县属中学和县教育局机关工作，曾经担任过小学校长，中学办公室主任、政教处主任和县教育局秘书。自××年以来，在绿春县政府办从事文字工作，其间一直从事教育工作，自2020年以来担任主管文秘的副主任。

我深知办公室工作十分重要。一句话，办公室就是围绕服务开展工作。从办公室工作的职能看，是上下联系和沟通的桥梁及枢纽，综合性强，事务繁杂，担负着政务、事务、财务与老干部服务等多项工作。从办公室副主任的角色看，我认为做好"三个服务"是最基本的要求，通过办文、办会、办事来体现和完成为领导服务、为职工服务、为基层服务为内容的"三个服务"工作。要做好"三个服务"工作，要求办公室副主任必须熟悉政策理论和业务知识，有较扎实的文字功底，有较强的协调能力、管理能力、公关能力和为人诚实正派的品质。

一、我的竞聘优势

我认为自己竞聘办公室副主任有以下几方面的优势：

一是写作优势。我在学校所学的是教育管理专业，长期从事中小学教育工作，对教育理论和教学业务比较熟悉，再加上多年在中小学、县教育局、县政府办等单位的公文写作经验，具有较坚实的文字功底。

二是经验优势。本人从事办公室工作多年，草拟过许多文件、领导讲话等材料，积累了较为丰富的办公室工作经验。我可以站在经验的肩膀上继续开拓前行。

三是自身优势。本人性格直爽，待人真诚，爱岗敬业，任劳任怨，工作作风扎实，办事认真稳妥，严格要求自己，注重个人修养，善于与人共事。

二、今后的工作设想和目标

(一) 当好主任的助手。依靠办公室全体文秘人员，较好地完成各项文字综合工作，力争使文稿质量再上一个新台阶。

(二) 力争使信息工作有新的起色。按照省教育厅和州委办、州政府办的要求，积极上报各类教育信息，力争在信息工作方面打个翻身仗。在做好信息上报工作的同时，注重外宣工作，让社会各界了解教育工作、支持教育工作。

(三) 努力提高办事效率。在做好文字工作的同时，积极参与各种服务工作，保质保量完成局领导和办公室安排的各项工作。

各位领导，同志们，如果我能竞聘成功，我一定不辜负领导和组织对我的期望，充分发挥副手的作用，找准位置，当好助手，大胆工作，敢于负责，与全体办公室同志一道，把工作做得更好、更实、更新。

谢谢大家！

×××

2024年月5日18日

(资料来源：第一范文网)

 例文2

竞聘报告

尊敬的老师，亲爱的同学们：

大家好！很荣幸站在这里参加这次竞选，同时也很感谢学生会给我这次竞选的机会。

首先我做下自我介绍，我是××部的×××，来自××专业××班。经过将近一年的学生会的工作，我得到了充分的锻炼，为了能更好地为学习部贡献自己的力量，今天我站在这里竞选学生会××部部长。

通过在××部的锻炼，我拥有强烈的责任担当意识，敢想敢干，处事果断，工作细心，且永不言弃，有良好的组织管理能力。在我看来，学生会是为学生服务的，有一分热就要发一分光。工作中，我具有热心、责任心和进取心，以饱满热情的心态对待每一件事。去年的新老生经验交流会中我负责礼仪工作，虽然任务不重，但熟悉了活动的主要流程，也注意了一些自己忽略的细节。在宿舍文化大赛期间，我负责撰写主持稿，认真与主持人及相关人员沟通交流，又积累了宝贵的经验。而前不久的考研经验交流会，从前期准备到活动结束，我一直参与策划，深刻地感受到了团队合作精神的重要性，也锻炼了自己的组织交流能力。

与此同时，我也在学习上刻苦钻研，在去年的期末考试中取得了优异成绩。另外，在生活中，我自立自强，乐于助人，待人真诚，团结周围的每一个人，发现别人的优点，认识自己的缺点，取人之长，补己之短。

学生会给了我一个展示自己的平台，参加这次竞选无疑又是一次绝佳的锻炼机会。今天我站在这里努力争取这份荣誉，不是为了名号，而是希望承担这份责任，一起为学生会××部的工作献出一份微薄但坚实的力量！

再次感谢老师和同学们对我的支持与信任，谢谢大家！

×××

2024年10月8日

(资料来源：百度文库)

第二节　我的柔情你最懂
——感谢信

　　今天是教师节，S大校园里处处洋溢着欢乐的气氛。操场上、告示栏里、各学院的楼外，都悬挂着鲜艳的标语、海报，教学楼前的祝福墙上也写满了学生们温馨而又真挚的祝福。被S市教育局下派到S大文法学院挂职锻炼的应晓文在食堂吃过午饭，在回办公室的路上，边走边看，学生们的心意让她倍感温暖。

　　应晓文刚坐在办公桌前，就听到"当当"的敲门声，一名快递员手捧一束鲜花走了进来："您好，尚品鲜花。应晓文女士，您的朋友委托本公司送上祝福，祝您教师节快乐！"晓文接过鲜花，看到贺卡上署名谢达作，心里甜滋滋、暖洋洋的，真是教师节的意外惊喜呀！

　　"丁零"，晓文的电脑提示收到一封邮件，竟是自己当学生导员时带的学弟魏星发来的教师节感谢信！性格腼腆的魏星脸上总是挂着羞涩的笑容，毕业时应聘求职不理想，自己把他推荐到达作公司的秘书处工作。晓文读着他写给自己的感谢信，发觉大学时代少言寡语的魏星，被时光打磨成一个健言善道的人，信里充满了对晓文的感念之情和对母校S大的眷恋之意，真让晓文无比感动。

　　这个教师节，真是惊喜连连！

一、感谢信的含义

　　感谢信是对给予己方关爱、帮助、支持等行为的机关、企事业单位或个人表达感谢的专用书信。

　　感谢信与表扬信有很多相似之处，都是对提供帮助方表达感谢、赞扬之情，除行文主体略有差别外，感谢信的重点在于感谢，表扬信的重点在于赞扬、夸奖。

二、感谢信的分类

　　依据不同的标准，感谢信可以有不同的划分。

　　按感谢信的存在形式，可分为公开张贴的感谢信和邮寄的感谢信。公开张贴的感谢信除可以公开张贴，还可以在各类媒体上公开发布。邮寄的感谢信通过邮寄或电子邮件形式直接将感谢信寄给单位或个人。

　　按感谢对象的特点，可分为写给单位、组织的感谢信和写给个人的感谢信。写给单位、组织的感谢信，一般是写作者得到了单位、组织等的帮助，写作者可以是个人，也可以是某个集体。写给个人的感谢信，是为了表达给予写作者支持、帮助或照顾的某个人的感谢之情。

三、感谢信的特点

(一) 情感的独特性

感谢信表达的是写作者对得到个人或组织的关爱、支持、帮助时发自内心的独特的感激之情，在表达上具有独特的情感体验。

(二) 写作的依托性

感激之情的表达要建立在对方具体给予的关爱、支持、帮助的基础上，其写作要依托于具体的事实，要把对方的所做的事迹表述清楚。

(三) 传播的激励性

对于提供帮助和了解感谢信内容的其他人来说，感谢信还具有激励作用。感谢信倡导的是正能量，通过对这种正能量的评价和赞扬，引导人们向真、向善、向美。

四、感谢信的内容与写法

感谢信通常由标题、称谓、正文、结语、落款五部分构成。

(一) 标题

感谢信标题的写作十分灵活，可以是"感谢者致感谢对象的感谢信"的形式，例如"××社区致××大学艺术学院的感谢信"；也可以是"致感谢对象+的感谢信"的形式，例如"致中国××会的感谢信"；还可以单独是"感谢信"三个字。如果是通过邮寄等形式写给个人的感谢信，可以不写标题。

(二) 称谓

称谓在标题下一行，顶格书写，要写明被感谢的机关、团体、组织或个人的名称或姓名，称呼后加冒号。

(三) 正文

正文是感谢信的主要部分，应写明所感谢的缘由、对于写作者的意义以及写作者要表达的感激之情。

1.感谢的缘由

在正文部分，要将被感谢方所提供的关爱、支持、帮助的基本事实写清楚，可结合写作者被帮助的具体情境来写，注意体现被感谢方所提供帮助的关键作用，可适当阐明这种关爱、支持、帮助对于写作者的特别意义。

2.揭示意义

在正文叙述事实的基础上，要对被感谢方在关爱、支持和帮助他人过程中所体现出的品质和精神做出评价，揭示其行为对时代精神以及社会风尚的引领意义。

3. 表达感激之情

在正文部分，表达感激之情，并表示以对方为学习的榜样，用实际行动回报他人、回报社会的决心。

(四) 结语

感谢信的结语可以用书信"此致敬礼"的格式收束，也可以用"致以诚挚的敬意"等表示感谢、敬意的语句收束，还可以自然结束，不写结语。

(五) 落款

在结尾处书写感谢单位名称或感谢人姓名，在下一行书写成文日期。

五、感谢信的写作要求

(一) 实事求是，内容真实

事情的描述要实事求是，详略得当，篇幅不能太长，用语要适度，不可夸大，以免失真。

(二) 感情真挚，语言精练

感情真挚饱满，感谢之情洋溢在字里行间，不可虚情假意、言不由衷、矫揉造作，用语精练简洁不可过分雕饰。

(三) 迅速及时，把握时机

感谢信要在得到关爱、支持、帮助后及时发出。如果要表达的感谢不是特别急迫，可选择特定的时间节点来表达，如教师节对老师表达感谢之情等。

例文1

感谢信

××部队全体指战员：

我县上月遇到了特大洪涝灾害，许多地区被淹，人民生命、国家财产受到了严重的威胁。在这危难之际，你部全体干部、战士连夜赶赴我县，投入到紧张的抗洪抢险之中。十几个日日夜夜，你们发扬"不怕牺牲，排除万难"的献身精神，始终冒雨战斗在抗洪抢险的第一线，谱写了许多可歌可泣的动人事迹。你们的奋力救援，保住了我县人民的生命和财产，使我县上万亩良田和几百座房屋免于洪水冲毁，使我县最后战胜了洪涝灾害，赢得了抗洪斗争的胜利。你们这种急他人所急、助人为乐、无私奉献的精神值得赞扬和学习。为此，特向你们表示衷心的感谢！

我们决心向你们学习，在党的领导下，积极恢复生产，重建家园，以实际行动报答你们的关怀和帮助。

　　此致

敬礼!

××县人民政府

2024年8月26日

　　(资料来源:百度文库)

致全体市民朋友的感谢信

全体市民朋友:

　　11月28日,国务院食品安全委员会办公室在2023年全国食品安全宣传周主场活动上发布第三批国家食品安全示范城市名单。经国务院食安委批准,国务院食安办正式命名南宁市等36个城市为"国家食品安全示范城市"。

　　民以食为天,食以安为先。食品安全关系着我们每个人身体健康和生命安全,关系着社会和谐稳定和国家健康发展。创建国家食品安全示范城市是提升食品安全水平的重要手段,是提升城市综合实力、城市品位和健康水平的现实需求。

　　自2016年5月被列为第三批创建国家食品安全示范城市试点城市以来,南宁市始终坚持创建为民、创建靠民、创建惠民的理念,在市食安委各成员单位协同努力下,在社会各界和市民朋友的支持参与下,全面落实食品安全"四个最严"要求,不断夯实食品安全工作基础,切实压实食品安全各方责任,持续提升食品安全保障水平,食品安全状况总体平稳向好,食品安全群众满意度持续增强,最终通过国家评审验收,成功获评"国家食品安全示范城市"。

　　成绩来之不易,奋斗蕴含艰辛! 这一殊荣的背后,离不开各界人士的关心、支持、参与和付出。创建期间,广大食品生产经营者积极落实食品安全主体责任,牢固树立诚信经营意识,不断提升食品安全服务水平,以热情优质的服务为广大消费者提供了安全健康的食品,让大家吃得安心、吃得放心。广大新闻媒体坚守社会责任,科学普及食品安全知识和法律法规,全面客观开展食品安全宣传报道,积极传递和弘扬食品安全正能量,为营造良好的消费环境和食品安全共建共享氛围贡献力量。广大市民朋友充分发挥主人翁意识,积极参与到国家食品安全示范城市创建的各项活动中,主动学习食品安全知识,不断提高防范意识,积极参与食品安全监督,从点滴做起、从小事做起,在使用公筷公勺、文明用餐、厉行节俭、反对餐饮浪费等方面发挥了主体作用。在此,我们谨向广大市民朋友,向所有关心支持参与南宁市创建国家食品安全示范城市的各界人士,表示最衷心的感谢和最崇高的敬意,感谢你们的支持配合,感谢你们的自觉参与,感谢你们的无私付出，你们是南宁市食品安全事业发展和创建工作开展的坚强后盾和最大底气。

人间烟火气，最抚凡人心。让人民吃上放心粮，让群众买到安心菜，是食品监管永远的追求。我们将持续巩固国家食品安全示范城市创建成果，以高质量食品安全工作助力高质量民生保障，打造让市民满意的食品安全城市。希望广大市民朋友能一如既往地支持参与食品安全工作，让我们携手同行、共治共享，为全市食品安全工作再上新台阶而共同努力！

南宁市食品安全委员会办公室

2023年12月25日

（资料来源：南宁日报多媒体数字报，2023年12月26日）

第三节　君子之谊，与子诚说
——祝词

这一日，秘书处助理魏星进门送来一封请柬，谢达作拆开来，绯红渐变色的结婚请柬，浮雕暗花压印着花式手写体金色双喜字，达作心里赞叹道，漂亮、大气！品位不错呀！这些年，老同学们鱼贯而入围城，单身的可不多了！翻开请柬，原来是亿科地产商雷霆和应晓文的闺蜜李想，这两个家伙，效率倒是很高哇！算起来达作和晓文还是他们的媒人呢！

雷霆和李想的缘分来自一次偶遇。先前晓文和李想找到谢达作寻求帮助，达作感念老同学的情谊，全力以赴。事后闺蜜二人盛情邀请达作大吃一顿，以示感谢。恰逢达作和雷霆在一起，好吧，大龄青年们，一起拼个饭局，从此成就了李想和雷霆的一段佳话。现在两人终成眷属，谢达作发自内心地替他们高兴。翻开请柬，居然掉出来一封信。哈，这两个家伙，让自己在新婚庆典上致祝词……

一、祝词的含义

祝词是行政机关、企事业单位及个人在喜庆场合对某人或某项即将开始的活动表示美好祝愿的言辞或文章，是一种礼仪文书。祝词是人与人之间、单位与单位之间、国家与国家之间交往活动中不可缺少的社交工具。

我国素有"礼仪之邦"的美誉，人们在社会交往中，无声的礼节仪式不能满足表达和交流的需要，往往需要使用口头语言和书面语言明确地展现。礼仪文书应运而生，并且在社交活动中承担重要责任。

与祝词相近的是贺词，祝词是在事件开始前表示希冀祝福，贺词是在事物结束或有了结果后表示庆贺道喜。但两者在很多场合可以互用。

二、祝词的分类

根据场合的不同，祝词可分为工作祝词、婚礼祝词、寿礼祝词、酒宴祝词、欢迎词、欢送词和答谢词。

三、祝词的特点

(一) 鲜明的礼仪性

祝词是表达发言者对对方的美好祝愿和期盼，是对对方取得成就的衷心祝愿。所以，表达要符合礼仪规范。

(二) 鲜明的口语性

祝词大多通过口头形式表达，为了更好拉近与听众的距离，清晰地传递观点和信息，因此要多运用生活化语言，避免使用生僻晦涩的词语。

(三) 适当的感情性

祝词在不同的社交情形中使用，能够传情达意，是对祝贺对象的一种真诚的祈颂祝福，因此，在语言表达上体现出的是美好、喜悦之情。祝酒词真切热烈，婚礼祝词情真温暖，都具有强烈的喜庆色彩。

四、祝词的内容与写法

(一) 标题

祝词的标题应在第一行居中书写，一般采用两种写法：一种是直接写"祝词"；另一种是由内容、文种构成，例如"××校长在××大学毕业典礼上的致辞""××市长在××欢迎晚宴上的祝词"。

(二) 称呼

称呼在标题之下顶格书写，称呼可根据具体出席人员书写，要注意称呼的先后顺序。例如"尊敬的各位领导、各位来宾""尊敬的各位领导、各位老师，亲爱的同学们"。

(三) 问候语

问候语在称呼下一行，开头空两格书写，一般独立成段，如"大家下午好！""你们好！"等。

(四) 正文

祝词的正文部分要根据不同祝贺对象、不同祝贺场合，结合实际情况来写。总体而言，祝词的正文包括以下三部分。

第一部分，向受祝贺的单位或个人表示感谢和问候，例如："在这辞旧迎新的美好时刻，我谨代表公司领导班子向各位同仁致以新年的祝福！"

第二部分，对已经取得成绩进行评价，阐述努力过程、获得成就及重要意义。

第三部分，再次表示祝贺，有时提出希望，有时感谢款待，有时表达继续增进了解加强合作的良好意愿。

(五) 落款

如果是书面致辞，落款在正文的右下方，包括祝福者的单位名称或个人姓名以及发表的时间。如果在文章标题之下已经标注姓名和时间，此处可省略。如果是口头致辞，落款可以省略。

五、祝词的写作要求

(一) 感情要真挚

祝词重在言情，要充满肯定、鼓励、赞扬之意，感情要真挚，热情洋溢唤起听众的情感共鸣。切忌虚情假意、千篇一律的客套话。

(二) 评价要恰当

祝词的评价要恰如其分、贴近实际，不能故意拔高、故弄玄虚，要做到不空泛，不夸大，不含糊。用事实和细节赞美对方，往往会取得意料之外的良好效果。

(三) 篇幅要简短

祝词常常在聚会或宴会上以口头形式再现，所以祝词应尽量精练简短，言简意赅。拖沓冗长让人心生厌烦，力求做到"辞约旨丰"。

👤 例文1

祝词

尊敬的各位领导、老师：

大家好！

今天，我们在这里聚集一堂，欢送我们的××老师去南方家乡工作。

君自故乡来，还回故乡去。依依惜别意，眷眷留恋情。殷殷情意，终难留住南行的脚步。××老师在我校工作十年，可以说她的青春年华都付诸了我校。十年来，我们共同经历了艰辛和坎坷，饱尝了痛苦和烦恼，同时也品尝了成功和喜悦，真是鲜花和荆棘一路，长歌和笑语齐飞。风雨飘摇，日月如梭。十个春秋，她从风华正茂步入而立之年，把最美好的青春献给了山区，献给了教育事业。

为了学生，她把自己嗷嗷待哺的孩子丢在了老家，在孩子撕心裂肺的叫喊声中回到了学校；为了学生，她把丈夫从几千里之外的老家动员到我们山区工作，让他放弃城市优越条件，重新创业；为了学生，她的母亲在临终前都不能见一眼心爱的女儿，含泪离开了人世；为了学生，她多少次把病假条悄悄地放进衣兜，课堂上仍以饱满的热情面对学生。十年来，××老师，不图名，不图利，热爱学生，资助学生，有强烈的责任感和事业心，为山区培养了一批又一批学生，为我们山区的教育事业做出了突出贡献。离别之际，"清风明月本无价，近水远山皆有情"，山区的学生不会忘记你，我们不会忘记你，山区的人民不会忘记你！

最后，请让我代表全校师生，祝你一路顺风！祝你身体健康，阖家团圆，在新的工作岗位做出新的贡献！

谢谢大家！

×　×　×

2024年8月14日

（资料来源：豆丁网，有改动）

👤 **例文2**

习近平总书记在第三届"一带一路"国际合作高峰论坛欢迎宴会上的祝酒辞

中华人民共和国主席　习近平

(2023年10月17日，北京)

尊敬的各位国家元首、政府首脑，各位国际组织负责人，各国代表，各位来宾，女士们，先生们，朋友们：

晚上好！

很高兴同各位朋友欢聚一堂。首先，我谨代表中国政府和中国人民，并同我夫人一道，对各位嘉宾出席第三届"一带一路"国际合作高峰论坛表示热烈欢迎！

"春发其华，秋收其实。"共建"一带一路"倡议提出10年来，中国同各方合作伙伴一道，弘扬和平合作、开放包容、互学互鉴、互利共赢的丝路精神，共同为全球互联互通贡献力量，为国际经济合作搭建平台，为世界经济增长增添动力。

我们开展了数千个务实合作项目，收获了实打实、沉甸甸的成果，共同绘就联结世界、美美与共的壮阔画卷。这些成就不是天上掉下来的，也不是什么人恩赐施舍的，而是各国政府、企业和人民用勤劳、智慧、勇气干出来的！让我们向共建"一带一路"所有的参与者、建设者致敬！

共建"一带一路"追求的是发展，崇尚的是共赢，传递的是希望。纵观人类发展史，唯有自强不息、不懈奋斗，才能收获累累果实，才能建立利在千秋、福泽万民的长久之功。这是我们这一代政治家对当代人和后代人的责任。共建"一带一路"走过了第一个蓬勃十年，正值风华正茂，务当昂扬奋进，奔向下一个金色十年！

女士们、先生们、朋友们！

当今世界并不太平，世界经济下行压力增大，全球发展面临诸多挑战，但我们坚信，和平、发展、合作、共赢的历史潮流不可阻挡，人民对美好生活的向往不可阻挡，各国实现共同发展繁荣的愿望不可阻挡。只要我们坚守合作初心，牢记发展使命，高质量共建"一带一路"一定能焕发出时代光彩，在我们的共同努力中开创人类更加美好的未来！

现在，我提议，大家共同举杯，为第三届"一带一路"国际合作高峰论坛圆满成功，为各位嘉宾及家人的健康，为共建"一带一路"所有的参与者、建设者，干杯！

(资料来源：中国共产党新闻网)

第四节　拿什么打动你，我的听众
——演讲稿

此时此刻，S大的校园已成为欢乐的海洋，鲜花遍布，笑语欢歌。

上午9时18分，军乐高奏，锣鼓声声，礼炮震耳轰鸣，彩带漫天飞舞，和平鸽展翅凌空，一片洋洋喜气。伴随着雄壮的国歌声，S大百年校庆隆重举行。省市领导、学校党政领导、离退休老领导、教职工师生代表、校友代表、兄弟院校代表、各界友人、各行业精英代表济济一堂，出席庆典仪式。

在掌声雷动众人瞩目中，谢达作作为校友代表、S大培育的杰出毕业生走上主席台为母校百年华诞献礼。应晓文望着这位往昔的校园同窗、今日的商贾名流，感慨万分，不免想起了青葱往事：和达作一同在S大学生会携手并肩、谋断担当，见证了彼此的欢笑和泪水；毕业后，一起在职场折冲中体会着彼此的艰辛不易，分享着走出工作困境后的喜悦和收获！一路走来，两人相互鼓舞，并肩前行！晓文凝视着台上意气风发的老同学，与有荣焉。

达作妙语连珠、铿锵有力的演讲结束，观众席上再次沸腾！热烈的掌声打断了晓文的思绪，她欣然默念：达作，我为你骄傲！母校，我们为你自豪！亲爱的母校，向您致敬！百年风雨征程，薪火相传；百年辛勤耕耘，生生不息！

一、演讲稿的含义

演讲稿也称为演讲词，是在较为隆重的仪式上和某些公众场合发表的讲话文稿。

演讲稿论点鲜明、逻辑性强，运用各种修辞手法和艺术手法，带有宣传性和鼓动性，具有极强的感染力，是工作和社会生活中经常使用的一种应用文体。

二、演讲稿的分类

演讲稿可以按照不同的标准划分类别。

按演讲的内容，可分为政治演讲稿、学术演讲稿、教育演讲稿、军事演讲稿、商业演讲稿、竞聘演讲稿等。

按演讲的方式，可分为命题演讲稿、即兴演讲稿和论辩演讲稿等。

按演讲的技巧，可分为叙述性演讲稿、议论性演讲稿和抒情性演讲稿等。

三、演讲稿的特点

(一) 针对性

演讲是一种社会性活动，用以阐述观点、宣传道理，具有明确的目的性，因而演讲稿必须具有鲜明的针对性，一方面针对听众的情感状态、文化水平、教育背景等；另一方面针对演讲的场合、时间、地点、环境等。充分考量上述因素，才能演讲成功。

(二) 鼓动性

演讲稿以追求真善美、传递正能量为宗旨，以其旺盛蓬勃的生命力激起听众的认同与共鸣，具有强烈的鼓动性。演讲者在临场演讲时，通过充沛饱满的情感抒发，创造出一种富有震撼力的气势，鼓动听众直观地接受其主张与论点。

(三) 口语性

演讲稿区别于其他应用文体，写作结束后，还要进一步诉诸口头，在特定场合演讲，所以拟稿时必须以易说能讲为前提。为此，演讲稿必须讲究"上口"和"入耳"。上口，即演讲者讲时通达流利；入耳，即观众听时顺畅悦耳。

(四) 临场性

演讲者通过演讲活动与听众交流和沟通时，要充分考虑临场性。撰写演讲稿时，在保证内容完整的前提下，可与听众互动，充分考虑到演讲时可能出现的问题，准备好应对策略。

四、演讲稿的内容与写法

演讲稿一般包括标题、称呼、正文和落款几部分。

(一) 标题

演讲稿标题写作灵活，力求新颖、生动、恰当而富有表现力，能够造成悬念，唤起受众倾听欲望。可按照不同的标准来书写标题。

1. 按形式构成

演讲稿标题可以按照形式构成来书写。

(1) 文章式标题,即标题根据演讲的主要内容概括提炼而成。例如《不忘初心》《青年是我师,我是青年友》。

(2) 特殊式标题,即根据会议的名称或演讲发表的时间、地点确立的标题。例如《在林肯纪念堂前的演说》《在马克思墓前的讲话》。

(3) 正副式标题,即文章式标题和特殊式标题的结合,正标题用以揭示演讲的主题,副标题点明事由和文种。例如《让新的亚洲和新的非洲诞生吧——1955年4月18日在亚非会议开幕会上演讲》《教师的职责——以天下为己任》《核时代的文学——我们为什么写作?》。

2. 按思想内容

演讲稿标题可以按照思想内容来书写。

(1) 提要式标题,即概括演讲的核心内容,简明扼要地向听众展示演讲的中心,例如《成为时代的骄子》《迎接时代的挑战》。

(2) 寓意式标题,即运用比喻、象征等修辞手法,将抽象的哲理或某种特殊意义形象地表达出来,例如《扬起生命的风帆》。

(3) 警句式标题,即运用名言警句来提醒、劝谏、鼓励听众,以激发听众,使之觉醒,例如《千里之行,始于足下》《俭以养德》。

(4) 设问式标题,即通过设问来提示演讲涉及的内容,用演讲来回答标题的提问,例如《我的青春谁做主?》《成功意味着什么?》。

(二) 称呼

称呼应根据演讲场合及受众的情况而定。受众复杂时,称呼宜粗不宜细,一般按身份、主次排列。例如苏加诺演讲时称呼"阁下们,各位女士、各位先生,各位姊妹、各位兄弟",层次分明,很好地体现了大会团结合作的主旨。

(三) 正文

演讲稿正文包括开头、主体、结尾三部分。

1. 开头

演讲稿的开头,也叫开场白。它在演讲稿中处于显要地位,具有重要的作用。好的演讲稿,一开头就应该用最简洁的语言、最经济的时间,把听众的注意力和兴奋点吸引过来,这样才能达到出奇制胜的效果。常见开头方式有以下几种。

(1) 开门见山式,即直接提示演讲的中心,不讲多余的话。这样,听众一听就知道演讲的中心是什么,马上把注意力集中在演讲上。

(2) 以小见大式,即从日常生活或切身体会入题,借助某热点事件、大家熟悉的比喻、个人的经历或一段笑话,唤起听众的注意。

(3) 提问激发式,即根据听众的特点和演讲的内容,提出一些激发听众思考的问题,引起听众的注意。

除了以上三种方式，开头还有唱歌式、悬念式、警策式、幽默式、双关式、抒情式等。如果在演讲比赛中，演讲者能巧妙地承接上一位或前面几位选手的演讲话题，或是根据他们演讲中的观点、动作等进行发散，其效果将非同凡响，这种临场性的发挥会给听众留下深刻印象。

2. 主体

正文的主体是演讲稿最为核心的部分，是演讲稿的主干。演讲稿的主体部分通常运用大量的事实和理论论据，通过科学的推理和判断，做到以理服人、以情动人，使听众在哲理的思辨中受到启迪，在美好的情感中受到感染。由于演讲内容外延的丰富性、演讲者对于内容把握的独特性和听众对象的复杂性这一部分结构安排灵活多变、风格迥异，常见的结构形式有以下两种。

(1) 并列式，即演讲稿主体部分写作围绕中心，从不同的角度和侧重点进行论证，从而使人们全面而深刻地了解和认识演讲的主题。

(2) 递进式，即在演讲稿主体部分层层深入地展开主题，从而将所论述的问题讲深讲透，并升华到更高的层次和境界。例如演讲稿《女人永远是最佳辩手》，先提出"在生活的辩场上，女人永远是最佳辩手"这一中心论点，接着从两个方面论述其原因，层层递进，环环相扣，严谨而深刻，使听众心悦诚服。

在演讲稿写作中，将并列式和递进式两种形式结合起来，能产生良好的效果。

3. 结尾

演讲稿结尾宜呈"收束"状，总括演讲稿全篇，寓意深刻隽永，令受众回味无穷。常见的结尾形式有以下三种。

(1) 要点总结，即以言简意赅的方式概括演讲稿全文，对演讲内容和思想观点作一个高度概括性的总结，以强化主旨。

(2) 前后照应，即以演讲稿后面结尾内容遥相呼应前面开头。这种形式进一步深化演讲稿主题，可完美收束全文，一气呵成。

(3) 诗词精句作结，即以或正统或改编或自创诗词精句来结尾。这种形式简洁明快，含蓄高雅，可以起到画龙点睛的作用，备受众多演讲者的青睐。

(四) 落款

一般在正文的右下方写明撰写者名字与成文日期。

五、演讲稿的写作要求

(一) 了解受众，有的放矢

演讲稿最终指向受众，为受众认可。因此，撰写演讲稿首先要掌握现场受众的情况，包括其思想情感、文化程度、职业专长、教育背景、关心喜好等；其次要了解时事动态、会场要求等，以此确立演讲稿选题，选择表达方式，以便更好地利用演讲稿进行沟通。如果在演讲过程中受众无动于衷,甚至感到索然无味,那就达不到宣传、鼓动的演讲效果。

(二) 观点鲜明,感情真挚

演讲稿观点要鲜明突出,彰显演讲者的理性认知及对客观事物的精辟见解,增加演讲的可信性和说服力;演讲稿内容要情真意切,用真挚的感情去感染受众,鼓动受众。因此,写作演讲稿时,要求说理和抒情相结合,既有清醒的理性认知,又蕴含真挚的情感。

(三) 行文变化,富有波澜

演讲稿的行文要具体鲜明,富有变化,以吸引受众。演讲者要遵循受众的心理特征和认识事物的规律,在具体感人的事实基础上,自然引发精辟的感慨议论,叙议结合,以理服人,以情感人,从而达到事理相依、情理相彰的行文效果。

(四) 语言生动,通俗易懂

写作演讲稿的最终目的是用于讲话,所以,演讲稿是有声语言,是书面化的口语。写作演讲稿时,要把较为正规严肃的书面语言转化为易听易明的口语,选择约定俗成、易于理解、引发共鸣的语言,忌空话大话、抽象言论连篇。

🔄 例文1

"喜迎二十大,奋进新征程"青年演讲比赛演讲稿

各位青年朋友:

大家好!

今年我们党将召开二十大,今年也是中国共产主义青年团成立百年的历史性时刻。我们党历来十分重视青年工作,毛泽东同志强调"青年团要配合党的中心工作,但同时要有自己的独立工作";邓小平同志对青年提出了"四有"新人的要求;习近平总书记更是时常对广大青年殷殷寄语,在很多场合都对青年工作提出了更高的要求,强调"全党要关注青年、关心青年、关爱青年,倾听青年心声,做青年朋友的知心人、青年工作的热心人、青年群众引路人"。

一部党史就是一部中国共青团紧跟党奋斗的历史。青年是国家的希望、民族的未来,唯有只争朝夕,不负韶华,一代人做好一代人的事,才能不辜负这个时代。我们这代青年人正赶上"两个一百年"奋斗目标的历史交汇期,正处在大有可为的新时代,要牢记习近平总书记的殷殷嘱托,走好新时代的赶考之路,以高度的责任感和使命感,为中华民族伟大复兴的中国梦贡献我们的青春和智慧!

一要坚定理想信念,立鸿鹄志。习近平总书记指出:"年轻干部接好班,最重要的

是接好坚持马克思主义信仰、为共产主义远大理想和中国特色社会主义共同理想而奋斗的班。"青年干部首先要坚定对马克思主义的信仰、对中国特色社会主义的信念，始终忠诚于党和人民，增强拥护"两个确立"，做到"两护"的思想自觉、政治自觉、行动自觉。"坚定理想信念，必先知之而后信之，信之而后行之。"青年干部要胸怀天下、志存高远，把人生理想融入党和人民事业之中，坚持把马克思主义基本原理同中国具体实际相结合，把握好监管工作的政治性和人民性，心怀"国之大者"，进一步将岗位工作融入党和国家大局中把握，把党中央决策部署落实到具体工作中。

二要锤炼优良作风，做实干家。我们必须把远大理想和脚踏实地结合起来，坚持埋头苦干、真抓实干，防止急功近利、心浮气躁，把握好"有为"与"有位"的关系，一步一个脚印地实现自己的人生价值和奋斗目标。当前，我们的工作任务日益繁重，要以创新思维、实干精神持续推进各项任务落实，在干事创业中当先锋、站排头，担当新使命、展现新作为、奋进新征程，以实际行动迎接党的二十大胜利召开。

三要保持敬畏之心，做清廉人。青年时期是形成良好思想道德品质的关键时期，青年干部要扣好职业生涯的"第一粒扣子"，养成遵规守纪、守住底线的良好习惯。在与人民群众打交道中始终将纪律和规矩"挺"在前面，学会处理好"亲""清"关系，任何时候都要绷紧廉洁自律之弦，奏响风清气正之曲，时刻自觉规范自己的言行，在平时的工作生活中保持严肃的生活作风，培养健康的生活情趣，在思想上、行为上都要筑起一道拒腐防变的防线。

青年朋友们，当前，我们身处全面建设社会主义现代化国家的滚滚洪流，踏上向第二个百年目标奋进的新征程，要顺应"人民对美好生活的向往就是我们的奋斗目标"这个时代最强音，积极投身推动高质量发展的伟大事业，为增进人民福祉而不懈奋斗、谱写新篇。

谢谢大家！

(资料来源：汇正公文网)

例文2

江苏省门海中学百年校庆演讲稿

尊敬的各位领导、各位来宾、老师们、同学们：

值此江苏省门海中学百年校庆之际，我代表教育部向门海中学的全体师生员工及广大校友表示热烈的祝贺和诚挚的问候！

门海中学历史悠久，文化底蕴深厚，办学成果得到了社会广泛赞誉。学校秉承"追求真理、严谨治学、厚积有恒"的精神，坚持"实施人性教育，培养有为人才"的办学理念，为国家培养数万名优秀学子和一大批精英人才，为国家和社会建设做出巨大贡献。特别是改革开放以来，门海中学与时俱进，深化教育教学改革，扎实推进素质教育，努力提高教育质量，不断向"现代化、高质量、示范性、有特色"的目标努力。凭借丰厚的文化底蕴、先进的办学理念、科学的管理制度和卓越的办学业绩，成为门海教育的靓丽名片、南通教育的夺目奇葩，在江苏省乃至全国的基础教育领域都产生了很好的影响。

同志们，国家强盛、民族兴旺、社会发展，根本靠科技，关键是人才，基础在教育。高中阶段是学生从未成年走向成年，世界观、人生观、价值观基本形成的关键时期，也是青少年学会选择的重要时期。随着经济全球化、信息化、国际化深入发展，普通高中教育在提高国民素质、培养创新人才等方面的基础性、关键性作用日益凸显，必须摆在更加重要的位置。

要按照面向现代化、面向世界、面向未来的要求，增强时代意识，树立国际眼光，顺应世界普通高中教育发展趋势，适应普及化的新形势和全面提高学生综合素质的新要求，着力推进普通高中教育战略转型，克服应试教育倾向，落实素质教育要求，提供多样化选择，促进每一个普通高中学生成长成才。

要不断提升普通高中教育质量，构建并完善适应学生全面而有个性发展的课程体系，建立国家教育质量标准和保障体系，提高教师专业素质和教学能力以更加适应素质教育要求。要注重培养学生自主学习、自强自立和适应社会的能力。

门海中学作为一所在省内外知名的百年老校，要强化使命意识，认真回顾学校的辉煌历程，全面总结办学经验，努力弘扬优良传统，提升办学品位，积极探索创新，做教育改革的实践者和引领者，努力为国家和社会培养更多有为人才。

海中人心怀天下、弘毅奋进的精神，是勇于超越、大展宏图的基石，希望门海中学以百年校庆为契机，在新的起点上取得更大更好的成绩！

谢谢大家！

（资料来源：百度文库）

 例文3

<h1 style="text-align:center">拒绝躺平</h1>
<h2 style="text-align:center">——在2023届本科生毕业典礼上的讲话</h2>

复旦大学校长　金力
2023年6月16日

栀子花香、离别情浓，又到一年毕业季。今天，3540名2023届本科毕业生将完成学业，奔赴世界各地，踏上人生新征程。我代表学校，向同学们表示最衷心的祝福，向悉心教导大家的老师、辛勤抚育你们的父母、关注帮助年轻人成长的社会各界表示最诚挚的感谢！

在复旦118年的历史中，同学们是比较特殊的一届。短短几年大学时光，见证了中华人民共和国成立70周年、中国共产党成立100周年这样的历史时刻，亲历了脱贫攻坚千年梦圆、全面建成小康社会、中国式现代化新征程全面开启的两个一百年历史交汇期，更克服了世纪疫情的重重考验。大家坚忍不拔、团结勇敢地迎接挑战，不仅顺利完成学业大考，也交出了优秀的青春答卷，收获了成长、责任和担当，证明了自己有潜力担当大任、掌握未来。我代表母校和老师们祝贺大家：毕业快乐！

毕业是学业生涯的一个句点或者分号，更是同学们奔赴广阔天地奋斗的序章。在求学期间，一些同学通过不同方式向我表达过自己的想法和困惑。我理解大家，此时此刻既有对毕业的欣喜、未来的期许，也有对未知的不安、前程的忐忑。抗疫三年，世界加速改变。比如，"躺平"成为一个网络热词，萦绕在你我身边。大部分人只是口头上纾解压力，有的在生活中选择降低物质期望和追求，但也有一些人表现出精神上的消极淡漠、怀疑奋斗的意义。

各类信息和社会思潮不可避免影响到年轻人，增加了一些在校同学的焦虑和彷徨。最近，学生工作部门组织了一次2300多名本科同学参加的调研，逾六分之一受访同学认为自己可能会选择"躺平、降低期待"，有超过五成学生对"长远发展"表示"压力很大"或"较大"。调研还显示，虽然同学们在课程、科研和毕业去向方面同样感到明显压力，但有近九成同学确认自己正在追求人生理想，近八成同学对自己的整体状态和积极品质感到满意。显然，复旦园是成长的"温室"，而不是"躺平"的温床，绝大部分复旦学子都在闯关夺隘、努力奋斗。

但是，离开校园之后呢？躺平成为一个社会话题，一定程度上说明当代中国社会小康、安定、开明，物质财富总体可观、基本生存不再艰难，人身安全有保障，人们可以做出选择。年轻人轻言"躺平"，不能简单说孰对孰错，但躺平肯定不是好的人生选项。前路漫漫，必有风雨。人生奋斗要有动力，持久的动力必须是内生动力。拥有坚定的信仰、顽强的斗志和不竭的动力，不被彷徨困倦、不被焦虑消磨、不被挫折阻击，才能完成长途跋涉、体验到更多更美的风景。

拒绝躺平，同学们有三种内生动力：

第一，中国人不会选择认命。古往今来，"命由我作，福自己求"是流淌在中国人血液里的一种文化认同。习近平总书记说，经过百年奋斗，洗雪民族耻辱，中国人民成为自己命运的主人，中华民族伟大复兴进入了不可逆转的历史进程。国家兴亡、匹夫有责，深厚的中华优秀传统文化滋养着一代代中国人的灵魂。在座同学应当思考，到大家知天命的年纪，能不能把一个强大的现代化中国交给下一代、创造出更美好的世界和未来，能不能无愧面对一代代艰苦奋斗、接续奋斗、不懈奋斗的先烈和前辈？使命在肩，怎能躺平？

同学们在校期间，通过亲身体验懂得了"世上没有从天而降的英雄，只有挺身而出的凡人"。面对困难，如果拘泥小我，也许只能发出怯懦的呻吟；但当小我融入大我的时候，人民就是江山、我们就是江山，没有什么能够阻挡我们前进的步伐！十四亿中国人齐心汇聚的磅礴伟力，给予我们敢教日月换新天的底气，铸就我们不信邪、不怕鬼、不怕压的骨气，激发我们愚公移山、精卫填海的志气。

新征程上，复旦人应有敢为人先的豪情、扎根人民的踏实和迎难而上的脊梁，胸怀"国之大者"、服务人民根本利益，以引领时代发展、推动社会进步为己任，勇立中国式现代化建设的潮头。

第二，青年人不能自我压抑创造。欲望是创新的潜动力。年轻人是最有创新欲望和创造活力的，天赋不能被委屈，韶华不能被辜负。如果选择躺平，号称与困难压力"和解"，将是对自己莫大的委屈、天大的辜负。如果"低欲望社会"蔚然成风，将消解创新潜能、阻碍社会进步，甚至影响到创新型国家建设。

在今年浦江科学大师讲坛上，我问丘成桐先生：究竟什么是创新的原动力？他的回答很简短，两个字"兴趣"。好奇心、求知欲是最本源的创新动力，兴趣是最好的老师；发自内心的热爱和渴望，是坚持创新、不懈奋斗的精神保证。正如刚才赵东元老师所说，因为热爱和兴趣，便能够甘之如饴，甘愿为之克服一切困难，把每一件事情做到极致。复旦人兴趣广泛，同学们在有许多选择的校园中成长，希望大家找到一生的兴趣、选择真正的热爱，品尝到"唯信仰与热爱不可辜负"的滋味。

同时，我们也要相信，生活不会辜负每个努力的人。美好的生活，依靠亲手创造。那些以为可以坐享其成而放弃劳动者身份的人，放弃的是奋斗的根基，失去的是奋斗的乐趣，并且把自己变成了历史的旁观者。希望大家不懈地用劳动创造幸福、创造未来、创造历史。

第三，复旦人不会选择守成。复旦118年的历史上，如果前辈抱有守成之心，这所学校或许早已夭折。在我们的母校尚在襁褓的时候，创校先贤们就为她立下"与欧美并驾齐驱"的宏愿，然后为学校的生存奔波不止、奋斗不息。所以复旦人深深懂得，高远的理想依靠一步一个脚印的奋斗去实现，卓越的境界在一次次的拼搏、突破和超越中被成就。

复旦人的字典里没有抱残守缺、故步自封。一周前，裘新书记寄语赴西部、基层和重点单位就业的同学们："干卓越的事，做有趣的灵魂。""卓越而有趣"，是我们对复旦文化特质的共同理解。复旦的求学生涯，辛苦而有趣，许多同学在大学生活中没有选择小富即安，而是为了卓越目标"自讨苦吃"，又苦中作乐、乐在其中。那份本科生调研显示，超过四分之三的同学已经触摸到"卓越而有趣"的真谛，那就是学会把强烈的使命感、责任感融入个人志趣，乐于接受挑战且不怕挫折，怀有乐群之心且善于合作，体验奋斗乐趣且热爱生活，练就乐观豁达的心胸，拓展开放长远的眼界。这样的文化特质，让更多的复旦人成为发现者、开拓者。

1949年3月，西柏坡"进京赶考"对话镌刻史册，我们的党和国家因为始终保持"赶考"精神而掌握历史主动。今天，同学们走向社会，将面临新的考验，希望大家也永远保持"赶考"状态，不忘初心、有进无退，掌握人生的主动。

亲爱的同学们！

新征程充满光荣与梦想，也必定有许多荆棘。希望所有的新一代复旦人心花绽放，踏向荆棘。如果累了倦了，欢迎回到母校，躺在光草，让母校的风倾听你的压力，让母校的草拂去身上的疲惫。母校永远守望大家、牵挂大家、祝福大家，永远是同学们的坚强后盾、温暖港湾和精神家园！

祝2023届毕业快乐、青春万岁！

(资料来源：复旦大学官网)

章节训练

1. 新学期，你准备竞聘班长(或学生会、社团任一职务)，请写一篇竞聘报告。

2. 竞聘报告包括哪些主要内容？

3. "竞聘报告需要体现竞争性，所以对于未来的打算写得越多越好，这样可以获得更多支持。"这种说法是否合理？请说明理由。

4. 感谢信的写作要求是什么？写感谢信时需要注意什么？

5. 也许你从未与家人说过谢谢，也许你对家人的感激一直藏在心底，请借此机会，给你的家人写一封感谢信。

6. 成长的路上我们接受过很多善意，也许来自朝夕相处的同学，也许来自一面之缘的路人，请写一封感谢信，感谢那份曾经温暖你的美好相遇。

7. 请你给家中长辈写一篇寿宴祝词。

8. 好友考上研究生，请为他写一篇祝词。

9. 以"以青春之力，追寻时代之光"为主题，写一篇演讲稿。

10. 以"赓续文化血脉、坚定文化自信"为主题，写一篇演讲稿。

第六章 | 新媒体文案篇

第一节 微观方寸，博览寰宇天下
——微博文案

随着新媒体宣传的介入，"淄博烧烤""天水麻辣烫"火速出圈，带动各地文旅消费持续增长。"最听劝的文旅局长"刘克斌作为沈阳城市宣传的排头兵也被网友推上了热搜。暑假旅游旺季即将来临，市政府决定借着入选"2023年旅游满意度十佳城市"的东风深耕网络宣传，应晓文被借调支援。作为Z世代，应晓文深知网络平台与传统媒介的不同，营销的核心和要点也不同。微博作为青年人最关注的平台，是一个开放的、互动的、话题性的平台，能够跟住热点、引领热点。2024年沈阳城市文旅品牌将以"2024爱沈阳"为主线，形成更有心意、更有创意、更有温度、更具艺术的文旅新模式。沈阳的区号是024，2024就是"爱024""爱沈阳"，这个设计颇有巧思。应晓文冥思苦想：怎样把这么好的理念传播出去才能不浪费这个巧思呢？如何基于这一主题捕捉城市热点呢？新媒体宣传是面向年轻人的营销，一定要契合年轻人的兴趣点啊……

一、微博的含义

微博是一个通过关注机制进行信息获取、分享与传播的广播式的社交网络平台。目前主流的微博平台由新浪公司开发和运营，2024年第一季度财报显示，新浪微博的月活跃用户数量已经达到5.88亿，日活跃用户攀升至2.55亿。

二、微博的分类

按照微博用户的类型，微博可分为个人微博、企业微博、政务微博、组织机构微博等。

(一) 个人微博

个人微博是微博的重要组成部分，其用户数量最大，专家学者、企业高管、网红达人和大众用户都是个人微博的中坚力量。普通大众在个人微博上或专注某一领域或各有涉猎，通过分享生活、交流信息，从而提升粉丝数量，获得网络关注度。名人微博拥有的粉丝数量较多，名人微博可以让大众看见名人光环下的日常生活，拉近名人与大众的距离。部分企业高管和网红达人则会通过微博配合企业和品牌的宣传，进行网络推广和网络营销。

(二) 企业微博

很多企业和品牌都创建了自己的官方微博，以营销为目的发布一定数量的动态信息，提升品牌的曝光度。企业微博常常会搭建营销矩阵，官方微博、店铺微博、产品微博、高管微博相互呼应，使公众对企业和品牌有全方位的了解，从而加大宣传力度。

(三) 政务微博

政务微博是指党政机关开设的官方微博。政务微博在发布信息、社会管理、倾听呼声、服务大众等方面发挥积极作用。政务微博是各政府部门适应时代发展的新型工作平台，可以即时快速地公开政策和信息，不具有盈利目的。

(四) 组织机构微博

近年来，各级各类组织机构纷纷开设官方微博，充分利用微博受众广、传播快的特点进行自身宣传。微博成为各类组织机构与大众沟通的桥梁和纽带。例如各大高校在微博上发布学校动态，塑造学校形象，成为招生宣传和促进就业的重要手段。

除了上述微博类型外，还有一些特定用途和短期时效的微博，例如为某个重要比赛、重要事件或者某个影视作品上线，开设微博，进行活动预热和活动宣传。一般这类微博均为阶段性更新，过了发布期热度就会下架或停止更新。

三、微博文案的特点

(一) 简短精练

早期，微博限定在每条140字之内，现在虽然也有一些长微博，但是人们更习惯在短时间内获得信息，在快节奏的生活环境下进行碎片化阅读，因此微博的文案一般篇幅简短、言简意赅。

(二) 互动性强

微博是一个开放性的社交平台，用户可以在微博下面发表自己的观点。如果微博的内容具有吸引力，就很容易受到广泛关注，引发微博用户对文案进行评论、点赞、转发，激发微博用户的参与兴趣，进而可能会使用户成为该发文博主的忠实粉丝，增强文案的后续转化率。

(三) 传播快速

微博的内容如果受到大众的关注或经过有影响力的博主转发，就会在网络上引起裂变反应，在短时间内迅速传播。用户通过微博网站、客户端软件、手机客户端都可以发布微博信息，微博的信息可以迅速覆盖到各个平台，不仅可以让信息在用户之间迅速传递，还可以引发用户的讨论和反馈，进一步加速了信息的传播。

四、微博文案的内容与写法

(一) 深入洞察受众

写作微博文案的第一步,是对受众的深入洞察。通过研究受众的年龄、性别、兴趣、职业、活跃时间等特征,了解他们的喜好和习惯,确定文案主题内容,进而写出高影响力的文案。

(二) 明确写作内容

在撰写微博文案之前,需要明确想要传达的信息或观点。写作内容可以是产品介绍、品牌推广、活动宣传,也可以是热门话题、有趣故事、解疑答惑、生活分享、话题讨论。

(三) 寻找话题

在寻找话题时,要注意选择与自己账号定位相符的话题,并确保内容的真实性和客观性。同时,要善于挖掘话题的深度和广度,从不同角度进行分析和探讨,使内容更具吸引力和价值。撰文者可以从以下几方面寻找话题。

1. 关注时事热点

时事热点是微博上永恒的热门话题。通过关注新闻媒体、社交媒体和搜索引擎等渠道,撰文者能够了解当前的热门事件和话题,然后结合自己的观点和见解进行创作。

2. 结合自身特点

除了关注时事热点外,撰文者还可以结合自己的特点和兴趣爱好来寻找话题。例如,你是一个美食爱好者,可以分享自己的烹饪心得、推荐餐厅;如果你是一个旅行爱好者,可以分享自己的旅行见闻、景点攻略。

3. 观察热门账号

撰文者关注一些热门的微博账号,观察其他博主的内容策略和话题选择,通过学习他们的成功经验,找到适合自己的话题方向。

4. 与读者互动

与读者互动是获取话题灵感的重要途径。博主通过回复评论、私信等方式与读者交流,了解他们的关注点和兴趣爱好,从而找到适合自己的话题。

(四) 撰写文案

1. 撰写有辨识度的标题

标题是文案的"敲门砖",好的标题可以迅速吸引受众的注意力。在撰写文案标题时,要使用简洁明了的语言,避免使用冗长和复杂的句子,同时运用幽默、情感等元素,使文案标题更具吸引力。

2. 控制文案字数

微博的发布字数在2000字以内均可，但根据目标人群的碎片化阅读习惯，最好将文案字数控制在140字以内。撰写文案时，要逐字斟酌，提高文本的有效性。

3. 用好微博三要素

微博文案主要依靠转发、评论和点赞的互动行为进行推广，在微博中可以适当添加话题"#"、互动"@"、链接"三要素"。

(1) 在微博正文中，将关键词用"#"包围起来，可以形成一个话题标签。话题标签可以帮助读者快速识别内容的主题，同时也便于微博系统将其归类到相应的话题页面，增加曝光率。在微博正文中，将关键词用"#"包围起来，可以形成一个话题标签。例如"创造中国网球历史！#郑钦文摘得奥运会网球女单金牌#"。

(2) @相当于一个连接器，被@的人会收到通知，增加互动机会，同时让内容更具针对性和社交性。例如人民网的一条微博写道："五一小长假临近，坐火车出游的小伙伴请注意，这些物品过不了安检↓↓转发收藏，出行前记得自查行李箱哦～@中国铁路。"

(3) 链接(网址)可以提供额外信息或资源，引导读者访问相关网页，增加内容的信息量和互动深度。链接可以是文章、视频，也可以是店铺地址，只要是撰文者认为可以分享给粉丝的内容都可以用链接的形式放在文案里，如果文案本身能吸引用户的兴趣，大部分用户都会愿意点击链接查看更多内容。

4. 优化发布时机

选择合适的发布时机对于提高微博文案的曝光度和互动率至关重要。需要根据目标群体的活跃时间，选择在他们最可能浏览微博的时间段发布。此外，也需要根据微博平台的流量情况和热点事件，灵活调整发布时间，以获得更好的传播效果。

五、微博文案的写作要求

(一) 合法合规

微博不是法外之地。在撰写微博内容时，首先要确保内容的合法性和合规性，避免发布任何违反法律法规、违反公序良俗、侵犯他人隐私或权益的信息。这包括但不限于散布谣言、诽谤他人、侵犯知识产权等行为。

(二) 突出主题

每条微博只写一个主题或一个观点，保持信息的集中和连贯，让读者能够迅速了解撰文者想要表达的核心观点或信息，避免内容散乱。这有助于读者快速理解撰文者的意图，并在海量的信息中快速定位到企业或个人微博。

(三) 通俗有趣

微博是一个大众化的社交平台，因此内容发布应尽量通俗易懂。博文通过关键词和亮点词吸引读者，避免使用过于专业或晦涩难懂的词汇，多用短句，语气真诚，不生硬，有亲和力，同时适当加入一些幽默或有趣的元素，多描述情节和场景，增加吸引力，增加读者的阅读兴趣。

(四) 图文并茂

微博支持图片、视频和链接等多种形式，带有图片和视频的微博更能吸引读者点击查看。合理利用这些功能，可以让微博更加生动形象。例如，发布一条关于旅行的微博时，可以配上美丽的风景照或旅行小贴士，增加读者的阅读兴趣。微博配图尽量原创，如果需要使用别人的图片和视频，要注意版权问题。微博文案如图6-1所示。

图6-1 微博文案示例

第二节 微言简语，圈画社交人生
——微信文案

新媒体运营，微信是必不可少的战场。微信朋友圈的流量价值、公众号的黏性价值，都决定了微信是品牌宣传必争的流量入口。朋友圈文案看似简单，但既要让大家感受到像朋友一样分享生活，又要处处进行价值传递，可以说难上加难。

2024年实施的"科技助农、科技兴农"项目取得良好收效，应晓文忙着整理成功案例，争取近期在新媒体拉起一波热度。晓文翻看素材时，看到这样一份文案：

入口小清新

营养大满分

小身材，大营养

甄选好物，58元起

清甜可口，入口爆汁

果香浓郁，脆甜爽口

颗颗饱满，甜度爆表

这是一份朋友圈文案，卖点突出，信息全面，浏览两秒钟，已经获得所有关键信息，再配上精美的照片，让人有马上下单的冲动。应晓文心想：短短几十个字的文案，每个字都有力量。可见，微信文案创作要抓住目标群体，提炼产品价值，这项任务看似简单却需要细心打磨！晓文暗暗给自己打气：加油，你可以的！

一、微信文案的含义

微信已经从一个应用软件进化成蕴含巨大社会效应和经济驱动力的现象产品。腾讯发布的2024年第一季度财报显示，微信月活跃账户数已经达到13.59亿，几乎实现了对中国人口的全量覆盖，稳坐"国民第一社交App"宝座。而且微信的用户群体非常年轻，18岁至35岁的中青年为微信的主要用户群体，所占比例高达86.2%。

微信已经成为人们生活的一部分。55.2%的用户平均每天打开微信10次，平均每天打开微信次数超过30次的用户，占比接近1/4。现在，微信不仅是重要的交流工具，还对消费产生重大影响，2023年，微信直接带动的生活消费规模已经达到110亿元。因此，微信平台成为商家必争之地。

微信文案是指在微信平台上发布的文字内容，它可以用于个人朋友圈、公众号文章、微信群聊天等场景。微信文案的内容多种多样，可以分享生活点滴、传递信息、推广产品或服务、表达观点等。

二、微信文案的特点

(一) 成本低廉

微信推广的成本相对较低，各类企业都能以合理的预算实现有效营销。无论是通过公众号、小程序还是朋友圈广告，企业都能根据自身需求灵活选择推广方式，并通过微信广告系统的精准定向功能发布，确保广告预算投向最有潜力的用户群体，从而实现较高的投资回报率。

(二) 精准营销

微信依托庞大的用户基础和丰富的用户数据，为企业提供了精准营销的机会。通过对用户的行为模式、兴趣偏好、地理位置等多维度信息的分析，企业可以量身定制高度个性化的推广内容，从而提升用户体验和参与度，同时降低无效曝光，优化广告效果，实现资源的高效利用。

(三) 传播快速

微信作为一款广受欢迎的社交应用，其信息传播速度之快、范围之广令人瞩目。一旦发布，推广内容可以迅速在用户间传播开来，尤其是通过朋友圈、微信群等社交网络的分享机制，优质内容迅速获得广泛传播，进一步扩大品牌影响力。这种传播速度和广度为企业提供了快速建立品牌认知和口碑的机会。

三、微信文案的分类与写法

微信文案分为朋友圈文案和公众号文案两种。

(一) 朋友圈文案

1. 朋友圈文案的写作角度

(1) 直接推广产品。直接推广产品的文案需要突出产品的核心卖点，解释产品如何满足用户的需求，同时采用生动的语言和丰富的视觉元素来吸引用户的注意力。假设一家网络服装店的店主想要推广新款夏季连衣裙，可以这样写："夏日必备！我们的新款波西米亚风格连衣裙，轻盈透气，色彩缤纷，让你在炎热的夏天里穿着时尚又舒适。现在下单，享受早鸟优惠，让你的夏天更加绚丽！"

(2) 分享生活点滴。分享生活点滴的文案应该真实、有趣，旨在通过展示个人生活、兴趣爱好或日常经历展示生活态度和个性，引起用户共鸣。这种类型的文案有助于建立与用户的情感联系。例如为了推广咖啡，可以这样写："每一杯咖啡都是一次精心的制作。从挑选咖啡豆到研磨、冲泡，每一个步骤都充满了对品质的追求。这就是我为什么热爱咖啡，也是为什么喜欢阳光午后(咖啡品牌)的原因。"

(3) 介绍促销活动。介绍促销活动的文案需要清晰地说明促销的信息，包括优惠内容、时间限制和参与方式，以便用户了解他们可以获得的优惠。同时，介绍促销活动的文案要强调促销的独特性和紧迫性，鼓励用户尽快行动。例如服装促销的文案可以这样写："周年庆大型活动倒计时最后三天了，一件原价，两件折上九折，三件折上八折，四件折上七折，活动力度空前，还没来的你或还想再来的你，抓紧时间哦！"

(4) 交流专业知识。交流专业知识的文案应该提供有价值的信息，展示分享者的专业素养。内容可以是解答常见问题、分享行业趋势或者提供实用技巧。例如全麦面包的推广文案可以这样写："你知道吗？早餐是一天中最重要的一餐，它为你提供新一天所需的能量。尝试一些富含纤维的食物，比如全麦面包，它能让你保持饱腹感直到午餐时间。"

(5) 进行产品评价。进行产品评价的文案应该基于个人真实体验，提供客观的评价和建议。产品评价文案可以强调产品的优点和适用场景，也可以提及一些产品改进空间。例如一双运动鞋的推荐文案可以这样写："这款运动鞋真是太棒了！设计时尚，颜色搭配也很好看。鞋垫高弹减震，支撑力度也很足。唯一的小缺点是价格稍微有点高。但是，考虑到它的质量和性能，我觉得还是可以入手哒！"

2. 朋友圈文案的写作要求

(1) 关注受众需求。这意味着我们需要深入了解目标受众的年龄、性别、职业、兴趣爱好等基本信息，分析受众的心理特征和行为习惯，预测他们可能感兴趣的话题和内容形式，通过互动和反馈，不断调整和完善文案内容，确保其与受众需求高度契合。

(2) 文案精简。信息时代，人们网络阅读注意力有限，这就要求我们使用简洁明了的语言，避免使用复杂的词汇和句子结构，删除冗余和无关紧要的词汇，确保文案内容紧凑有力。

(3) 图文结合。一是选择与文案内容相关的高质量图片，确保图片清晰、美观，具有吸引力；二是调整图片大小和布局，使其与文案内容相协调，形成良好的视觉效果；三是在图片上添加适当的文字说明或标签，帮助读者更好地理解图片内容。尽量选择一、三、四、六、九张发布图片，这样发出来的朋友圈排版整齐，赏心悦目。

(4) 不要刷屏。过度发布相同或相似的内容会让受众产生厌烦，甚至可能导致账号被屏蔽。因此，我们需要合理安排发布的频率，关注内容的多样性，尝试不同风格和形式的文案，确保每条文案都有独特的价值和意义。

(二) 公众号文案

2023年，微信公众号至少产生4.48亿篇文章，日均产生122.87万篇文章，微信公众号已经成为微信营销的主战场。

1. 公众号文案的写作方法

(1) 内容设计。在撰写公众号文案时，首先需要明确文章的主题和目的。根据受众的需求和兴趣点，选择合适的内容进行深入探讨，同时要确保内容具有实用性和趣味性，能够吸引读者的兴趣并为用户提供有价值的信息。

(2) 拟写标题。标题是受众对文章的第一印象，是吸引读者点击进行阅读的关键。在拟写标题时，可以运用以下技巧。

制造悬念：通过提出问题或暗示答案，激发读者的好奇心，引导他们点击文章，查看详情。

使用数据：引用权威数据或统计结果，不仅能展示文章内容的可靠性和客观性，也能吸引对数据感兴趣的读者。

制造反差：通过对比不同观点、现象等，突出文章内容的独特性和新颖性，引发读者的兴趣和思考。

逆向思维：运用逆向思维，从不同角度审视问题，提供新颖的观点和解决方案，吸引读者的关注。

感同身受：运用情感化的语言，引发读者的共鸣和情感共振，让他们产生强烈的代入感和认同感。

(3) 设计封面图。封面图是公众号文章的门面，一个吸引人的封面图能够显著提高文章的点击率。因此，在设计封面图时，要确保其与文章内容相关且具有吸引力。

(4) 提炼摘要。摘要是文章的简短概述，它能够帮助读者快速了解文章的核心内容和价值所在。在提炼摘要时，要突出文章的主题和亮点，同时保持简洁明了的语言风格。摘要约为50字，力求吸引读者的兴趣，促使他们继续阅读全文。

(5) 创作正文。正文是公众号文案的主体部分，它承载着文章的核心内容和观点。在创作正文时，要注意段落分明、逻辑清晰、语言简练。

首先，通过讲述生动的故事或案例来吸引读者的注意力。这些故事或案例应该与文章主题密切相关，能够引发读者的共鸣和思考。通过讲述故事，可以将复杂的观点或信息以简单易懂的方式呈现出来，让读者更容易理解和接受。

然后，运用逻辑推理和数据支持来加强文章的说服力。通过引用权威数据、研究报告或专家观点，提供有力的证据来支持自己的观点，增强文章的可信度和说服力。同时，可以运用比较、归纳、演绎等逻辑推理方法，对问题进行深入分析和探讨，展现严谨的思维和扎实的知识储备。

最后，适当运用一些互动元素来增强读者的参与感和阅读体验。例如，可以设置一些问题或调查，引导读者思考和回答；或者提供一些相关的资源或链接，方便读者深入了解相关内容。通过这些互动元素，与读者建立更紧密的联系，提高文章的传播效果。

(6) 调整视觉效果。在完成正文创作后，还需要对文章的视觉效果进行调整，如调整字体、字号、行距、对齐方式，确保文章页面整洁有序，易于阅读。此外，可以适当添加一些图片、图表等辅助材料，以丰富文章的表现力和可读性。

2. 公众号写作要求

(1) 深度挖掘，价值导向。文章内容是吸引和留住读者的关键。优质的内容不仅能够满足读者的需求，还能提供有价值的观点和见解。我们在写作时应追求深度和广度，对话题进行全面而深入的探讨。同时，文章内容应具有时效性，紧跟时事热点，满足读者的好奇心和求知欲。为了保证内容的质量，我们还需要进行充分的调研和思考，确保所提供的信息准确、可靠。

(2) 语言清晰规范，个性化表达。语言是公众号与读者沟通的桥梁，清晰规范的语言表达至关重要。我们应使用简洁明了的语言，避免使用过于复杂或晦涩的词汇和句子，同时要遵循语言规范，确保语法正确、用词得当。在表达观点时，应保持客观中立，避免主观臆断和情绪化的言辞。此外，我们还可以运用一些个性化的表达方式和风格，展现作者的独特魅力和个性，从而吸引更多的受众。

(3) 视觉美观，便于阅读。排版是公众号内容的外在表现形式，直接影响到受众的阅读体验。我们应注重排版的美观性和易读性，合理运用标题、段落、列表等排版元素，使内容层次分明、条理清晰，同时要注意字体、字号、行距等细节设置，确保文章易于阅读和浏览。此外，我们还可以利用多媒体元素(如图片、视频)丰富文章内容，提高受众的参与度和互动性。

(4) 遵守规范，负责任传播。我们应尊重知识产权和隐私权等法律制度，避免侵权行为的发生，同时要积极传播正能量，弘扬社会主义核心价值观，营造健康、积极的网络环境。在写作过程中，我们应时刻保持清醒的头脑和高度的责任感，确保所发布的内容符合法律和道德标准。

(5) 避免误导，不做标题党。有些公众号为了吸引读者的眼球，会使用夸大、歪曲或误导性的标题，吸引受众点击。这种做法会损害公众号的信誉和受众的信任。因此，我们应遵循真实、客观、公正的原则，制定吸引人且符合内容的标题，避免使用夸张、虚假或误导性的表述，让读者在看到标题时就能大致了解文章的内容。同时，我们还应注重内容的质量和深度，提供有价值的信息和观点，让受众在阅读过程中获得满足感。

例文

求职高峰期，毕业生求职需警惕陷阱，避免踩"坑"

国家大学生就业服务平台

2023年04月21日 15:56 北京　🎧 4人听过

来源：教育部

当前，正值高校毕业生求职高峰期，一些不法分子往往借此挖"坑"设陷，利用"高薪低门槛""付费内推""付费实习"等手段诈骗钱财，损害毕业生就业权益，甚至误导、诱骗一些大学生从事传销、信息网络犯罪等活动。请同学们认真了解常见的就业陷阱，并做到"五防三要"，避免踩"坑"。

01 求职中提高防范意识，"五防"主动避开陷阱

一防黑中介。 "黑中介"是指非法机构以介绍工作为名，向求职者收取高额中介费，却找借口拖延或直接不履行合同。凡是在求职中遇到此类情况，应立即求助当地劳动监察部门或公安机关，拒绝支付相关费用。

二防乱收费。 "乱收费"是指用人单位或中介机构以用工为名收取报名费、体检费、培训费、押金、岗位稳定金、资料审核费、服装费等费用，再以各种理由拒绝毕业生入职或中途辞退。《劳动合同法》第九条规定："用人单位招用劳动者，不得扣押劳动者的居民身份证和其他证件，不得要求劳动者提供担保或者以其他名义向劳动者收取财物。"凡是在求职中遇到此类情况，要谨慎应对，拒绝支付入职前要求缴纳的各种非法费用。

三防培训贷。 "培训贷"是指某些机构以高薪就业为诱饵，向毕业生承诺培训后包就业，但须借贷支付培训费。个别公司人员甚至手把手教如何使用贷款软件。凡是在求职中遇到此类情况，切忌轻率借贷支付相关费用，要核实招聘企业的工商注册、企业信用等信息。

四防付费实习。 "付费实习"是指某些机构向毕业生承诺提供高薪行业实习岗位，但毕业生须缴纳相关服务费用。凡是在求职中遇到此类情况，不轻信无任何要求且薪资待遇异常高的招聘信息，拒绝支付相关费用。

五防非法传销。 "非法传销"是指组织者通过发展人员，要求其购买商品等方式，牟取非法利益。在一些短视频平台中，存在所谓"校园创业"的视频账号，吸引大学生付费加盟，实为不断发展下线，收取费用。凡是在求职中遇到组织者收取入门费，让参与者通过层层发展人员而获取报酬的，应立即远离。一旦发现可疑情况或者被骗，立即拨打110报警。

02 求职安全牢记"三要"秘笈

一要增强求职安全意识。 积极参加学校组织的就业指导和安全教育课程，增强识别就业"陷阱"的意识与能力，不走所谓的"求职捷径"。

二要使用正规求职渠道。 毕业生可通过国家大学生就业服务平台、高校就业网站、国聘平台等国家有关部门、地方和高校的校园招聘等正规途径获取就业信息。

三要运用法律维护就业权益。 了解学习就业有关法律知识，学会用法律维护自身权益。如在求职中确有遇到侵害本人合法权益情况，要积极收集并留存有关证据，及时向学校求助或向公安机关报案。

(资料来源：国家大学生就业服务平台公众号)

第三节 文字符号，温柔俘获客户
——电商文案

为了更好地推广城市文旅，市文旅局携手多家单位，共同开发了具有城市特色和代表性的文创产品和城市特产礼盒，并准备在网络上进行宣传和销售。现在市文旅局要借调两名成熟的文案写手，主攻电商文案。应晓文听到这个消息第一时间报名，原因有三：一是互联网技术飞速发展，未来的营销一定是多平台的时代；二是自己具有发散思维和文学功底，适合在头脑风暴激烈的营销行业深耕；三是自己在大学时期在传媒公司实习过，有一定的经验。

应晓文顺利进入项目小组开启了新的职业生涯。应晓文和她的团队接到的第一个任务就是营销博物馆文创产品，这对应晓文来说，无疑是一个巨大的挑战。应晓文一连十天都驻扎在博物馆，搜集材料，捕捉热点，分析用户和竞品，这是文案写作背后的隐性工作，虽然辛苦，但是必须要做。

一、电商文案的含义

电商文案，是指以商业为目的，在购物网站、论坛、微博和微信等电子商务平台和网络交流平台进行发布、传播，让消费者信任并引起其购买欲望的内容。在互联网中，消费者可以通过图文信息、视频内容等形式获得产品或者品牌的信息，这些信息影响消费者对于产品或品牌的认识，引导消费者做出购买决策。

事实上，电商文案是一种营销文案，它不仅展示文案创作者的文字功底和创意，更重要的是与消费者沟通，通过文案所展示的内容说服消费者做出购买行为。电商文案不仅仅是单一的文字信息，还可以利用图片、视频、超链接等网络元素来丰富内容，使文案更富有吸引力。

二、电商文案的特点

电商文案服务于电商行业，可以辅助视觉设计解决电子商务的流量问题和转化问题，甚至可以提升产品的价值，促进销售。所以电商文案相对于传统文案具有以下特点。

(一) 市场化

电商文案的市场化特点主要包括两个：第一，使消费者了解产品信息，明白产品与自身利益的关系，有效地促进产品销售；第二，有力地打造品牌形象，增强电商产品的品牌力，为产品的长期销售奠定基础。

(二) 互联网化

与传统文案不同，电商文案的媒介平台是互联网。互联网的兴起给广告文案带来了重要转折，改变了传播的媒介，让传播手段、传播链条都发生了明显的变化。在互联网时代，广告形式层出不穷，但缺少共通的规律。当一种新的平台出来后，文案创作者需要重新审视，重新定义品牌与受众的沟通语境。

(三) 多媒体化

电商文案中不仅包含了文字内容，还可以利用图片、视频、超链接等元素很容易被复制、转载、分享，其传播范围非常广泛，传播速度较快。

(四) 可测量化

电商文案广告投放的效果可以通过产品曝光率、转化率等具体的数字在企业网络服务器中进行分析评估。一方面，这些数据可以形成庞大的数据库资源；另一方面，方便文案创作者适时进行广告创作的修改和调整。

三、电商文案的分类

(一) 展示类电商文案

展示类电商文案的目的是推广和宣传产品，并促使消费者做出购买决策。展示类电商文案又可以细分为产品详情页文案、海报文案和促销文案三种类型。

产品详情页文案是对产品的具体功能、尺寸大小、性能特点、销售情况等进行详细描述的电商文案。产品详情页文案需要体现产品的优势和亮点，以便对消费者购买产生影响。

海报文案是常用的一种广告推广方式，语言简明扼要，形式新颖美观，常以震撼的视觉效果图配上简洁、生动的文字语言进行展现。海报的应用范围非常广泛，常见于电影、戏剧、比赛、文艺演出。

促销文案是各大电商品牌和商家在五一、十一，或者是"双十一""双十二"等电商节日进行各种促销活动，以达到吸引消费者，提升流量的文案。

(二) 品牌类电商文案

品牌类电商文案主要通过企业的品牌建设和宣传来促进产品的销售。品牌文案是现在很多企业都会采用的一种宣传方式，其宣传效果比较好，成本也比较低。品牌理念是品牌文案宣传的主要内容，一篇优秀的品牌文案能创造非常大的品牌影响力，有助于品牌形象的树立与传播，进而使消费者认识品牌、认可品牌。

(三) 推广类电商文案

推广类电商文案是依据不同的互联网平台设计的传播性较强的文案。推广类电商文案容易吸引大量读者阅读并进行传播，一般具有一定的创意和个性，不管是形式、内容还是风格，都有独特之处。

四、电商文案的写作方法

(一) 标题

好的标题是文案成功的一半，吸引眼球的电商文案标题才能"吸金"。常见的电商文案标题分为以下几种类型。

1. 宣事式标题

宣事式标题又称为直言式标题，是目前采用较多的一种电商文案标题形式。宣事式标题的特点就是直观明了、实事求是、简明扼要，使人一目了然，如"妈妈也是美少女"。

2. 颂扬式标题

颂扬式标题是指用正面、积极的态度，在标题上直接称赞产品，如"戴尔笔记本电脑，无可替代"。

3. 提问式标题

提问式标题能启发用户思考，通过提出问题引起用户的关注，从而促使用户产生兴趣，受到启发并产生共鸣，如"什么剥夺了你的美丽"。

4. 悬念式标题

悬念式标题能激发人们的好奇心，设置一个悬念，吸引消费者的注意，诱发消费者追根究底的心理，使其在寻求答案的过程中不自觉地产生兴趣，如"双十二不打折"。

5. 恐吓式标题

恐吓式标题通过"恐吓"的手法来吸引消费者的注意，特别是对于具有相同症状或有某种担忧的消费者来说，这种标题往往可以引起他们的共鸣，如"空气污染严重，你看得见吗"。

评价一个电商文案标题拟定是否合格，主要看三点：是否吸引人们的注意力；是否从文案阅读者中选出可能的消费者；是否使消费者对文案正文发生兴趣。

(二) 开头

开头即电商文案正文的开始。常见的电商文案开头有以下几种。

1. 以热点开头

将热点用于电商文案开头的创作，可起到吸引消费者的作用，借机过渡到文案创作者想表达的观点或推广的内容。

2. 以悬念开头

以悬念开头是文案写作中使用较多的一种方法，不论展示哪种产品或品牌，以悬念开头的文案，通常都会把吸引消费者放在第一位。

3. 以对比开头

创作者在撰写电商文案时，如果产品的推荐信息或销售信息过渡不自然，就会让消费者觉得广告痕迹太重，而在文案开头设置对比，就能起到抛砖引玉的作用，使文案更自然地传递广告信息。

4. 以内心独白开头

内心独白，被认为是人物内心活动真实的反映。以内心独白开头就是将文案中人物内心的真实想法表露出来，给消费者情真意切、直沁肺腑的印象，从而使文案取得消费者的信任。

由于互联网的平台不同，电商文案开头写作方式也多有不同，在实践中要随机而变，随势而动。

(三) 主体

电商文案主体的常见写作方法有以下几种。

1. 直接陈述

直接陈述就是直截了当、简洁明了地说明某产品或服务的优势，介绍如何解决某种问题等。这种写作手法主要围绕产品本身的功能或特性来展开，同时结合消费者的购买动机和需求，从而引起消费者的购买欲望。

2. 层层递进

层层递进的正文布局重点在于层递关系的呈现，只有层次分明、节奏感强的表述，才能更有感染力。需要注意的是，这种正文布局是层层递进地表达文案的主题，因此，文案创作者在创作这类型的电商文案时，在其开头就要牢牢抓住消费者的眼球，引导消费者观看完整的文案。

3. 数据引用

文案创作者在写作文案正文时，与其用冗长的文字描述产品卖点，不如用精确的数字来呈现。数字简单、直接，能够被消费者感知到产品的差异化，消费者能够通过数字一眼看出产品的功能特点，同时数字最容易被人记忆，也易于传播。

4. 设计悬念

悬念的制造通常和故事本身无关，而在于讲故事的技巧。文案创作者要明确如何讲才能使故事具有诱惑力并能引起消费者好奇心和阅读兴趣。简单来说，电商文案的悬念设置是从设疑到推疑再到解疑的策略构思过程。

5. 情景对话

情景对话式的文案主体，如同企业和消费者面对面交谈，让消费者产生强烈的代入感，向消费者传递了一种"我知道你的感受，我也感同身受"的情感诉求，容易引起消费者的情感共鸣。文案创作者在撰写这类文案时，借用情景式的对话，将文案的主题用平铺直叙的文字描述出来，借助对话直白地表达产品的特点或品牌的内涵，进而与消费者形成有效的沟通。

6. 诙谐幽默表述

诙谐幽默的文案有亲和力，能够消除消费者的排斥心理，拉近产品和消费者的距离，使消费者在轻松愉悦的状态下了解产品、接受产品，这种类型的文案正文非常适合当下的年轻人。

(四) 结尾

1. 自然收束式

自然收束式结尾是指根据文案的描述自然而然地结束全文，即文末不去设计含义深刻的哲理语句，不刻意引导或号召消费者行动起来，而是在内容表达完毕之后，写出想要对消费者说的话，让消费者自己做出判断。

2. 水落石出式

很多文案为了避免广告痕迹，会在文案的前面部分描述与产品无关的内容，如热点事件，或是勾勒消费者的日常生活场景等，但在结尾时，话锋一转，过渡到对某个产品的推荐，让消费者知道这篇文案实际是一则广告，这样的结尾就属于水落石出式结尾。在写作电商文案时，采用水落石出式结尾对企业而言是"情理之中"的，对消费者而言则是"意料之外"的，这类结尾由于其意想不到的结局，往往能给消费者留下较为深刻的印象。

3. 画龙点睛式

在结尾时用一句或一段简短的话语来明确文案的观点，升华主题，即为画龙点睛式结尾。这种结尾方式需要前文层层铺垫，使消费者读到文末有恍然大悟的感受，既提升了整篇文案的质量，又能给消费者留下深刻的印象，激发消费者的思考和共鸣。

4. 首尾呼应式

首尾呼应，即结尾和文案的标题或开头相互接应。首尾呼应一般有两种：一种是结尾直接重复标题或文案的开头，起到强调主题的作用；另一种是结尾对标题进行解释说明，在文案结尾处自然而然地提出某种营销，有水到渠成的自然感。

电商文案就像是一种产品，需要经过文案创作者的精心设计和仔细打磨才能获得目标消费者的关注，进而获得消费者的好感，促使消费者积极互动、主动转发，并最终达到卖家的营销目的。

五、电商文案的写作技巧

与一般广告主张传达品牌精神不同，电商文案更加注重的是转化效果，清楚地传达产品信息，说服人们去购买，理性说服和感性说服并存。

(一) 真实可靠

消费者想要看到产品的基本信息要真实呈现，要以事实为依据，通过对产品的功能、特点、服务、优势等的陈诉，以理服人。

(二) 具象化

对于电商文案来说，要"斤斤计较"，尽量把一些陈述具体化。比如"为你省钱"可以变成"省下50元"；"帮你变美"可以变成"全面消除脸上痘痘""还你婴儿瓷肌"。显然后者比前者更有说服力。

(三) 情景化

把产品或服务与消费者的情感联系在一起，就能够产生共鸣。因为人是善于想象的动物，当他通过文案想起某种场景时，很容易造成触动，从而激发起购买欲望。

(四) 贩卖生活方式

撰写文案的时候，要站在消费者的角度而非自己的角度，想想他们想了解什么，买这件东西的目的是什么，然后结合产品特性，用文案来带领对方进一步地到达他们理想中的自己和生活。当你卖榨汁机时，可以告诉对方这是更方便、更健康的饮食方式；当你卖衣服时，可以告诉他们这展现了质感或品位；当你卖运动摄像机时，可以告诉他们这是冒险、自由人生的记录。

例文1

故宫·千里江山·软木杯垫套装文案

故宫故事

故宫博物院现藏《千里江山图》，是画家王希孟的"千古绝唱"，一向被视为宋代青绿山水中的巨制杰构，也是"中国十大传世名画"之一。《千里江山图》布局巧妙，用笔精细，描绘了自然山水的秀丽壮美，可谓"咫尺有千里之趣"。

产品描述

品名：千里江山·软木杯垫套装

材质：特种纸、软木

尺寸：单个直径10.5cm

包装规格：10.7cm×10.7cm×1.5cm

工艺：特种工艺

规格：套装(3枚/套)

产品欣赏

千里江山•软木杯垫套装，设计灵感源于故宫博物院藏宋代王希孟的名作《千里江山图》。

故宫的设计师们有感于笔墨的精工细腻，感叹于石青、石绿等矿物质颜料的表现张力，以哑光特种纸为杯垫表面，以软木制作底层材质，隔热、防滑，用以装点家居，美化生活。

软木材质环保健康：采用软木材质压制而成，健康舒适，可自然分解，绿色环保，质地柔软，弹性较好，手感舒适。

防水防潮方便打理：防水防潮，防止弄湿或弄脏桌面，表面光洁，打理简单，可直接用湿布擦拭，在通风处晾干。

隔热防烫保护桌面：隔热性能好、防烫防滑、减震耐用，即使盛放热水也不会损坏桌面。

简约时尚大气优雅：圆形设计，简约大方，无棱角，不易磕碰。图案清晰特别，着色稳定，质感佳，凸显优雅氛围。

(资料来源：京东故宫官方旗舰店)

例文2

Keep：自律给我自由

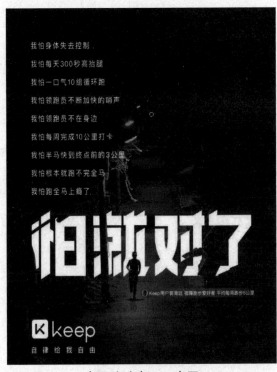

(本图片选自keep官网)

例文3

美团外卖·天天见

(本图片选自美团App)

第四节 社交链接，触发新式裂变
——社群运营文案

　　应晓文每一天都在忙乱且头脑风暴中度过。营销，不仅是创意，更是一次次的落地执行。"科技助农、科技兴农"这次营销活动让应晓文收获颇丰，意识到了把公域流量引进私域就是社群营销的开始，之后是管理社群，建立社群黏度，最终转化为经济效益。应晓文看着手机微信里的微信群，心想：除了亲友群、同学群之外，哪些社群是大家关注的？为什么关注？我该如何找到一个社群营销点呢？如何让这个社群的内容有价值，如何实现社群的变现呢？社群，不是一个简单的用户集合，而是社群里的用户要有共同的目的、共同的爱好，共同成长，团结协作，总之，要有一个共同的理念。应晓文一下子想到要把微博话题和社群营销结合起来，这才是互联网的思路。

一、社群营销文案的含义

社群营销(social media marketing，SMM)是一种基于互联网社区的市场营销方式，它把传统的广告与公共关系工作融合在一起，通过互动、参与和发布内容来影响消费者的行为。社群营销文案是基于上述目的的文字创作。社群营销文案是文案人员在某个社群里为诱导群成员产生其所期望的商业行为而发布的文案。

常见的社群有微信群、QQ群、微博群、抖音群、淘宝群等。在社群中，文案人员可以直接将营销信息传递给受众，并可以通过社群与受众形成集中、连续、长期的互动，提升受众忠诚度。社群营销的最终目的是拉动产品销售。

二、社群营销文案的分类

社群营销文案是依据群设立目的而进行群内营销的文案，一般包括三类，分别是知识型社群文案、品牌型社群文案和消费型社群文案。

(一) 知识型社群文案

知识型社群成员乐于分享自己的经验知识和成果。社群成员之间相互交流和学习，并从中得到肯定和尊重，因此知识型社群经常会出现思想上的激烈碰撞。文案人员可以在社群中进行知识分享，营造有价值、有内容的社群氛围，使成员认为加入社群是值得的。

这类文案以知识内容为主，文案人员需要输出一些专业知识。例如在读书社群，可以分享读书心得或者见解，分享最新图书信息等；在育儿社群，就可以分享与育儿有关的内容，如辅食制作方法、如何训练幼儿专注力、如何让新手妈妈度过适应期等。除此之外，文案人员还可以安排主题讨论、作业等，以提升群成员对社群的黏性。

(二) 品牌型社群文案

品牌型社群以用户对产品的情感利益为联系纽带。用户基于对产品的特殊感情和认知，认为品牌能体现自身的体验价值和形象价值契合心理感受，从而产生心理上的共鸣。

现在许多企业或品牌运营的社群多以产品销售与开展活动为核心。例如，产品直播时的介绍、新品推广介绍、活动折扣介绍、主题活动介绍等，这类文案内容简短，并搭配内外部链接，方便群成员了解详情或点击购买，以促成变现。

(三) 消费型社群文案

消费型社群主要是为了实现购物消费，以团购、秒杀、送券等福利类型组建的社群。消费型社群的本质是带货。此类社群营销文案要真实、有温度，让用户有参与感。消费型社群根据不同的时间进行不同的运营动作，通过不同的活动形式给用户不同的消费方式，提升用户的参与感，实现社群带货的目的。

三、社群营销文案的特点

(一) 精准性

社群营销文案需要针对特定的人群和目标用户，结合其需求和兴趣点制定出不同的文案策略，从而让推广效果更佳。

(二) 独特性

社群营销文案需要凸显产品的特色和优势，让受众看到推广产品不同于其他同类产品的独特卖点，形成差异化竞争优势。

(三) 易懂性

一个好的文案，用户能轻松读懂，其用简单易懂的语言和条理分明的表述方式拉近了用户距离，促进沟通和反馈。

(四) 吸引性

社群营销文案需要充满吸引力，从品牌形象、语言表述、图文配合等多个维度出发，充分地激发用户的兴趣和欲望。

如何写好一个社群营销文案，是一个不断摸索和提高的过程。文案人员要不断学习营销策略和语言表达技巧，借鉴前人成功经验，形成文案的独特风格和特色。

四、社群营销文案的写作要素

不管是哪类社群营销文案，某些要点是必须要有的。一篇优秀的社群营销文案基本由以下要素有机组合而成。

(一) @所有人

当文案人员作为群主，准备在群里发言或发布某篇文案时，需要在群里@所有人，以保证群内用户都能看到信息。

需要注意的是，并不是在发送所有内容前都@所有人，发送有意义的、对用户有帮助的内容时可选择@所有人。

(二) 产品信息

在文案中推广一款产品时，文案人员需要适当地介绍产品信息，让群成员了解产品，激发他们的消费欲望。有时候群成员并没有购买需求，但看到产品信息后，可能会被其中的某些内容吸引，从而产生购买意愿。产品信息包括图片和文字两部分内容，因为图文并茂，才能直观展示产品。

对于知识型社群，文案人员要做好相应知识收集和整理，保证分享知识的正确性。

(三) 链接

为方便群成员查看，一般社群文案中都会附带相应的链接，如小程序链接、视频号链接、直播链接、微信公众号文案链接等，使用户更容易访问他们想要的内容，提高文案转化率。

(四) 二维码

二维码的作用与链接类似，基本上在社群营销文案中没有链接就会有二维码，直接扫码即可查看详细内容，不仅节省空间，还易于与他人分享，十分方便。'

五、社群营销文案的写作技巧

(一) 内容优先

在自媒体时代，内容是流量的入口，内容是社群媒体最基础、最关键的因素，只有输出优质内容去吸引和筛选群成员，并占据群成员时间和心智之后，才会让群成员真正意识到该社群的价值，才会在当前社群的基础上形成一个具有更高转化率效果的社群，这样围绕社群的商业变现模式才会更加丰富多样，获得的回报才会更多。

(二) 寻找痛点

所谓"痛点"就是用户尚未被满足且具有普遍性的需求。在写文案之前，我们需要先挖掘目标用户的痛点，只有了解用户的痛点，才能对症下药，进而提出解决方案，引起用户共鸣，直击用户内心，从而使其产生消费的冲动。

(三) 场景分类

不同社群运营场景，需要的文案也不同，主要有分享式和标题式两种。

1. 分享式文案写作方法

在撰写这类文案时，我们要表达自己的心声，与用户分享自己的亲身体验，分享个人所见所得，用真诚的话语贴近用户群体，但不要片面夸大。至于文案的篇幅，可以适当延长，大约100字或者更多，让用户感受到我们是在用心经营一个项目或产品，而不是在做一份工作。

2. 标题式文案写作方法

标题式文案是一种行之有效的行销利器。标题字数要控制在20字之内，少用网络表情，尽量使用短句，便于用户灵活阅读。如果有图片，文案内容和图片要一致。

例文1

例文2

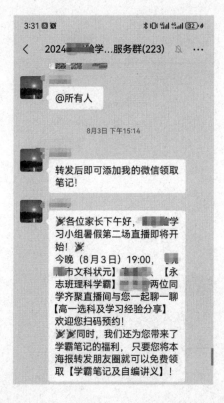

章节训练

1.请你总结微信文案和微博文案的区别，并与同学分享。

2.请你为"幸福到家"西点设计微博文案。

3.请你谈谈微博文案写作的注意事项。

4.学院的艺术节活动如火如荼地进行着，请你创作一篇宣传文案，并在学院的公众号上发表。

5.学院新一轮招生宣传即将开始，请你写一篇朋友圈文案，为学校的招生工作助力。

参考文献

[1] 阎继承. 应用写作学[M]. 沈阳：东北大学出版社，2006.

[2] 傅宏宇. 财经应用文写作[M]. 北京：北京大学出版社，2006.

[3] 何语华. 应用文写作指导：通用类[M]. 北京：中国劳动社会保障出版社，2006.

[4] 孙绍玲. 应用文写作[M]. 大连：东北财经大学出版社，2006.

[5] 夏惠敏，张祥平. 应用文写作[M]. 武汉：华中科技大学出版社，2007.

[6] 方有林. 商务应用文写作[M]. 天津：同济大学出版社，2007.

[7] 李先智，贾晋文. 金融应用文写作[M]. 北京：中国金融出版社，2007.

[8] 杨位浩. 综合文秘写作[M]. 上海：复旦大学出版社，2007.

[9] 陈新华，张振华. 财经应用文写作[M]. 北京：化学工业出版社，2008.

[10] 邱宣煌. 财经应用文写作[M]. 大连：东北财经大学出版社，2008.

[11] 闻君. 办公室常用应用文书写作及范例全书[M]. 北京：北京工业大学出版社，2008.

[12] 方有林，娄永毅. 经济应用文写作[M]. 上海：复旦大学出版社，2009.

[13] 蒋意春. 新编经济应用文实用写作[M]. 北京：北京理工大学出版社，2009.

[14] 金常德. 常用应用文写作规范与技法[M]. 南宁：广西人民出版社，2009.

[15] 孙熙春. 文学赏读与实用文体写作[M]. 沈阳：辽宁民族出版社，2009.

[16] 徐艳兴. 经济应用文写作[M]. 北京：经济科学出版社，2009.

[17] 张芹玲. 应用文写作教程[M]. 北京：高等教育出版社，2009.

[18] 夏晓鸣. 应用文写作[M]. 上海：复旦大学出版社，2010.

[19] 陈子典. 当代应用文书写作[M]. 广州：暨南大学出版社，2010.

[20] 单立勋，丁国祥. 应用文写作[M]. 北京：清华大学出版社，2010.

[21] 耿云巧，马俊霞. 应用文书写作[M]. 北京：人民邮电出版社，2015.

[22] 张文英. 应用文写作教程[M]. 天津：南开大学出版社，2018.

[23] 宋俊骧，孔华. 电子商务文案：创意、策划、写作[M]. 北京：人民邮电出版社，2018.

[24] 潘勇. 新媒体文案写作教程[M]. 北京：人民邮电出版社，2021.

[25] 王用源. 应用文写作技能与规范[M]. 北京：人民邮电出版社，2022.

[26] 陈芳. 新媒体文案写作[M]. 北京：中国人民大学出版社，2022.

[27] 徐中玉. 应用文写作[M]. 北京：高等教育出版社，2023.

[28] 尹莹，辛岛. 新媒体文案写作教程[M]. 北京：中国人民大学出版社，2023.

[29] 陈庆，黄黎，徐艺芳. 移动商务文案写作[M]. 北京：人民邮电出版社，2023.

[30] 张耀辉，戴永明. 简明应用文写作[M]. 北京：高等教育出版社，2023.

附 录

附录A　党政机关公文处理工作条例

附录B　党政机关公文格式标准

附录C　标点符号用法(GB/T15834—2011)